W0069158

RAINER HANK

DIE PIONIERINNEN

Wie Journalistinnen nach 1945 unseren Blick auf die Welt veränderten

 PENGUIN VERLAG

Der Verlag behält sich die Verwertung der urheberrechtlich
geschützten Inhalte dieses Werkes für Zwecke des
Text- und Data-Minings nach § 44b UrhG ausdrücklich vor.
Jegliche unbefugte Nutzung ist hiermit ausgeschlossen.

Penguin Random House Verlagsgruppe FSC® N001967

1. Auflage
Copyright © 2023 Penguin Verlag
in der Penguin Random House Verlagsgruppe GmbH,
Neumarkter Str. 28, 81673 München

Umschlaggestaltung: Favoritbuero, München
Umschlagabbildungen:
Sybil Gräfin Schönfeldt © Privatarchiv Sybil Gräfin Schönfeldt;
Inge Deutschkron © Gedenkstätte Deutscher Widerstand;
Marion Dönhoff © Archiv Marion Dönhoff Stiftung;
Elisabeth Noelle © Privatarchiv Elisabeth Noelle, Piazzogna (Schweiz);
Hilde Spiel © Privatarchiv Hilde Spiel
Satz: KCFG – Medienagentur, Neuss
Druck und Bindung: GGP Media GmbH, Pößneck
Printed in Germany
ISBN 978-3-328-60305-4

www.penguin-verlag.de

»Es gibt Leben, die einen exemplarischen Charakter haben, und solche, die ihn nicht haben; es gibt solche, die uns zur Nachahmung einladen, und solche, die wir mit einer Mischung aus Abscheu, Mitleid und Ehrfurcht aus der Distanz betrachten.«

Susan Sontag über Simone Weil

Inhaltsverzeichnis

Prolog

Zäh, aufmüpfig, gleichberechtigt:
Pionierinnen des Nachkriegsjournalismus

Das Haus aus weiß getünchten Klinkern am Rand von Bad Homburg wirkt licht und hell. Vom Wohnzimmer aus, der Tisch wie immer überladen mit den Neuerscheinungen von Herbst und Winter, geht der Blick durch den Garten über den kleinen Teich hinweg in das weite Feld bis zum Kirchturm des nächsten Dorfes. Ich kann verstehen, warum sie diesen Platz so liebt. Etwas muss sie erinnern an den Blick über die Felder in Schlesien, wo sie aufgewachsen ist.

Maria Frisé hat keine guten Wochen hinter sich. Im Dezember war sie – wieder einmal – böse gestürzt, nach einer Ohnmacht, wie sie sagt. Es müssen schreckliche Schmerzen gewesen sein. Am Neujahrstag war sie sechsundneunzig Jahre alt geworden. Vor Corona hatte sie am Geburtstag immer offenes Haus, sie kochte Suppe, das Wohnzimmer war voller Leute. Alte Freunde, Vordertaunus-Adel, Frankfurter Gesellschaft, Journalistenkollegen von früher. In diesem Jahr, nach dem Sturz, wollte sie nicht feiern. »Am liebsten bin ich allein«, schrieb sie mir.

Schon bald danach fängt das Leben wieder an, ihr Freude zu bereiten. »Jetzt kommen doch die Schneeglöckchen«, sagt sie am Telefon. Und ja, sie freue sich über Besuch: »Ich empfange ab 15 Uhr.«

Maria Frisé war meine journalistische Lehrerin. Ich habe ihre ausgeprägte Nüchternheit in Erinnerung: kühl, fast kalt. Ohne viele Worte. Sie machte mir ein bisschen Angst. Mein erster Auftrag als Hospitant vierunddreißig Jahre zuvor, im Januar 1988: Ich sollte eine Bildunterschrift, sieben oder acht Zeilen, zu einer Neuübersetzung von Coopers *Lederstrumpf* machen. Das fand ich ein bisschen beleidigend, nahm es auf die leichte Schulter und bekam den Text dreimal zurück. »Geht so nicht«, stand ihr ins Gesicht geschrieben. Gesagt hat sie nichts, soweit ich mich erinnere. Sie konnte streng sein – und genau lesen.

Es war dann fast wie immer an diesem Januartag 2022. Anders als viele betagte Menschen, die vorwiegend von sich erzählen, weil sie ja auch viel erlebt haben, hat Maria Frisé sich bis ins hohe Alter ihre fragende Neugier erhalten. Neugier ist bekanntlich eine journalistische Tugend, aber eben auch das Geheimnis ihrer bleibenden geistigen Frische, die zunehmend im Missverhältnis zur körperlichen Gebrechlichkeit stand. Beim Erzählen mäandere sie, so kritisierte die alte Dame sich selbst. Aber wie sonst soll der Fluss der Erinnerungen eines langen Lebens gehen.

Dass das FAZ-Feuilleton ihr weiterhin regelmäßig Bücher zur Rezension schickte, dankte sie mit schnörkellosen Besprechungen, zuweilen vorab mit dem Kommentar versehen, sie müsse als Rentnerin halt nehmen, was in der Redaktion übrig sei. Man darf sich für nichts zu schade sein; das hat diese Generation der Nachkriegsjournalistinnen verinnerlicht. »Jetzt schicken die mir einen Softporno über eine Nymphomanin«, empörte sie sich. »Wissen die nicht, dass ich eine über neunzigjährige Frau bin und nie durch ausgelassene Libertinage aufgefallen bin.« Die spontane Reaktion, das Buch gleich wieder zurückzuschicken, wurde von ihrer Neugierde vereitelt. Abgeliefert hat sie einen fabelhaften Text, der unter der Überschrift »Die Sünde der Zahnärztin« in der Zeitung stand und selbst dem offenkundigen Kitsch der Erzählung noch ein großes Maß an Komik abzugewinnen vermochte. Für einen Verriss wäre sie sich zu schade gewesen.

Wie oft habe ich sie in den vergangenen Jahren besucht. Meist saßen wir draußen im Garten. Im Alter war sie weicher geworden, zugewandter als damals in der Zeitung. Den Tee hatte sie schon vorbereitet. Stollen – sie sagt Striezel – und Baumkuchen waren auch noch da. Eigentlich, so hatte sie mich vorbereitet, müsse sie liegen. Ihr Bett hatte sie immer schon im Wohnzimmer, nicht im Schlafzimmer (»Ich wollte nie wieder neben schnarchenden Männern liegen«). Doch dann brachte sie sich, halb sitzend, halb liegend, auf dem Sofa in Position. Und begann zu erzählen.

Maria Frisé kam in den fünfziger Jahren als Autodidaktin zum Journalismus. Eine feste Anstellung als Redakteurin erhielt sie erst 1968. »Wie sich an meinem ersten Arbeitstag im siebten Stock der FAZ herausstellte, fehlte mir nicht nur ein akademischer Rang, es fehlte mir überhaupt das Nötigste.« Sie hatte nicht studiert, Krieg, Vertreibung, frühe Eheschließung hatten das verhindert. Sie rückte dann sehr bald nach vorne, verantwortete lange Jahre die legendäre Tiefdruckbeilage »Bilder und Zeiten«, in der sie Essays, große Gesellschaftsreportagen und immer Fotos von Barbara Klemm druckte, alles in allem ein Spiegel der Zeit und der Veränderungen der Bundesrepublik von den späten sechziger bis in die frühen neunziger Jahre.

Maria Frisé ist eine von nicht wenigen Frauen im Nachkriegsjournalismus. Diese Frauen haben viel erzählt und viel geschrieben. Den Heutigen sagen die meisten dieser

Namen nichts mehr. Gewiss, Marion Dönhoff, die strenge Gräfin, langjährige Chefredakteurin und Herausgeberin der Hamburger Wochenzeitung *Die Zeit*, die kennt man. Wahrscheinlich auch noch Margret Boveri, die Eigensinnige: Für viele große Zeitungen hat sie gearbeitet, als Korrespondentin die halbe Welt bereist, nach 1945 dickköpfig gegen die Westbindung der Nachkriegsrepublik und für eine rasche Wiedervereinigung gekämpft.

Aber dann? Ist schon Schluss. In Erinnerung ist mir ein Videogespräch mit einer jungen germanistischen Forscherin und Feministin im Jahr 2019 aus Anlass einer Relecture eines Boveri-Artikels der Monatszeitschrift *Merkur*. Es habe im deutschen Nachkriegsjournalismus »nur zwei, drei Frauen gegeben, die schreiben«, erklärt die Germanistin. Heutige Journalistinnen könnten in den fünfziger und sechziger Jahren keine Rollenmodelle finden, bedauert die Forscherin. Sie, die »Öffentlichkeit nach 1945« zu ihren Spezialgebieten zählt, weiß gar nicht mehr, wie viele starke Frauen es im frühen bundesrepublikanischen Journalismus gab.

Quasi ex cathedra liest man im 2020 erschienenen, vorzüglichen Standardwerk über *Medien-Intellektuelle der Bundesrepublik* des Historikers Axel Schildt, die Zahl prominenter Frauen mit einem breiteren Themenspektrum – auch Schildt nennt die beiden Journalistinnen Margret Boveri und Marion Dönhoff – sei nach dem Krieg sehr klein gewesen und habe sich bis in die 1970er Jahre hinein kaum verändert. Frauen hätten in der Welt der Intellektuellen lediglich als »die Frau an seiner Seite« eine Rolle gespielt.

Von wegen »keine Journalistinnen«! Von wegen »kein breites Themenspektrum«! Sie sind bloß vergessen worden. Über die Dönhoff gibt es – Stand heute – inzwischen fünf zum Teil ziemlich dickleibige Biografien, Tendenz steigend.

Von Clara Menck (gestorben 1983) oder Hanni Konitzer (sie lebt noch, feierte 2022 ihren hundertsten Geburtstag), zwei Zeitungskorrespondentinnen, die für viele Leser das Weltbild über Jahrzehnte geprägt haben, gibt es immerhin ihre Artikel, Kommentare und Analysen. Über Hannelore Krollpfeiffer – dreißig Jahre lang war sie leitende Journalistin, erst bei der *Constanze*, dann stellvertretende Chefredakteurin bei der *Brigitte* – oder über Liselotte Krakauer, zwölf Jahre lang Chefredakteurin der *Bravo*, konnte ich noch nicht einmal basale biografische Dokumente finden, trotz intensiver Recherche in den Archiven der Zeitungsgeschichte und der Verlage, bei denen diese Frauen angestellt waren. Dabei könnte man vermuten, dass eine so wache Frauenzeitschrift wie die *Constanze* oder eine die Jugend (auch meine!) prägende Zeitschrift wie die *Bravo* auf ihre Weise genauso viel Wirkung entfaltet haben wie die bildungsbürgerliche *Zeit* oder die liberal-konservative FAZ.

Aber eben: Viele dieser Frauen haben vieles schriftlich hinterlassen. Mit einer ganzen Reihe von ihnen konnte ich Interviews für dieses Buch führen. Ich sprach mit ihren Töchtern, Söhnen oder Enkeln. Und mit Wegbegleitern. Und plötzlich eröffnete sich die Welt von gestern als unglaublich heutig. Die Stimme dieser Frauen hat das Land verändert. Eine starke These, ich weiß. Im Gang dieses Buches und in den biografischen Annäherungen an ein gutes Dutzend dieser starken Journalistinnen hoffe ich auf Zustimmung zu meiner These.

Diese Journalistinnen waren Wegbereiter eines »Feminismus«, obwohl oder gerade weil sie ihr Geschlecht und ihre Benachteiligung nicht zum Thema gemacht haben. Sie mussten sich nicht bemühen, tough zu wirken. Es blieb ihnen gar keine Wahl, als sich in der Männerwelt durchzusetzen. Von ihren Stimmen strahlte etwas Neues und bislang Ungehörtes aus. Die heutigen Journalistinnen und Journalisten stehen auf ihren Schultern, ohne es zu wissen.

Quasi von der Not gedrungen, verstanden es diese Frauen, aus den ihnen von den Männern zugewiesenen Themen Familie, Kinder, Frauen, Mode eine Tugend zu machen. Sie haben diese Themen politisiert. Die Zeitungsredaktionen im Übrigen veränderten sie auch. Sie habe sich in den Redaktionskonferenzen der FAZ stets in die erste Reihe gesetzt, erzählt Maria Frisé, genau gegenüber den männlichen Herausgebern, unübersehbar also, noch dazu meistens in einem roten oder sonst wie farbenfrohen Kleid. Um nicht überhört zu werden, etwa bei der Blattkritik, habe sie sich vorher Unterstützer gesichert. Nicht immer sei die demonstrative Sichtbarkeit von Erfolg gekrönt gewesen.

»Am 1. Oktober 1945 wurde ich Journalistin.« Mit diesem Satz beginnt Susanne von Paczensky eine Sammlung ihrer Reportagen, Kolumnen und Kommentare aus fünf Jahrzehnten. *Bescheidende Luftschlösser* ist der Band überschrieben, erschienen in der S. Fischer-Reihe »Die Frau in der Gesellschaft«. Unter der Überschrift »Ehrenrettung des Morgenrocks«, nur so als Beispiel, gibt es ein kleines Feuilleton aus Paris in den frühen fünfziger Jahren, von wo Paczensky als Kulturkorrespondentin für die *Welt* berichtete. Aus dem Text spricht nicht allein das Staunen der deutschen Autorin darüber, dass in Frankreich eine Dame noch um zwölf Uhr mittags die Wohnungstür im Peignoir, dem eleganten Damenmorgenrock, öffnet, was ganz und gar nicht anrüchig sei. Es ist zugleich die Verwunderung der Journalistin darüber, wie die Französin ihre Weiblichkeit zeigt, ohne in ein Zwielicht zu geraten. »Der Morgenrock verhüllt, was sonst vielleicht der Korrektur bedarf. In dieser Tracht empfängt man unbekümmert den Gasmann und die Nachbarin, ohne sich, wie hierzulande, zu einer verlegenen Entschuldigung genötigt zu fühlen. Im Gegenteil.«

Paczensky beschreibt, was sie sieht und hört, kontrastiert es mit den Moden und Gewohnheiten der Deutschen, kommentiert sparsam, aber wenn, dann bestimmt und bewundernd. Im »Zeitalter der Gleichberechtigung« sei es nicht recht einzusehen, warum man sich des weiblichen Morgenrocks schämen müsse, findet sie, warum »die reizenden Modelle dieser Gattung, die ja in vielen Schaufenstern locken, nicht erhobenen Hauptes getragen werden sollen«.

Susanne von Paczensky? Wer kennt sie? Wenn, dann kennt man ihren Mann Gert von Paczensky, den NDR-Redakteur, der das Magazin *Panorama* gegründet hat, stellvertretender *Stern*-Chefredakteur war, der sich mit Franz Josef Strauß angelegt hat. Susanne von Paczensky, die von 1947 bis 1969 mit ihm verheiratet war, hätte sich nie als »Frau an seiner Seite« verstanden. Bei der *Welt* hat beider Nachkriegskarriere begonnen. Weil ein Ehepaar nicht in derselben Redaktion beschäftigt sein durfte, musste die Frau ins Feuilleton ausweichen. Das kann man als Benachteiligung interpretieren, war es ja wohl auch, man läuft dann aber Gefahr zu übersehen, dass die Journalistin aus diesem »Schicksal« mehr als nur das Beste gemacht hat: Sie hat – worin sie nicht die Einzige unter den Pionierinnen ist – ihre eigene Form des politischen Feuilletons erfunden, man denke an den Text über den Morgenmantel. Oder sagen wir, sie hat Anschluss gefunden an einen Typus feuilletonistisch-phänomenologischer Essayistik, Texte, wie man sie von Walter Benjamin oder Siegfried Kracauer aus den dreißiger Jahren kennt.

Aber in der Tat: Die historische Erinnerung, die oft die Erinnerung der Historiker ist, tendiert dazu, die Männer für bedeutender zu halten als die Frauen. Das ist bei den Journalistinnen nicht anders als bei den Musikerinnen, Lyrikerinnen oder Wissenschaftlerinnen. Es gab sie, aber sie verschwanden aus dem kollektiven Gedächtnis. Bei Clara Menck, einer Heldin dieses Buches, bedankt sich der Lyriker Paul Celan brieflich aus Paris dafür, dass sie ihn an die Essayistin Margarete Susman in Zürich vermittelt habe. Einflussreich im damaligen Literaturbetrieb scheinen also Menck und Susman gewesen zu sein. Doch wen kennt man heute noch? Paul Celan.

Maria Frisé war es, die den Anstoß zu diesem Buch gab. Nicht im direkten Sinn. Doch immer, wenn ich nicht ohne einen bewundernden, womöglich schwärmerischen Unterton von meiner Lehrerin und ihrem aufregenden Leben erzählte, meinte jemand, man müsse diese Geschichte aufschreiben und von weiteren Frauen im Journalismus erzählen. Ich musste nicht lange suchen. Diese Journalistinnen segeln zwar unter der Wahrnehmungsschwelle der jüngeren Kolleginnen und Kollegen. Aber sie haben selbst vieles dazu getan, dass, wer will, sich ihrer erinnern kann. Sammlungen ihrer Reportagen, Glossen oder Features, überraschend häufig auch autobiografische Texte oder Interviews sind alle in leicht vergilbten Taschenbüchern auf der Plattform Booklooker für ein paar Euro in ein paar Tagen zu haben. Es gibt die digitalisierten Archive der Zeitungen, es gibt das wunderschöne Literaturarchiv in Marbach. Dort kann man sie kennenlernen. Der Rechercheaufwand hält sich in Grenzen.

Lohnt sich die Beschäftigung? Aber ja. Wir lernen starke

Frauen kennen, stil- und argumentationssichere Kommentatorinnen, aufmerksam zuhörende Chronistinnen, neugierig ins soziale Feld ziehende Reporterinnen. Unerschrocken, zuweilen besessen, verfolgen sie ihren journalistischen Weg. Sprachsensibel mühen sie sich um das angemessene Wort. Karriere zu machen in der Medienhierarchie, war ihnen weniger wichtig. Sie wollten vor allem eines: schreiben. Und sie haben ihren Beruf geliebt und ihren – wachsenden – Einfluss genossen. Sich als Opfer – der Männer oder der Zeitläufte – zu inszenieren, wäre ihnen nicht in den Sinn gekommen. Dafür verstanden sie sich viel zu sehr als Kämpferinnen.

Diese Journalistinnen haben die Welt verändert – zum Besseren, wenn die klischeehafte Wendung hier einmal erlaubt ist. Nehmen wir das Thema Gleichberechtigung. Anders als viele Zeitgenossen damals, anders als viele Zeithistoriker heute, haben diese Frauen früh die Bedeutung des Rechts für die Liberalisierung der frühen Bundesrepublik erkannt. »Gleichberechtigung zwischen Mann und Frau« war ein Meilenstein des neuen Grundgesetzes der jungen Bundesrepublik aus dem Jahr 1949. Artikel 3 garantiert die Gleichheit vor dem Gesetz, die Gleichberechtigung der Geschlechter und verbietet Diskriminierung und Bevorzugung aufgrund bestimmter Eigenschaften.

Dass Grundrechte in der Verfassung standen, hieß noch nicht, dass sie in der Gesellschaft auch garantiert und von den Menschen geteilt wurden. Sie mussten erst durchgesetzt werden, in der Familie sowie im Zivilrecht. Noch hatte der Vater im Familienrecht das letzte Wort in strittigen Fragen der Erziehung der Kinder. Gegen diesen sogenannten »Stichentscheid« des Mannes rebellierten die Pionierinnen des Journalismus in unzähligen Artikeln – so lange, bis das Bundesverfassungsgericht, angeführt von der couragierten Richterin Erna Scheffler, in einem bahnbrechenden Urteil von 1959 erklärte, die Beziehungen beider Eltern zu ihren Kindern seien trotz biologischer Unterschiede »ihrem Wesensgehalt nach gleich«. Zwischen dem Gleichberechtigungsartikel des Grundgesetzes und seiner Durchsetzung im Familienrecht liegen zehn Jahre Liberalisierungsdiskurs. Zehn Jahre kämpften die Journalistinnen hier an vorderster Front.

Helene Rahms, Feuilletonredakteurin, hat das spektakuläre Urteil des Obersten Gerichts auf der Frauenseite der FAZ zu ihrem persönlichen Erfolg erklärt. Nicht ganz zu Unrecht, jedenfalls sofern man aus dem Singular ein Kollektiv macht. Teils abgesprochen, teils unabgesprochen hatten zahlreiche Journalistinnen den Widerspruch zwischen Gleichberechtigung und realem Patriarchat immer wieder konkret beschrieben und kommentierend aufgespießt – Rahms in der Tat besonders frech, auch den naheliegenden Spott über die männliche Konnotation des Begriffs »Stichentscheid« ließ sie sich nicht entgehen.

Diese von Journalistinnen erkämpfte Fortschrittsgeschichte auf dem Weg zu mehr Gleichberechtigung passt so gar nicht in das Klischee der miefigen Adenauerjahre, die durch Restauration, Spießigkeit, Prüderie und die Rückkehr zu traditionellen Gesellschaftsformen und Familienidyllen gekennzeichnet sein sollen. Wohingegen der erfolgreiche Kampf für die Gleichberechtigung jenen frauenbewegten Kämpferinnen der späten siebziger Jahre vorbehalten wäre, die dafür eigens feministische Zeitschriften gründeten – allen voran die *Emma* von Alice Schwarzer.

Genauso wird die Geschichte häufig erzählt. Etwa im Standardwerk von Ute Gerhard *Frauenbewegung und Femi-*

nismus von 2009, hier in der vierten und aktualisierten Auflage von 2020 zitiert. In den fünfziger Jahren habe sich die Gesellschaft im Privaten wieder in der »Normalität einer traditionellen Geschlechterordnung« eingerichtet. »Im Blick auf die Stellung der Frauen sind die Wirtschaftswunderjahre als restaurativ und repressiv zu kennzeichnen«, weiß Ute Gerhard. Woher weiß sie das? Sie behauptet es einfach, erkennt eine »Restauration patriarchalischer Verhaltensweisen« und eine »Re-Maskulisierung« in Politik, Wirtschaft und Kultur, also überall.

Was in dieses Bild nicht passt, wird passend gemacht: Dass Simone de Beauvoirs Epochenwerk *Das andere Geschlecht*, 1949 in Frankreich und 1951 auf Deutsch erschienen, in nahezu allen deutschen Zeitungen von Journalistinnen besprochen wurde, unterschlägt die offizielle feministische Geschichtsschreibung. Das gilt gleichermaßen für den mindestens so wichtigen *Weiblichkeitswahn* Betty Friedans von 1963, ein Buch, das 1966 auf den deutschen Markt kam und zu einem Weckruf wurde. Sollte die Zurkenntnisnahme der beiden Bücher dann doch aufgefallen sein, bleibt immer noch die Behauptung der heutigen Feminismusexpertin, sie seien womöglich in kleinen Elitenzirkeln, aber nicht in der Breite von den Zeitgenossinnen rezipiert worden. Was nicht sein darf, kann nicht gewesen sein. Der Aufbruch der Frauen ist den siebziger Jahren vorbehalten, ihr Emanzipationsmonopol darf ihnen auf keinen Fall genommen werden.

Sagen wir es noch einmal anders: Die frühe Bundesrepublik war nicht (nur) jene düstere Zeit, als die sie gerne dargestellt wird, die das Patriarchat zementierte oder die Verbrechen der Nazizeit tabuisierte. Es war eben auch eine Zeit, die der Historiker Harald Jähner als »Wolfszeit« bezeichnet: rau, wild und zwischen den Epochen schwebend. Nach Diktatur, Krieg und Entbehrung wollten die Menschen das Leben wieder genießen, ausgelassen und ohne allzu viel Moral. Viele dieser Journalistinnen tummelten sich mittendrin. Sie erkämpften mehr Gleichberechtigung, stritten für die Meinungsfreiheit – ebenfalls ein Grundrecht, das seiner Alltagsverwirklichung harrte – und lebten, was sie vertraten.

Anknüpfen konnten die Frauen an den Typus der »Neuen Frau« der zwanziger und dreißiger Jahre, die sich selbstbewusst und mit Bubikopf ihren Platz in der Öffentlichkeit erobert hatte und sich diesen Platz auch nicht mehr nehmen ließ – weder in der Nazizeit noch in der frühen Bundesrepublik. Das ist eine Kontinuität der Freiheitsgeschichte, die oft übersehen wird. Gewiss, es handelt sich um Eliten und Avantgarde: eine Gruppe von Akademikerinnen, Journalistinnen, Schriftstellerinnen, Tänzerinnen oder Künstlerinnen, die schon in den Jahren der Weimarer Republik mit dem Lebensstil ihrer Eltern und Großeltern brachen, mit der konventionellen Auffassung von Ehe nichts am Hut hatten und eine »ebenbürtige Beziehung« leben wollten, so Susanne Herzog (im Onlinekatalog des Deutschen Historischen Museums über das Bild der »Neuen Frau«).

In dieser emanzipatorischen Tradition verstanden sich die Pionierinnen des Nachkriegsjournalismus. Sie entwickelten einen eigenen journalistischen Blick, der nicht nur die elitäre Klasse im Fokus hatte. Nehmen wir die häusliche Küche der fünfziger und sechziger Jahre. Auch sie hat heute keinen guten Ruf, eben wegen des reaktionären Klischees Kinder, Küche, Kirche. »Als ich Ende der fünfziger Jahre für die *Constanze* bei Kochrezepten und -fotos half, kam das Thema Essen und Trinken richtig in Mode«, erzählt

Sybil Gräfin Schönfeldt. Und das hing mit dem Farbdruck zusammen: Bislang waren Kochrezepte in Tageszeitungen oder Illustrierten nur in Haushalts- oder Küchenecken versteckt vorgekommen – »höchstens ein Foto in bräunlichem Ton« –, »nun leuchtete Farbe in den Heften, das Kochthema brachte schöne große Anzeigen der Lebensmittelindustrie, aber das Thema blieb hausbacken, auf dem Vorkriegsstand stehen«. Technische Möglichkeiten und gesellschaftliche Veränderungen bedingen einander.

Diese Rückständigkeit der Kochjournalistik ergriff die Gräfin als ihre Chance. Haushalt und Familie hatten sich in den fünfziger Jahren dramatisch verändert. Auch in bürgerlichen Familien konnte und wollte man sich kein Personal (Dienstmädchen, Kindermädchen, Köchin) mehr leisten. Die Hausfrau musste selber ran, hatte aber, wenn sie berufstätig sein wollte oder musste, immer weniger Zeit zum Einkaufen und Kochen. Zugleich nahm die Automatisierung der Küche Fahrt auf. Der Dampfkochtopf, in dem Lebensmittel bei mehr als hundert Grad gegart werden (»Sico« – Sicherheitskochtöpfe), erfunden schon in den zwanziger Jahren, begann seinen Siegeszug durch die deutschen Küchen. Spülmaschinen ließen den Handabwasch überflüssig werden. Die Tiefkühltruhe optimierte den Einkauf.

Kochen, Backen und Servieren, so heißt der Klassiker der Gräfin Schönfeldt, der 1978 ihre tausend besten Rezepte bündelte, die bis dahin von ihr in allen möglichen Zeitungen und Illustrierten erschienen waren. Die Autorin war unglaublich produktiv. Es gab Zeiten, da lieferte sie täglich ein Rezept für eine Hamburger Zeitung ab, für die freie Autorin eine feste Einnahmequelle. Das Kochbuch der Gräfin enthält Menüvorschläge mit genauem Zeitplan für alle Gelegenheiten: von der Familienfeier bis zur offiziellen Einladung und Grillparty. Es bietet Ratschläge zur Auswahl der richtigen Weine, für das Tischdecken und den Tischschmuck. Die grundlegenden Kochmethoden werden ausführlich erklärt, eine Reihe von klassischen Gerichten mit Schritt-für-Schritt-Fotos. »Die Köchin von heute hat nicht viel Zeit; Geschwindigkeit und Vorausplanung sind ihr wichtig«, schreibt die Autorin. Der zeitsparende Einsatz von Schnellkochtopf, Mixer und Handrührgerät wird erklärt, Instrumente, die in keiner Fünfzigerjahre-Küche fehlen durften.

Soll man diese Ratgeberliteratur als stillschweigendes Einverständnis mit der Unterdrückung der Nachkriegshausfrau deuten? Das kann man. So wird es meistens gemacht. Man kann die Arbeit dieser Gräfin – ein ganz anderer Typ als die Gräfin Dönhoff – freilich auch als Rezept einer sanften Emanzipation interpretieren. Noch gab es keinen Pizzadienst oder Caterer, bei dem man das Essen hätte bestellen können. Ins Restaurant zu gehen, war für die (klein)bürgerliche Familie, wenn überhaupt, die große Ausnahme. Die Vierzigstundenwoche harrte der Durchsetzung, die Wochenarbeitszeit lag 1955 bei 49 Stunden. Der Samstag war ein normaler Arbeitstag. Erst Anfang der sechziger Jahre wurde die Fünftagewoche eingeführt. Vor diesem Hintergrund war die journalistische Arbeit der Gräfin eine Befreiung: Sie brachte den Frauen Zeitgewinn, rationalisierte Einkauf und Zubereitung. Pragmatisierung des Alltagslebens, so könnte man sagen, war die Bedingung der Möglichkeit der Emanzipation, der Befreiung von der Fokussierung auf die Küche. Gräfin Schönfeldt wurde zur Vorbild-Köchin des Wirtschaftswunders.

Die Veränderung von politischen Einstellungen, Mentalitäten, Lebensweisen und kulturellen Normen und Traditionsbezügen sind in der Regel sehr langfristige Prozesse, die sich oft unmerklich und uneinheitlich über Jahrzehnte hinweg vollziehen. In der Bundesrepublik seien solche Wandlungsprozesse innerhalb einer Zeitspanne von weniger als fünfundzwanzig Jahren ungewöhnlich rasch verlaufen, noch dazu mit nachhaltigen Auswirkungen, schreibt der Zeithistoriker Ulrich Herbert.

Will man diesen Wandlungsprozess genauer beschreiben, muss man die Stimme jener Frauen hören, die in der Nachkriegszeit den Journalismus mitgeprägt haben. Fünfundzwanzig Jahre sind, schaut man nach vorne, gar keine so kurze Zeit, immerhin ein Vierteljahrhundert. Blickt man indessen in der eigenen Erinnerung zurück, so kommt einem diese Zeitspanne eher kurz vor. Innerhalb dieser Zeit, so Herbert, wurde die Differenz zwischen einer orientierungslosen, durch das NS-Regime und durch Bombenkrieg, Vertreibung und Kriegsniederlage traumatisierten Gesellschaft einerseits und der bereits prodemokratisch orientierten und sich weiter liberalisierenden Gesellschaft der Bundesrepublik seit den siebziger Jahren andererseits überbrückt.

Das ist erst recht erstaunlich, weil die politische, ideologische und mentale Einwurzelung des NS-Regimes in der deutschen Gesellschaft sehr viel tiefgreifender war als lange angenommen. Hinzu kommt der Umstand, dass die Erfahrungen von Diktatur und Krieg die ohnehin in einem erheblichen Teil der deutschen Bevölkerung bestehenden allgemeinen Dispositionen zu antiliberalen und autoritären Denkweisen verbreitert, intensiviert und radikalisiert haben. Es war ja gerade nicht so, als ob Deutschland sich seit der Jahrhundertwende auf dem guten Weg der Liberalisierung befunden hätte, der nur für zwölf Jahre zwischen 1933 und 1945 von einer Diktatur unterbrochen worden wäre und nach 1945 hätte wieder weiterverfolgt werden können. Bis 1945 waren die bereits seit Jahrzehnten bekannten konservativen, autoritären, antiliberalen Kräfte und kollektiven Überzeugungen dominant. Dass sich das nach der Niederlage von 1945 nicht sofort änderte, zeigt sich nicht zuletzt an der tiefen Amerikaskepsis der öffentlichen Meinung, die vielfach die Alliierten nicht als Befreier, sondern als Siegerherrschaft erlebte und dagegen rebellierte. Der Antikapitalismus des Nationalsozialismus – stets angereichert mit mehr oder weniger Antisemitismus – findet sich noch lange in der politischen Kultur der Nachkriegszeit: vom Widerstand gegenüber der Reeducation bis zum linken Protest gegen die NATO-Aufrüstung und gegen den »Zionismus«.

Westbindung, Bekenntnis zur Marktwirtschaft, Kampf für Meinungsfreiheit und Gleichberechtigung war auch den Nachkriegsjournalistinnen nicht selbstverständlich. Immerhin lag der Karrierebeginn bei vielen von ihnen nicht im freien Deutschland, sondern in der Nazizeit. Etwa beim *Reich*, einer Wochenzeitung, die von Joseph Goebbels mit der propagandistischen Absicht gegründet worden war, die braune Bewegung vom Mief des *Völkischen Beobachters* zu befreien, ihr einen intellektuell salonfähigen Anstrich zu geben, sie im Ausland hoffähig zu machen. Dazu brauchte man kluge Köpfe. Und weil viele Männer an der Front waren, wurde dies zu einer Chance für den Berufseinstieg vieler Frauen, die das intellektuell anregende Klima in der Redaktion des *Reichs* goutierten und im Nachhinein als Beleg ihrer Systemdistanz interpretierten.

Es mag paradox klingen. Doch gerade die Erfahrung des Krieges – ob schon als Journalistin oder nicht – stärkte das Selbstverständnis dieser jungen Frauen. Nach dem Krieg waren sie nicht mehr bereit, sich der Dominanz der Männer widerspruchslos unterzuordnen. Die als Verlierer Heimgekehrten hatten das Recht verwirkt, den Ton anzugeben. Der Soziologe Heinz Bude teilt die Gruppe der Nachkriegsfrauen ein in die »Enttäuschten« und die »Rebellischen«. Die Pionierinnen des Journalismus zählten gewiss eher zur zweiten Gruppe, was nicht bedeutet, dass der Alltag der Geschlechterbeziehung nicht eine ständige Herausforderung war und Kompromisse erforderte. Aber ist das nicht immer so?

Gewiss teilten auch die Journalistinnen in den späten vierziger und frühen fünfziger Jahren das Gefühl der »Opfergemeinschaft« der Deutschen, quasi die Fortsetzung der von den Nazis verordneten Volksgemeinschaft: Man verstand sich als Opfer der Hitlerherrschaft und meinte, nun sei man abermals Opfer einer Siegerherrschaft und unnötiger fremdbestimmter Umerziehungsprogramme der Alliierten. Wir werden das am Beispiel der Gräfin Dönhoff und Margret Boveris ausführlich beschreiben.

Die Deutschen erlebten sich zwar nach 1945 als Opfer der Alliierten. Aber die schlimmsten Erfahrungen wollten sie (noch) nicht hören. Das Buch *Eine Frau in Berlin*, 1959 anonym auf Deutsch veröffentlicht, schildert brutale Vergewaltigungen durch die Sieger und wurde so verrissen, dass es zurückgezogen wurde. Die Autorin war Marta Hillers. Sie stammte ursprünglich aus Krefeld, hatte in Paris studiert und war 1934 nach Berlin gezogen, um als freie Autorin für verschiedene Zeitungen und Zeitschriften zu arbeiten. Ihre Erinnerungen an die letzten Kriegs- und ersten Nachkriegswochen wurden zuerst in andere Sprachen übersetzt. Nachdem die deutsche Fassung auf derart große Ablehnung gestoßen war, untersagte Marta Hillers jede weitere Veröffentlichung zu ihren Lebzeiten. Erst 2003, nach ihrem Tod, wurde eine neue Ausgabe in Deutschland veröffentlicht und ihre Identität enthüllt. Die Verfilmung mit Nina Hoss war ein großer Erfolg.

Diese Geschichte der Anonyma zeigt, dass das Vergessen eine komplexe Angelegenheit ist. »Kommunikatives Beschweigen« nennt dies der Philosoph Hermann Lübbe. Beschweigen – wenn man will, kann man auch von Verdrängen sprechen – war die Voraussetzung des Neuanfangs. Es kommt zu der paradoxen Situation, dass viele dieser Nachkriegsjournalistinnen heute vergessen sind, während andere, neben Marta Hillers wäre Inge Deutschkron zu nennen, erst Jahrzehnte später gehört und gelesen wurden. Doch immer wieder wurde das »Beschweigen« durchbrochen. Etwa von der Stuttgarter Kulturjournalistin Clara Menck. Sie, die im Krieg als »Halbjüdin« im Verborgenen leben musste, hatte wenig Vertrauen in die Selbstreinigungskräfte der besiegten Deutschen und setzte umso mehr auf die Befreiungshilfe im Prozess der Liberalisierung durch die Amerikaner. Menck durchbrach das kollektive Schweigen schon 1951 in ihrer Unterstützung einer Protest- und Boykottbewegung gegen den Nazifilmer Veit Harlan, von dem das antisemitische Machwerk *Jud Süß* stammte und der mit belanglosen Unterhaltungsfilmen weiterzumachen gedachte, als ob nichts gewesen wäre. Das führte nicht nur dazu, dass das Schweigen über die Nazivergangenheit durchbrochen wurde, sondern dass sich daraus langsam ein starkes Verständnis des liberalen Grundrechts der Meinungsfreiheit entwickelte. Wir werden auch darauf zurückkommen.

Mehr und mehr weitete sich das Meinungsspektrum zwischen den Journalistinnen. Nehmen wir die Fernsehjournalistin Fides Krause-Brewer und die Magazinjournalistin und

Kolumnistin Ulrike Meinhof. Altersmäßig gut fünfzehn Jahre auseinander – Krause-Brewer Jahrgang 1919, Meinhof Jahrgang 1934 –, begannen sie beide ihre Karriere in den fünfziger Jahren: Krause-Brewer beim Funk und später dann beim ZDF, Meinhof bei allerlei SDS-Blättern, dann bei *konkret*, wo sie eine Weile lang auch Chefredakteurin war. Krause-Brewer, studierte Ökonomin, wurde zu einer engagierten Verfechterin einer Marktwirtschaft, für die sie sich gegen die auch damals schon von sozialdemokratischen Anfechtungen verführbare konservative CDU und gegen eine sehr national gesinnte FDP stark machte. Meinhof, die Psychologie, Pädagogik und Literatur studiert hatte und von der Studienstiftung gefördert wurde, war international und links, kritisierte die Kolonialmacht Frankreich im Algerienkrieg, unterstützte die kubanische Revolution und las, früher als die deutsche Studentenbewegung, die Werke von Mao Zedong. Mit Marktwirtschaft (Krause-Brewer) oder Sozialismus (Meinhof) brachten sich beide Journalistinnen von sehr unterschiedlichen Seiten gegen den konsensorientierten Pragmatismus der bundesrepublikanischen Gesellschaft in Stellung. Beide Frauen waren gern gesehene Gäste in Werner Höfers sonntagmittäglichem *Internationalem Frühschoppen*.

Ulrike Meinhof kann man heute nicht anders als von der terroristischen Spätphase ihres Lebens her lesen. Das verstellt den Blick auf eine nicht nur begabte, sondern brillante Journalistin. Nach Anfängen bei SDS-Blättern war sie von 1959 bis 1969 Redakteurin bei *konkret*, verheiratet mit dem *konkret*-Gründer Klaus Rainer Röhl. Schnell wurde sie zu einer aufregenden Figur in den intellektuellen Zirkeln Hamburgs. Die Männer lagen ihr zu Füßen – zum Beispiel der Fernsehjournalist und spätere FAZ-Herausgeber Joachim

Fest. Man feierte ausgelassene Partys, gerne auf Sylt. »Wie ein ernster Engel, total in Weiß, mit strafendem und weghaltendem Blick«, schwebe sie durch die Salons, so beschrieb sie die Kollegin Christa Rotzoll in einem schönen Doppelporträt über »die Boveri, die Meinhof«: Jedes Mal habe sie anders ausgesehen. Der Widerstand gegen die »Atomrüstung« hatte Meinhof schon in den fünfziger Jahren politisiert. Das machte sie in den Intellektuellenkreisen nur noch interessanter. In ihren Kolumnen warb sie unermüdlich für die Wiedervereinigung und für Friedensverhandlungen mit der Sowjetunion. Früh engagierte sie sich in der Friedensbewegung, war begeistert von den Ostermärschen: »Sie sind die Moralisten des 20. Jahrhunderts, die unentwegte Avantgarde; komisch, aber bitterernst; jugendbewegt, aber hochpolitisch; diffamiert, aber zahlreich.« Mit solchen Beschreibungen zeichnete sie sich nicht nur als scharfe Analytikerin, sondern mehr noch als brillante Stilistin aus.

Aber natürlich und gegen Missverständnisse sei es betont: Der Journalismus dieser frühen Jahre war männlich dominiert. Frauen waren im Nachkriegsjournalismus in der Minderheit. Umfassende quantitative Studien fehlen. Regionale Untersuchungen (Rheinland-Pfalz, Hamburg) kommen auf einen Anteil von 10 Prozent Frauen; je weiter oben in der Hierarchie, umso rarer die Frauen. Ausnahmen – *Constanze, Bravo* – bestätigen diese Regel. Das Handbuch *Der Journalist* zählt 1951 unter 283 neu hinzukommenden Journalisten 18 Frauen. Als der Südwestfunk 1955 einen Reporterwettbewerb zur Rekrutierung von Talenten veranstaltete, bewarben sich zum Auswahltest unter 355 Kandidaten 44 Frauen. War der Test bestanden, galt es, eine Reportage anzufertigen. Die Frauen bekamen das Thema

»Kindergarten und anschließendes Gespräch mit den Kindern«. Für die Männer hieß es: »Schreinerwerkstatt und Gespräch mit den Arbeitern«.

Journalistinnen wurden in der Regel schlechter bezahlt als die männlichen Kollegen, Teilzeit gab es nicht. Dass überproportional viele Journalistinnen, die hier vorkommen, ledig oder, wenn verheiratet, kinderlos blieben (Dönhoff, Boveri, Noelle-Neumann) dürfte zuvörderst daran liegen, dass ihnen der Totaleinsatz für den Beruf wichtiger war als die Familie (die sie nicht selten als spießig verachteten). Aber natürlich gab es auch keine überzeugenden Rollenmodelle der »Vereinbarkeit«.

In den Feuilletons (sogar in den Wirtschaftsredaktionen) hatten es die Frauen vergleichsweise leichter, im Politikressort war es schwerer. Bis zur ersten Frau in der Nachrichtenredaktion der FAZ dauerte es bis ins Jahr 1968: Gabriele Venzky. Einige der männlichen Kollegen in Frankfurt weigerten sich, mit dem »Fräulein Venzky« zu sprechen, im Protokoll der Herausgebersitzungen firmierte sie als »unsere Suffragette«. Ein Herausgeber gab zu Protokoll, es sei »ein Unglück, wenn ein weibliches Wesen mit solcher Ausstrahlungskraft in ihre Mitte gesetzt werde«. Er befürchtete, der »Korpsgeist« werde gestört, das »stärkere emotionale Engagement von Frauen« verzerre ein unbestechliches politisches Urteil. Weil sie als zu aufmüpfig gegolten habe, habe man sie »zur Räson« bringen wollen und eben doch aus Frankfurt weggeschickt, erzählt Gabriele Venzky mir bei einem Besuch in Hamburg Anfang 2022. Erst hieß es, Washington, dann wurde Rumänien daraus, Mitte der siebziger Jahre eines der ärmsten Länder Südosteuropas. »Nach sieben Wochen hatte ich zwanzig Kilo abgenommen.«

Venzky ließ sich nicht entmutigen, kündigte bei der FAZ,

wechselte zur *Zeit* – und bereiste jahrzehntelang als Reporterin die halbe Welt, unter besonderer Berücksichtigung der armen Länder, dort, wo die Männer nicht hinfuhren, wo es anstrengender war zu leben und einem nicht gleich der große Leitartikel- und Reportagen-Teppich ausgerollt wurde. Venzky verstand es, abseits der den Männern vorbehaltenden Prestigethemen aus dem Schicksal der Frau im Männerberuf eine Tugend oder, wenn man so will, einen Wettbewerbsvorteil zu machen. Sie berichtete aus Ländern des afrikanischen Kontinents. Und sie war über viele Jahre die einzige Frau im Foreign Press Corps Indiens.

Die Auswahl der Porträts für dieses Buch fiel nicht leicht. Alle (bis auf eine Ausnahme) entstammen sie den Jahrgängen 1900 bis 1935. Die Hochzeit ihrer journalistischen Produktivität liegt zwischen 1945 und 1980. Maria Frisé und Sybil Gräfin Schönfeldt haben bis zu ihrem Tod im Jahr 2022 unermüdlich Texte veröffentlicht. Maria Frisés letzte FAZ-Rezension stand zwei Wochen vor ihrem Tod in der Zeitung, Schönfeldts Autobiografie *Er und ich* erschien postum 2023.

Gerade weil diese Pionierinnen ihre Generationenerfahrung gemeinsam haben, sollten durch die Auswahl signifikante Unterschiede ihrer Lebenswege deutlich werden: Die Hiergebliebenen (etwa Boveri oder Rahms) unterscheiden sich von den Emigrantinnen (Hilde Spiel). Sie unterscheiden sich abermals von denen, die hiergeblieben sind, aber Berufsverbot hatten und untertauchen mussten (Clara Menck oder Inge Deutschkron). Und sie unterscheiden sich von denen, deren Karriere in Zeitungen, Zeitschriften oder beim Fernsehen erst nach 1945 begann.

Viele Journalistinnen, die in diesem Buch nicht vorkommen, wären ebenfalls ein Porträt wert gewesen. Nennen wir nur Ursula von Kardorff, Isabel Mühlfenzl, Franca Magnani, Wibke Bruhns, Carmen Thomas, Elly Staegmeyr oder eben Ulrike Meinhof. Und auch diese Namen sind ebenfalls nur eine Auswahl aus einer großen Zahl schreibender Frauen, die in ihrer Zeit eine feste Gemeinde von Lesern oder Zuschauerinnen hatten. Ein Mangel, wenn man will, ist die nationale Perspektive, die sogar noch nicht einmal die Journalistinnen der DDR (zum Beispiel Brigitte Zimmermann oder Angelika Unterlauf) zu Wort kommen lässt. Aber die historischen und gesellschaftlichen Kontexte sind doch zwischen den Ländern, auch zwischen West und Ost, sehr unterschiedlich und hätten die biografischen Skizzen unübersichtlich gemacht. Den Fluchtpunkt bildet Alice Schwarzer. Mit ihr – bis heute Chefredakteurin der *Emma* – beginnt in den frühen siebziger Jahren eine neue Ära. Schwarzer repräsentiert einen engagierten Journalismus, der sich politisch aktivistisch versteht, zuweilen gar explizit agitatorisch und zugleich das eigene Ich, ihre persönlichen Erfahrungen in ihren journalistischen Texten reflektiert. Seit Alice Schwarzer gibt es feministischen Journalismus im expliziten Sinn: aggressiv, selbstreflexiv.

Die Umkehrung der noch von Meinhof hochgehaltenen politischen Hierarchie durch Alice Schwarzer – erst Feminismus, dann, wenn unbedingt nötig, kommt der Sozialismus – ist das Erfolgsrezept, der eigentliche Grund, warum sich der Feminismus bis heute als eine breite gesellschaftliche Bewegung lebendig und erfolgreich etabliert hat, während der Sozialismus ins Abseits geriet. Man kann es noch polemischer formulieren: Der Feminismus – von den Pionierinnen (wenngleich nicht so genannt) über Alice Schwarzer & Co. bis zu den Frauen der heutigen Geschlechterunübersichtlichkeit – leistete einen zentralen Beitrag im bundesrepublikanischen Lernprozess der gesellschaftlichen Liberalisierung. Die lange historisch überschätzten Achtundsechziger haben zur Liberalisierung des Landes weniger beigetragen, wenn überhaupt, auf jeden Fall haben sie viele Irrtümer und Wahnideen produziert. Während die revolutionären Träume der männlichen Linken vom großen Ganzen bald zu utopischen Schäumen wurden und platzten wie die Seifenblasen in den Kinderbadewannen der sechziger Jahre, wurde der Tummelplatz der Geschlechter seither immer größer und immer unübersichtlicher.

Die Geschichte des weiblichen Journalismus läuft nicht einfach durch als feministische Fortschrittsgeschichte. Mit dem Auftritt Schwarzers hören Dönhoff, Frisé & Co. nicht auf zu schreiben. Viele von ihnen haben sehr lange gelebt, einige leben hochbetagt noch heute. Sie waren zäh, geduldig, durchsetzungsstark, unermüdlich. »Pensionierung« im Sinne von »Ruhestand« war ihnen fremd.

Der Blick auf den Mainstream des feministischen Journalismus läuft Gefahr, jene schweigende Gruppe zu übersehen, die sich vom Mainstream nicht vertreten fühlt. Als Sprachrohr dieser schweigenden Mehrheit, nicht weniger radikal als Alice Schwarzer, versteht sich seit den siebziger Jahren Christa Meves. Ihr, die, obzwar längst auch vergessen, siebenundneunzigjährig immer noch hellwach monatlich ihren eigenen Blog schreibt, ist die vorletzte dieser biografischen Skizzen gewidmet. Dann, wie gesagt, kommt Alice Schwarzer zu Wort.

1

Überleben in der Wolfszeit

Helene Rahms (1918–1999)

»Sollte ich ewig im Dorf bleiben?« Helene Rahms wird unruhig. Es ist Winter 1947. Schon habe sie den schweren schaukelnden Gang der Dorffrauen angenommen, klagt sie: Lehm klebe bei jedem Schritt an den Sohlen, mache den Körper schwer und träge, verlangsame alle Bewegungen, verlangsame das Denken, das Sprechen. »Rechtschaffene Hausfrauen hielten sich ans Zeremoniell, das aus Friedenszeiten stammte, wo die Mittagsmahlzeit Glock' zwölf auf dem Tisch zu stehen hatte, weil die Männer und Knechte und Mägde hungrig vom Feld zum Essen kamen.« Nicht ihre Welt.

Es war »Wolfszeit« in diesen späten vierziger Jahren in Deutschland. Wolfszeit – so nennt es der Historiker Harald Jähner: Die Deutschen waren geschlagen, viele Männer tot oder in Gefangenschaft. Die Frauen gierig nach Leben, durstig nach Liebe. Deren von Krieg, Zusammenbruchsanarchie und Männerversagen erzwungene Unabhängigkeit machte Deutschland nach 45 zu einem »Land der Frauen«.

In den Theatern spielten sie *Wir sind noch einmal davongekommen*, das Stück von Thornton Wilder. Es spiegelte ein Lebensgefühl. Mit den Naziverbrechen wollte man sich nicht beschäftigen. Schließlich hatte man selbst genug gelitten, vor allem in diesem letzten Kriegsjahr. Eine lange Zeit des erzwungenen Verzichts auf Leben. Dieses Opfer schrie nach Kompensation.

Helene Rahms taucht in *Wolfszeit* nicht auf. Reingepasst hätte sie. Am 13. Februar 1945 hatte sie in Dresden mit ihrem gerade sechs Monate alten Säugling das Inferno der Bombennacht in einem Keller knapp überlebt. Weil die Front immer näher rückte, verließ sie die Stadt bald darauf gen Westen.

Rahms rettete sich zu Pferde. Allerdings war Berta bloß ein Karrenpferd. »Noch nie hatte ich ein Pferd gelenkt, auf einem Kutscherbock gesessen, Zügel in der Hand gehabt«, erinnert sich Rahms. Das unterscheidet sie von den Kolleginnen Maria Frisé oder Marion Dönhoff, adligen Fräulein aus dem Osten, die von Kindheit an auf einem Pferd gesessen hatten und ebenfalls 1945 in den Westen und in eine journalistische Zukunft geritten waren. Berta war schmuddelig, grauweiß, mager wie Rosinante. Mit herausstehenden Hüften schleppte es sich auf zerlöcherten Wegen auf die Ruinen der Stadt Hannover zu. Manchmal bleibe das Pferd auch unvermittelt stehen, hatte man Rahms gewarnt: »Dann rufen Sie einfach Hott, zucken mit dem Zügel und lassen ihn leicht auf den Rücken klatschen.«

Erst nach Kriegsende erfuhr Helene Rahms, dass Hans, ihr Mann, ein Offizier, in russische Kriegsgefangenschaft geraten war. Dass er dort fünf Jahre bleiben und von Lager zu Lager bis in den Ural verschleppt werden sollte, ahnte sie nicht. Dass sie ihn besonders vermisst hätte in all diesen Jahren, wird man nicht behaupten können. Allenfalls dass er als Ernährer ausfiel, sie allein für sich und das Kind aufkommen musste, machte ihr zu schaffen. Sie nahm es als

Entlastung, dass es in einem Brief aus Sibirien hieß, sie solle nicht mehr warten und sich auf ein selbstständiges Leben einstellen: Darauf hatte sie sich längst schon eingestellt, ohne wirkliches Bedauern.

Als Hans dann endlich zurückkommt, fünf Jahre nach der Gefangennahme, hager und schwach, bleibt das Paar sich fremd: Sein Blick scheine immer noch in eine stumme Landschaft, auf einen fernen Horizont gerichtet, findet sie. Das Kind, fünf Jahre alt, das der Vater zuletzt als Säugling im Körbchen gesehen hatte, sagt keck: »Ich weiß, wer du bist, du bist der Schwiegersohn.« Das hatte die Großmutter immer gesagt, die das Enkelkind bis dahin erzogen hatte: Der Schwiegersohn komme bald heim. Bis es diesen Schwiegersohn nun Papa nennt, das dauert.

Die Welt war frei und bunt geworden. Daran werde er sich bald gewöhnen müssen, fand Helene Rahms. Er gewöhnte sich auch daran, dass Frauen Geld verdienten, herumreisten und ziemlich frei mit Freunden und Kollegen umgingen. Die Liebe zwischen den beiden kam jedenfalls nicht mehr zurück. Falls sie je da war damals, mitten im Krieg, als sie ziemlich Knall auf Fall diesen Ritterkreuzträger geheiratet hatte, dessen weicher, sanfter, empfindsamer Mund ihr aufgefallen war.

Im Winter 1947, wie gesagt, wurde Helene Rahms unruhig. Sie, die Journalistin, malte sich aus, wie die alten Kollegen längst wieder ihr Handwerk ausübten, während sie stumpfsinnig zur Hausfrau und Mutter degradiert worden war, was sie nie wollte. Heiraten, Kinder kriegen war ihr immer ein Gräuel. »Aus wäre es mit Reisen, Schreiben, eigenen Entschlüssen, eigenen Freunden, eigenem Geld.« Alles in ihr habe sich immer gegen ein Leben als Hausfrau und Mutter gesträubt.

Dass Rahms ausgerechnet ein halbes Jahr vor Kriegsende, in der schlimmsten Zeit für die Zivilbevölkerung, ein Kind zur Welt gebracht hat, sollte man nicht als Zeichen einer Abkehr von dieser Überzeugung, gar als Ausdruck von Vitalität und die Hoffnung auf eine bessere Zukunft nach der Katastrophe interpretieren. Es wird viel simpler gewesen sein, mutmaßt die Tochter heute, die inzwischen auf die achtzig zugeht: Die Mutter wurde eben schwanger, wie viele Frauen damals. So war das in den Zeiten, als es lediglich »natürliche« Verhütungsmöglichkeiten gab. Ob sie darüber nachgedacht hat, das Kind abzutreiben, ob sie es nicht wollte oder sich keine Gelegenheit fand, wissen wir nicht. Geliebt hat sie das Kind wohl nie. In den drei Bänden ihrer Autobiografie gibt es für Liebe weder direkt oder indirekt einen Beleg. Geliebt gefühlt hat sich die Tochter ebenfalls nicht. Bewundert hat die Tochter allenfalls die bekannte Journalistin, die die Mutter war.

Helene Rahms also schreibt im Jahr der Währungsreform 1948 ein Feuilleton über das allmähliche Erwachen des geselligen Lebens in der Stadt. Und bringt den Artikel dem örtlichen Feuilletonredakteur. Der schaut sich den Text an, lehnt freundlich ab: »Hübsch geschrieben. Aber für uns viel zu intellektuell. Wir machen nämlich Zeitung für die Waschfrau.« Rahms gibt sich empört. In Wirklichkeit wird es ihr geschmeichelt haben. Für die Waschfrau wollte sie nun wirklich nicht schreiben. Ihr Selbstverständnis war zeitlebens elitär. Und intellektuell.

Zu den auswärtigen Zeitungen, die nach Oldenburg kamen, der ihrem Dorf nächstgelegenen Stadt, gehörte der *Kurier* aus Berlin. Mit einer französischen Lizenz war das Blatt unmittelbar nach dem Krieg gegründet worden. »Die Kollegen von der französischen Militärregierung ließen junge und alte, seit langem bekannte Talente schreiben, ohne pingelige Gewissensprüfung«, erzählt Helene Rahms in ihren Memoiren. So kann man es auch sagen: Historisch verbürgt ist, dass die französischen Besatzer sich weniger als Briten, Amerikaner und Sowjets darum kümmerten, was die Journalisten denn so alles in den Jahren vor 1945 geschrieben hatten. Und das hatte sich rasch herumgesprochen bei den Journalisten, die wieder zurück in ihren Beruf drängten.

Ohne Lizenz der Besatzer konnte man nach 1945 keine Zeitung herausbringen. Damit sollte verhindert werden, dass alte Nazis ihre Propaganda in die Köpfe der Leute leitartikeln konnten. In Kauf genommene Konsequenz der Lizenz war die Beschränkung des Wettbewerbs. Die Alliierten bestimmten, wie viele Zeitungen es gab, und legten Verbreitungsgebiete fest, was erklärt, warum es in Deutschland lange Zeit Gebietsmonopole gab. Wer eine Zeitungslizenz ergattern konnte, verfügte im Wortsinn über eine Lizenz zum Gelddrucken – im Grunde bis zur großen Zeitungskrise nach der Jahrtausendwende 2000, als das Internet und die sozialen Communities zum mächtigen Wettbewerber der Verleger wurden und die Anzeigen wegbrachen. Wer den richtigen Riecher hatte, konnte rasch reich werden – und es bleiben. Es war die Stunde der Goldgräber mit alliierter Unterstützung: Bucerius, Augstein, Springer, Nannen, Burda und wie sie sonst noch hießen, die publizistischen Helden der Nachkriegszeit. Verlegerinnen waren, soweit ich sehe, keine darunter. Das sollte dauern, bis Witwen, die deutlich jünger waren als ihre Männer, das Heft in den Verlagen in die Hand nahmen: Friede Springer oder Liz Mohn zum Beispiel.

Im *Kurier* stieß Rahms eines Tages auf den Namen einer alten Bekannten und Kollegin: Christa Rotzoll. Sie hatte überlebt, sie arbeitete, schrieb schon wieder, geistreich, spitzfindig, munter. Auch bei der Wahl ihrer Partner war Rotzoll erfolgreich. Sie lebte in diesen Nachkriegsjahren mit Carl Linfert zusammen, einem allseits bewunderten Kunstkritiker, später dann mit Sebastian Haffner, dem Autor der *Anmerkungen zu Hitler*, der aus der britischen Emigration zurückgekommen war, wo er vor allem für die Wochenzeitung *Observer* geschrieben hatte.

»Und ich?«, jammerte Rahms: »Ich hockte in der Provinz. In der Notgemeinschaft mit den Eltern, die voller Spannungen und Gereiztheit war.« Briefe zwischen Oldenburg und Berlin, zwischen Rahms und Rotzoll gingen hin und her. »Lebensbeichten. Romanstoff für Generationen«, schreibt Rahms. Leider ist nichts davon überliefert. Trösten wir uns damit, dass Rahms ein wenig journalistisch übertrieben haben könnte.

Christa Rotzoll rät, Rahms solle nach Hannover fahren. Das sei nicht weit weg von Oldenburg: »Und da gibt es die *Hannoversche Zeitung*. Und da sitzt unser guter Werner Oehlmann als Feuilletonchef. Der freut sich, wenn Du ihn besuchst.«

So sollte es dann werden. Der Beginn der Nachkriegskarriere der Journalistin Helene Rahms. Begonnen im Jahr 1948, beendet im Jahr 1999, dem Todesjahr der Autorin. Sie fährt zu Oehlmann, bekommt eine Anstellung. Später fährt sie nach Hamburg, bekommt eine Stelle bei der *Welt*. Später, 1954, fährt sie nach Frankfurt, bekommt eine Anstellung bei der FAZ, wo sie den Rest ihres Lebens bleiben wird: Die Frauenseite, die die FAZ ihr anbietet, will sie nicht betreuen, das betrachtet sie als nicht mehr zeitgemäße Ghettoisierung. Rahms ist Feuilletonistin, macht Kunstkritik, wird später verantwortlich für Architektur und Stadtplanung.

Der dritte Teil von Rahms' gut geschriebenen Lebenserinnerungen, an dem sie bis zu ihrem Tod arbeitete, ist Fragment geblieben. Er trägt den Titel *Die Clique. Journalistenleben in der Nachkriegszeit.* Man kannte sich, man half sich, man versorgte sich, ließ einander nicht hängen. »Clique« ist ein Wort, das man heute nur noch selten benutzt. Das Lexikon übersetzt es als »Kreis von Freunden, die gemeinsam etwas unternehmen«, auch »kleine Gruppe von Menschen, die sich gegenseitig Vorteile verschaffen«. Mary McCarthys 1963 erschienener Bestseller *Die Clique* dürfte Rahms vertraut gewesen sein. Dessen Story – übrigens Vorbild von *Sex and the City* – muss ihr sympathisch gewesen sein: Es geht um bestens ausgebildete junge Frauen, die sich hoffnungsfroh ins Leben stürzen, um ihre Träume zu verwirklichen. Auf der Suche nach sich selbst, nach Abenteuer, Sex und der großen Liebe durchleben sie Krisen und Konflikte, üben den Spagat zwischen Kindern und Karriere und kämpfen um Freiheit und Eigenständigkeit.

Rahms' Clique umfasst vielleicht zehn bis fünfzehn Personen, nicht nur Frauen. Alle haben sie im Krieg für das *Reich* geschrieben. Das hat sie fürs Leben zusammengeschweißt, auch wenn sie Konkurrenten waren.

Das Reich erschien von 1940 bis 1945 als Wochenzeitung, zählte zu den erfolgreichsten und meistgelesenen Publikationen der Nazizeit. Die Zeitung erschien immer sonntags und zeichnete sich im Vergleich zu anderen nationalsozialistischen Periodika durch eine besondere journalistische Qualität, einen hohen Informationsgehalt und eine umfassende Berichterstattung aus. Mit einer Auflage von bis zu 1,4 Millionen Exemplaren besaß die Zeitung zeitweise eine Nettoreichweite von über 15 Millionen Lesern. Die Einzelausgabe kostete 30 Pfennig.

Die Liste der Autoren liest sich wie ein Who's who der Nachkriegsintelligenz. Die meisten von ihnen blieben dem Journalismus treu. Andere wurden Bundespräsident oder Hochschulprofessor. Bekannte Namen sind: Margret Boveri, Elisabeth Noelle-Neumann, Karl Korn, Karl Krolow, Theodor Heuss, Wilhelm Emanuel Süskind, Benno von Wiese.

Im Unterschied zum *Völkischen Beobachter* war das *Reich* von weniger plumper Ideologie bestimmt. Die Zeitung wurde in viele Sprachen übersetzt, sollte im Ausland den Eindruck erwecken, »dass am Nationalsozialismus vielleicht doch etwas Diskutables dran sei«. Die politische Absicht war, »das verbrecherische Gesicht des Nationalsozialismus zu verschönern«, schreibt der Politikwissenschaftler Peter Reichel in seiner Studie über den *Schönen Schein des Dritten Reiches*. Carl Linfert, der Kunstkritiker, von dem hier als Nachkriegspartner von Christa Rotzoll schon die Rede war, stellte nach dem Krieg selbstkritisch fest, dass die *Reich*-Journalisten »einen nicht geringen Beitrag zur Aufwertung und Stabilisierung des Hitler-Staates geleistet haben«.

Die »seriöse« Verpackung des *Reichs* im Interesse der Ideologie half den Redakteuren, sich einzureden, man genieße dort einen journalistischen Freiraum: Man versicherte sich zumindest einer Distanz zum System – zwar nicht als Widerständler, so weit wollte, vielleicht mit Ausnahme von Elisabeth Noelle, niemand gehen, aber immerhin einer kritischen Position jenseits der Nazi-Ideologie. Es war genau diese Haltung, die es den Autoren später ermöglichte, eine, wenn auch gebrochene, biografische Widerspruchslosigkeit in das eigene Leben zu bringen. Wenn explizite Nazitexte auftauchten, wie etwa die ziemlich widerlich antisemitische Kritik des *Jud Süß* Films von Veit Harlan durch den späteren FAZ-Herausgeber Karl Korn, rechtfertigten sich die Autoren damit, man müsse ihre Texte »zwischen den Zeilen« lesen. Dann zeige sich der kritische Gehalt. Gerne wurde hinzugefügt, über diese Fähigkeit, »zwischen den Zeilen« zu lesen, verfüge nur, wer die Nazizeit selbst miterlebt habe. Hilfsweise kam das Argument dazu, eine gewisse Anpassung an Geist und Ideologie der Zeit sei nötig gewesen, um schlimmere Hetzartikel »richtiger« Nazis zu verhindern (so auch bei Karl Korn). Auf dieses klassische Verteidigungsargument pflegte Robert Kempner, stellvertretender Chefankläger in Nürnberg, zurückzufragen, was denn noch schlimmer gewesen wäre.

Die Geschichtswissenschaft nimmt den *Reich*-Autoren ihre Apologie schon lange nicht mehr ab. Eine Zeitung, deren Leitartikel regelmäßig von Reichspropagandaminister Joseph Goebbels geschrieben wurden, wird man wohl kaum als systemkritisch oder -distanziert einstufen können. Es ist schwer vorstellbar, dass Goebbels nicht gemerkt hätte, wenn es wirklich kritisch geworden wäre. Tatsächlich, so schreibt der Zeithistoriker Axel Schildt, genossen gerade die Intellektuellen beim *Reich* zwar »einige Freiräume« im Feuilleton, das die Hälfte des Blattes ausmachte. Das strichen sie später heraus. Bei der Betrachtung publizistischer Biografien der Nachkriegszeit, so Axel Schildt, gewinne man den Eindruck, »dass die Mitarbeit an Goebbels' *Reich* nicht nur keine Nachteile mit sich brachte, sondern für die Nachkriegskarriere mitunter von erheblichem Nutzen war«. Die Netzwerke der »Ehemaligen« aus der NS-Presse im Kulturjournalismus der Bundesrepublik funktionierten auf Basis einer zeitgenössisch nicht thematisierten »kollegialen Zwangsgemeinschaft der wenigen Unbefleckten mit den vielen Halbverstrickten und Läuterungswilligen«, so heißt es im Standardwerk von Norbert Frei und Johannes Schmitz zum *Journalismus im Dritten Reich.* Darunter befanden sich auch einige schwer belastete Publizisten.

Loyalitäten als Kitt einer Clique sind stets stabil – unabhängig vom »ideologischen Glauben«, der in einer Gruppe gilt. Auszuscheren, wäre Verrat und würde mit Druck auf das Gewissen geahndet. Im Fall des *Reichs* bestand der gemeinsame Glaube ja einerseits im elitären Selbstverständnis – wir sind etwas Besseres als die tumben Nazis, stehen über dem Volk –, andererseits in der Überzeugung, auf Distanz zu den Nazis zu denken, zu arbeiten und zu schreiben. Genau diese gemeinsam gepflegte Überzeugung der Distanz im Kreis von Intellektuellen war die Brücke der rasch wiederhergestellten Zusammengehörigkeit nach 1945. Man musste sich – dem Selbstverständnis nach – gar nicht wandeln, keinem Fehlglauben abschwören, durfte jetzt nach dem Krieg eindeutig sagen, was man immer schon geschrieben hat, bloß verhüllt, verschlüsselt wie Morsebotschaften, die vom »aufmerksamen Leser« dechiffriert werden konnten.

Der Neubeginn der Presse vollzog sich weitgehend mit dem vorhandenen Personal. Wie sollte es auch anders sein, könnte man fragen. Man erinnert sich an Konrad Adenauers Bemerkung aus dem April 1952 in den *Teegesprächen,* dass man nicht einfach ein ganzes Volk auswechseln könne: »Man schüttet kein dreckiges Wasser aus, wenn man noch kein reines hat.« Journalisten üben einen ideologisch sensiblen Beruf aus, unterscheiden sich darin von Autokonstrukteuren oder Bankdirektoren. Die radikale Alternative wäre gewesen, nur Personen als Journalisten zuzulassen, die bisher nicht in diesem Beruf gearbeitet hatten. Das wäre auf Kosten der Professionalität gegangen, hätte andererseits immer noch nicht garantiert, dass nur »Unbelastete«

in den Beruf gekommen wären. In diesem Zwiespalt haben die Alliierten den Zugang zur neuen Presse »kanalisiert«.

So kam auch die *Reichs*-Redakteurin Helene Rahms wieder zurück in ihren Beruf, schneller, als sie zu hoffen gewagt hatte.

Wo kam sie her? Schauen wir auf die Anfänge ihres Lebens. 1918 wird sie in eine bürgerliche Familie in Köln geboren. Der Vater ist leitender Angestellter bei einem amerikanischen Ölkonzern (Veedol), mittleres Management würde man heute sagen. Die Mutter ist Hausfrau. Die Ehe der Eltern beschreibt Rahms als freudlos. Im Alltag gab es ständig Streitigkeiten. Der Vater zieht sich gerne in das »Herrenzimmer« zurück, aus dem er lange nicht mehr auftaucht. Die Mutter ist notorisch unglücklich. Jede Kleinigkeit kann zum großen Krach eskalieren.

Helene Rahms entwickelt Eigensinn, Selbstbewusstsein und Durchsetzungswillen. Der Leichtathletik (Hochsprung) gehört ihre Leidenschaft. Schlank, sportlich, hochgewachsen, so habe ich ihre Erscheinung aus den neunziger Jahren in Erinnerung, als sie schon achtzig Jahre alt war. Als Frauentyp, groß und blond, passt sie jedenfalls perfekt in die von den Nazis gepriesene Typologie. Eine Zeit lang spielt sie mit dem Gedanken, den Sport zur Profession zu machen. Auf jeden Fall insistiert sie darauf, Abitur zu machen – gegen den wohlmeinenden Rat aus der Verwandtschaft, eine Frau brauche so etwas nicht, die mittlere Reife genüge allemal, wenn überhaupt. Sie habe schließlich auch keine höhere Schule besucht und trotzdem eine gute Partie gemacht, kommentiert eine Tante, die denselben Namen trägt, Helene: Ein Mädchen brauche eine Aussteuer, und die könne sie sich verdienen. Zum Beispiel als Verkäuferin, sagt die Tante.

Rahms ist zutiefst beleidigt und verflucht noch in den späteren Aufzeichnungen diese Tante. »Ich hasste sie mit Kinderinbrunst: Ich hasste alles an ihr, die leicht tremolierende Stimme, ihre gravitätischen Bewegungen, ihr Doppelkinn, ihr beharrliches Lächeln bei sanft gesenkten Lidern und die hochgetürmte ondulierte Frisur.« Dass sie ihren Protest damals nicht stärker artikulierte, liegt nicht nur daran, dass sich das als Mädchen in den zwanziger Jahren nicht schickte, sondern auch, dass der Vater zwischenzeitlich von Tante Helene finanziell abhängig war. Das durfte sie nicht gefährden.

1937 macht Rahms ihr Abitur. In Halle studiert sie Kunstgeschichte, Germanistik und Zeitungswissenschaft. Vor allem Letzteres ist ungewöhnlich, verrät den Berufswunsch, wiewohl in ihrer Kindheitserzählung davon nicht die Rede ist. Ohnehin wird das Studium biografisch ausgespart: Die Kindheit endet mit dem Abitur. Der zweite Teil setzt ein mit dem Volontariat 1938 bei der *Saale-Zeitung* in Halle. Allzu lang kann das Studium nicht gewesen sein; Freunde oder Freundinnen aus der Studienzeit werden ungewöhnlicherweise auch nirgends erwähnt. »Das Ziel, das sich die 19jährige gesteckt hat: Schreiben über Kunst, Theater, Literatur.« Der Deutschlehrer, ein Schüler des George-Jüngers Ernst Bertram, hatte ihr die Richtung vorgegeben.

Von Anfang an spürt Rahms den Widerstand der Zeit. Von einem älteren Kollegen bekommt sie zu hören: »Sie wissen doch, für uns Nationalsozialisten ist der Beruf des Journalisten ein politischer Beruf. Und Frauen gehören unserer Ansicht nach nicht in die Politik.« In Berlin muss sie sich einer Gesinnungsprüfung unterziehen. »Sieben Stunden dauerte die Prozedur, drei davon behandelten Hitlers *Mein Kampf*.« Rahms »besteht« zusammen mit einem

Bewerber der *Frankfurter Zeitung*, elf andere Kandidaten fallen durch. Sie ist stolz – nicht, weil sie die richtige Gesinnung hatte, sondern weil es ihr gelungen sei, überzeugend zu »pfuschen«. Das hatten wir schon: Anpassung als erfolgreiche Mimikry, nicht aus Überzeugung. Legitimation im Nachhinein oder Doppelleben? Wer will das beurteilen?

Der Vorgesetzte nimmt sie mit zu einer Recherchereise nach Prag im Frühling 1939. Sie ist einundzwanzig. Dass die Tschechoslowakei gerade von den Nazis okkupiert wurde, »kampflos besiegt«, ist ihr nicht mehr als diese kurze Bemerkung wert. Wichtiger ist der Vorgesetzte. »Spät in der Nacht klopfte der Vorgesetzte. Sie öffnet. Wie es ihr ging, wollte er wissen und ihr gute Nacht sagen«, schreibt sie in ihren Erinnerungen und kommentiert später: »Sie schob alle Selbstvorwürfe beiseite. Keine Skrupel. War sie wer anders nach dieser Nacht? Idiotisch, die alte Redensart der verlorenen Unschuld.« – »Verlorene Unschuld«, das ist das Bild der Bürger ihrer Kölner Heimatstadt, die sie verachtete. Ihre Welt ist eine andere: »Alle Freunde, Künstler, Schauspieler, Journalisten, die sie kannte, lebten frei, bohemehaft, mit oder ohne Trauschein.« Für Helene Rahms war der erste Sex eine Art Initiationsritus in die Boheme. Aus heutiger #MeeToo-Sicht wäre es eine übergriffige Machtgeste, die den Vorgesetzten den Job gekostet hätte. Rahms dagegen ist auch Jahrzehnte später noch verzaubert: »Bernd Olaf« – so hieß er wirklich – »liebte sie sanft, besorgt, fast väterlich (!). Vielleicht würde sie lernen, über sein Altherrenpathos hinwegzuhören und über seine Anfälle von Frömmigkeit.«

Nimmt man Rahms beim Wort, geht es im Kern nicht um Sex. Sondern der Sex ist Mittel zum Zweck – der Zugehörigkeit zu einer künstlerisch-freien Elite, weit über den normalen Menschen. An diesem Selbstverständnis arbeitet sie fortan, bleibt ihm treu bis ins hohe Alter. Ohne freien Sex wäre die Lebensform nicht glaubwürdig gewesen, nicht bei den anderen, nicht bei Rahms selbst. Schlimm war nicht der »Übergriff«, schlimm wäre es vielmehr gewesen, es wäre nicht dazu gekommen.

Immer wieder tauchen in Rahms' Erinnerungen Passagen auf, in denen sie über Anpassung und Distanz als Journalistin in der Nazizeit reflektiert. »Wer nicht still und geduckt auf das Ende der Hitlerdiktatur wartete, sondern etwas leisten wollte, das seinen Talenten entsprach, wurde automatisch in die Abhängigkeit hineingezogen.« Zweifellos sind das nachgeschobene Reflexionen. Aber sind sie deswegen gelogen? Rahms hatte das Pech, als junge, welthungrige Frau in das Leben zu starten, als Hitler die Welt mit einem Krieg überzog. Hätte sie warten sollen, bis die Nazizeit vorüber war, um dann ein moralisch sauberes Leben zu beginnen? *Wir* wissen, dass das Dritte Reich 1945 in Trümmern zusammenbrach. Aber die Zeitgenossen wussten das 1938 nicht. Sie kannten nichts anderes, wenn sie um 1920 geboren waren. Ein bisschen pathetisch dazu Helene Rahms: »Nennen Sie es Feigheit. Wir waren keine Märtyrer.« Und: »Ich war ehrgeizig, eitel, ich wollte schreiben.«

Zwingend ist das nicht, blickt man auf das Leben der Clara Menck, Inge Deutschkron oder Hilde Spiel, denen einige der folgenden Porträts gelten. Den Juden war die Berufstätigkeit verwehrt und ihr Leben bedroht. Sie mussten untertauchen oder emigrieren, um der Vernichtung im Lager zu entkommen. Ein Gedanke an das Schicksal dieser Kolleginnen taucht bei Rahms kein einziges Mal auf.

Wirtschaftlich und karrieremäßig profitierte sie sicherlich davon, dass ihr Berufseinstieg gerade in diese Zeit fiel. Das benennt Rahms immer wieder selbst. Natürlich hielt sie sich für eine exzellente Journalistin. Selbstzweifel sind nicht überliefert, weder in ihrer Autobiografie noch in den Erzählungen ihrer Tochter. Vor allem jedoch hatte sie wenige männliche Konkurrenten. Denn die Männer wurden dem journalistischen Arbeitsmarkt durch Kriegsverpflichtung entzogen. So war es dann noch einmal nach dem Krieg: Die Männer waren tot oder in Gefangenschaft. Deshalb mussten (auch) die Frauen ran. In »normalen« Zeiten, schreibt Rahms immer wieder, hätte sie deutlich geringere Chancen gehabt.

Zwei Männer vom *Reich*, im Krieg gefallen, machten denn auch zwei Stellen frei. Sie wurden mit Christa Rotzoll und Helene Rahms nachbesetzt. »Es störte keinen, dass jetzt Frauen die Lücken in der Redaktion ausfüllen sollten.« Der Spruch, Frauen gehörten an den Herd, sei längst nicht mehr ernst genommen worden. Aus Not zuallererst. Vielleicht auch in Fortsetzung der Emanzipation der zwanziger Jahre. Es ist jedenfalls etwas dran, dass die Nazizeit emanzipatorisch gesehen progressiver war als die fünfziger Jahre, die als Reaktion auf die aus den Fugen geratene Moral die alte Ordnung der Gesellschaft wiederherstellen wollte.

Werfen wir, quasi als Exkurs und zur Erholung von Helene Rahms, einen Blick auf Christa Rotzoll, ihre engste Freundin vor und nach 1945. Rotzoll ist drei Jahre jünger als Rahms. »Jahrgang 1921« ist ein biografisches Stück von ihr überschrieben. Dass sie einen geringen Mitteilungsdrang hätten, kann man diesen Frauen nicht vorwerfen.

Jahrgang 1921: Deutsche dieses Alters hätten genügend Formulare ausgefüllt und Ausweise gezückt, schreibt sie nach einem Ausflug nach Ostberlin (vermutlich in den fünfziger Jahren). Als die Nazis an die Macht kamen, war sie zwölf. Dem Eintritt in den Bund Deutscher Mädel (BDM) verweigerte sie sich, gegen den Rat des Vaters, man dürfe sich »nichts verbauen«. Gegen Hitler habe sie nichts gehabt, bekennt sie gleichwohl.

Ihre Schulklasse in den späten dreißiger Jahren teilt sie in die »Positiven« und die »Negativen«. Die Positiven, das sind jene etwa zehn strebsamen und überzeugten BDM-Mädchen. »Die waren Durchschnitt, weder blöder noch infamer als der Rest der Klasse, nicht mal blonder.« Sie fanden sich nur wertvoller als die anderen: »weil sie ein Ideal hatten, den Dienst an der Gemeinschaft«. Die Binnenperspektive ist wichtig. Aus heutiger Sicht würde man diese BDM-Mädels als Anpasserinnen, ideologisch fehlgeleitet bezeichnen. Aus damaliger Sicht und aus der der Klassenkameradinnen hatten sie die gute Moral der Zeit auf ihrer Seite: »Sie wollten sich für eine bessere Welt einsetzen.«

Dass die »Negativen« – 1938! – im Nachhinein eher die Moral auf ihrer Seite hatten, muss nach den Jahrzehnten, die verstrichen sind, wohl nicht erörtert werden. Aber die anderen konnten ihre ethischen Meriten besser, weil ganz ungeniert, ausspielen. Rotzoll berichtet zum Beleg von einer Pressereise im Krieg, wo sie zusammen mit einer »wenig älteren BDM-Größe« ein Zimmer teilt. Die BDM-Größe fragt Rotzoll, wofür sie denn überhaupt lebe. Rotzoll: »Und das wusste ich nicht. Braucht mein Leben überhaupt einen Sinn?« Die Nazis hatten einen Sinn des Lebens. Die anderen nicht. Sich der Verführung durch Sinngebung zu verweigern, ist nicht einfach.

Rotzoll zählte sich zu den »Negativen«. Als Widerständlerin, oder zumindest als anonyme Widerständlerin, bezeichnet sie sich nicht. Erst, als die Niederlage schon klar gewesen sei, hätten die Redakteure beim *Reich* sich mutig gegen Hitler bekannt, auch Carl Linfert, Zettelchen rumgereicht mit »Nein« und »Schluss jetzt«. Rotzoll schreibt, das habe sie albern gefunden.

Die Sozialisierung im *Reich* geht Rotzoll über alles. »Fast jede menschliche Beziehung, an der mir noch liegt, geht – über Zwischenglieder, aber nicht zu viele – auf das *Reich* zurück.« Selbst die Bekanntschaft zu Sebastian Haffner, dem Emigranten, führt sie darauf zurück.

Dass die Frauen Hitler nicht so leicht verfallen seien wie die Männer, werde von Feministinnen der Nachkriegszeit behauptet, sagt Rotzoll und bestreitet es. »Die Frauen ließen sich oft heftiger mitreißen.« Sie selbst bleibt dabei: Sie sei unpolitisch gewesen – im Sinne des nihilistisch Negativen.

Nicht mal zur Feministin habe sie es gebracht, schreibt Rotzoll. Und sie macht deutlich, wie der Feminismus sich verändert habe. Heute (in der Bundesrepublik), in der sie ihr Jahrgangsstück schreibt, verlaufe die Front zwischen Frauen und Männern. Zu ihrer Zeit habe der Gegensatz sich ganz anders dargestellt: Junggesellinnen oder Berufsfrauen gegen Gattinnen. Die Junggesellinnen hätten die Gattinnen verachtet, eine Verachtung, »die auch Neid enthielt«. »Mitgeschleppte, durchgezogene Gattinnen saßen in unseren Kreisen aus geselligem Anlass stumm und stolz herum, nur totes Fleisch, oder sie redeten unbefangenen Quatsch. Den Zutritt dankten sie ja dem Prestige der Gatten. Ob diese Kuh, auf sich selbst gestellt, auch nur zehn Mark im Jahr zusammenkriegen würde?«

Welche Verachtung! Welcher Hochmut! Welches Selbstgefühl! Rotzoll weiß das. Sie sagt, sie habe übertrieben, um diese heute »total vergessene Front« herauszuschälen. Christa Rotzoll und Helene Rahms haben ihr ganzes Leben an dieser »feministischen« Front gekämpft. Die Emanzipation ist zuallererst eine Emanzipation vom Rollenbild der

Hausfrau und Mutter, die sie verachteten. Es ist die intellektuelle Arroganz und Überlegenheit gegenüber der »normalen« Frau – Neue Frau gegen Biederfrau –, die den Ton bestimmt. Solch ein Feminismus geht fast härter mit den Frauen als mit den Männern ins Gericht.

Später neigt Rotzoll immer mehr zur Melancholie. In einem Vorwort zur Sammlung ihrer Frauenporträts aus dem Jahr 1987 bekennt sie, sie müsse »Generationsstoff abladen«, auch aus der eigenen Biografie – »was nicht heißt, dass ich sie komplett weggeben müsste«. Viel habe sich für die Frauen in den Jahrzehnten seit dem Krieg geändert, ja umgedreht – »mal lautlos, mal kreischend«. Ob auch gebessert? Da ist sie sich nicht sicher.

Rotzoll entdeckt, sie sei im Alter nun auch zur »Zeitzeugin« geworden und werde befragt. Ganz lieb ist ihr das erkennbar nicht. »Die Fragenden sind zwar auch Frauen, aber jünger.« Sie solle sagen, ob sie ihre Ausbildung bei einem Blatt bereue, für das Goebbels die Leitartikel abgefasst hat, »ob meine Kollegen mich belästigt oder unterjocht haben.« Eine Antwort gibt sie in diesem Vorwort nicht. Nehmen wir die Zeugnisse von ihr und Rahms ernst, dann ist die Antwort eindeutig: Die Ausbildung beim *Reich* haben die beiden Freundinnen nicht bereut, im Gegenteil. Und dafür, dass sie sich von männlichen Kollegen belästigt oder unterjocht fühlten, gibt es keinen Beweis. Die heute Fragenden würden mutmaßen, das hätten sie verdrängt. Rahms und Rotzoll hätten gesagt, sie hätten sich im Falle eines Falles schon zu wehren gewusst.

Zurück zu Helene Rahms. Angekommen beim *Reich*, ist Rahms glücklich. Auch sie wähnt sich unpolitisch. Um Politik kümmern sich andere. »Wir kümmerten uns wenig um die Leitartikel, produzierten Feuilletons, Reportagen, Essays,

Landschaftsbeschreibungen.« Das elitäre Selbstbewusstsein der Clique war von Anfang an da. Man holte sich intellektuellen Rückhalt bei Ortega y Gasset: *Der Intellektuelle und der Andere.* »Stiller, aber entschiedener Hochmut gegen Nichtintellektuelle, zu denen wir schlichtweg alle zählten, die Namen und Rang in der Partei und in der Wehrmacht hatten.« Dazu dann immer wieder späte Selbstkritik: »Wir blieben, was wir waren – eitle Journalisten, auf Überleben bedacht.«

Dann passiert der »Sündenfall«. In Wien trifft Rahms auf den sanften »Ritterkreuzträger«. Obwohl sie sich – rückvergewissernd – bestätigt, »sie wollte keinem gehören, vielleicht später, vielleicht nie.« Nie Ehe, immer Beruf. Was heißt Beruf? »Die Existenz, die Freiheit, der Wahn, zum Schreiben geboren zu sein.«

Es ist etwas Fanatisches in diesem sich durchziehenden Selbstbekenntnis. Gleichwohl: Rahms heiratet ihren Ritter, warum, bleibt unklar. Sie stößt auf Unverständnis in der Redaktion des *Reichs*. »Muss das sein?«, so der Feuilletonchef vorwurfsvoll, mit ernstem Blick. Fast klingt es nach Verrat des Ehrenkodex der Clique. Paarbeziehungen sind spießig, hätte man in den Nach-Achtundsechzigerjahren gesagt, der halbe Weg in die kleinbürgerliche Ehe und zurück zur Existenz der Hausfrau.

Und dann zum Ende, Höhepunkt ihrer Zeit beim *Reich*, erhält Rahms eine Privateinladung zu den Goebbels'. Dass sie es später nicht verschweigt, spricht für ihre Ehrlichkeit. Aber vielleicht auch dafür, dass sie immer noch stolz darauf ist. Passiert nicht jedem. Muss man dafür besonders linientreu sein? Das wird nicht ventiliert. Oder als Frau attraktiv? Darüber denkt Helene Rahms gerne nach. »Wird wohl ein Abenteuerchen werden?«, sinniert lustvoll Freundin Rotzoll.

Helene Rahms wiegelt ab. Auch Hans ist empört, mit dem sie inzwischen in Berlin zusammenlebt. Immerhin habe Goebbels den Spitznamen »Bock von Babelsberg«, warnt Hans. Eine andere Kollegin bereitet sie vor: »Du wirst schon sehen, diesem Blick kann sich keiner entziehen. Etwas Dämonisches steckt in ihm.«

Sie gehen dann als Paar zur Familie Goebbels, Hans und Helene. Immerhin sind sie verlobt. Dämonisch-Faszinierendes will sie an Goebbels nicht beobachtet haben. Man plaudert über die Kinder und dass sie viel Musik machen. Der Klavierlehrer ist auch anwesend. Goebbels habe uninteressiert, zerstreut gewirkt, berichtet Rahms.

Dann kommt Goebbels auf seine Lieblingsidee zu sprechen, einen Sonderfrieden mit England und warum England diese Idee gar nicht ablehnen könne. Helene Rahms hält dagegen. Journalistische Kollegen, Korrespondenten aus England, sähen die Idee des Sonderfriedens kritisch. Rahms deutet ihren Widerspruch nicht als Mut, sondern als ungezähmte journalistische Lust an der Diskussion. Für mich klingt das glaubhaft. Sie stilisiert sich nicht als Widerständlerin, das würde ihr keiner abnehmen, aber doch als eine couragierte Frau, die nicht zu allem demütig nickt, was Goebbels sagt.

Goebbels sei ausgerastet, habe eine Schimpfkanonade auf Journalisten losgelassen, die keine Ahnung hätten, weil viel zu fern von den Dingen. Rahms lässt offen, ob mit den Journalisten auch sie selbst gemeint war oder nur jene Journalisten, die sie zitiert hatte. Rahms deutet die Invektive psychologisch: Goebbels habe selbst Journalist werden wollen, sei aber bei Theodor Wolff, dem Chef des *Berliner Tageblatts*, abgeblitzt. Diese Demütigung habe er seither allen Journalisten nachgetragen. Als Gedemütigter wurde er

Minister bei Hitler und erhielt eine Machtfülle, die es ihm ermöglichte, sich für alle Kränkungen zu rächen, die seine Eitelkeit je erlitten hatte. Das klingt nicht unplausibel. Und wäre es falsch, zeigte es zumindest die sensible Fähigkeit Helene Rahms zur Empathie. Vergessen wir nicht: Die sehr anschaulichen Aufzeichnungen entstammen einer Autobiografie aus dem Jahr 1997; wir wissen nicht, welche Quellen sie benutzte.

Wie es jetzt weiterging, davon war schon die Rede. Helene und Hans heiraten, sie wird schwanger. Das Kind, Hildegard, kommt irgendwo in der Provinz zur Welt. Mit dem Neugeborenen fährt sie zu Hans, dem Offizier, nach Dresden, überlebt die Bombennacht. Sie geht zurück in den Westen – mit dem Karrengaul. Er gerät in russische Gefangenschaft. Der Krieg ist zu Ende. Das zweite Leben der Journalistin Helene Rahms kann beginnen.

Alle waren sie wieder irgendwo untergekommen. Jürgen Schüddekopf, Feuilletonchef des *Reichs*, hatte gut daran getan, einen Drohbrief eines Konkurrenten aus der NS-Zeit aufzubewahren, der ihm verheißen hatte, er werde ihn ins KZ bringen. Der Brief diente ihm jetzt als Entréebillet in die unter britischer Lizenz gegründete *Welt*.

Auch Helene Rahms schaffte es – mit der Protektion des jüdischen Emigranten Willy Haas – in *Die literarische Welt*. Abermals litt sie darunter und schmückte sich zugleich damit, dass sie als »zu intelligent« galt. Wieder einmal hatte man ihr die Frauenseite gegeben, verbunden mit dem Wink, »Frauenseiten können nicht primitiv genug sein.« Aber Rahms wollte, wir erinnern uns, auf keinen Fall »für die Waschfrau« schreiben.

Neben der Clique war es der Arbeitsmarkt, der den Journalistinnen den Einstieg erleichterte. »Auf acht heiratsfähige

Frauen kam je ein Mann, Kriegsversehrte eingerechnet«, bemerkt Rahms sarkastisch: »Die Kollegen witzelten. Flirten sei unnütz.«

Rahms brauchte gar nicht mehr heiraten. Sie war ja schon verheiratet. Hans war weit weg, in den schriftlichen Erinnerungen spielen er und das Kind kaum mehr eine Rolle. Stattdessen berichtet sie von »angestautem Liebeshunger, der jede Faser des Körpers durchdrang«. Wer erobert wen? Wer geht mit wem? Wer schläft mit wem? So sei das muntere Tagesgespräch gegangen. Wer je behauptet hat, die fünfziger und sechziger Jahre seien prüde gewesen und die Frauen irgendwie unterdrückt und hätten befreit werden müssen – der war nicht in den Zeitungsredaktionen. »Ihr könnt bleiben. Betten gibt's genug«, so berichtet Rahms von den Partyabenden, bei denen reichlich Alkohol floss.

Und dann, 1954, der Wechsel zur FAZ. Die war von Redakteuren der *Frankfurter Zeitung* gegründet worden, die ebenfalls den Mythos pflegte, den Nazis so gut es ging widerstanden zu haben – bis die Zeitung 1943 auf Weisung Hitlers habe geschlossen werden müssen. Karl Korn und Margret Boveri, Journalisten der FZ, fanden anschließend Unterschlupf beim *Reich*. Von dort kannte Korn auch Helene Rahms. Und stellte sie für das Feuilleton ein.

Korn, der in der Nazizeit durchaus Sympathien für das System hatte, hat sich nach dem Krieg zum »linken« Feuilletonisten gemausert. Und galt als Frauenfreund. Helene Rahms wie auch Maria Frisé behaupten, Korn habe sie beide gefördert. Untereinander waren die beiden Frauen im Übrigen auch Konkurrentinnen: Rahms, so erzählt Frisé, sei stets von der Furcht beherrscht gewesen, Frisé, die ihr die Stelle bei der FAZ verdankte, wolle sie verdrängen. So was gibt es immer wieder.

Rahms jedenfalls behauptet, Korn habe sie durchgesetzt gegen die Widerstände seiner Herausgeberkollegen, die der Meinung gewesen seien, »Frauen verwirren, beunruhigen, sind nicht sachlich, stiften Eifersucht«. Vor allem aber hätten einige Kollegen befürchtet, dass sie in ihrer blauen Stunde hätten gestört werden können. Das waren alkoholische Ausschweifungen, zu deren erotischer An- und Erregung die Männer sich mit den Sekretärinnen vergnügten. Redakteurinnen hätten dieses asymmetrische Arrangement gestört, befürchtet Rahms.

Der abermaligen Verpflichtung, wieder eine Frauenseite zu machen, verweigerte sich Rahms nun definitiv. »Schon der Name! Lächerlich, diskriminierend.« Sie nahm sich anderer Themen an, gesellschaftspolitische Dinge, würde man heute sagen. Die Frauenseite gab es weiter, nur eben nicht von Rahms betreut. Freundin Christa Rotzoll schrieb bissig: »Nein, eigentlich ist das Geschlecht kein Fachgebiet. Aber ein weiblicher Mensch, der für Zeitungen schreibt, muss tüchtig aufpassen, um nicht immer nur und nicht immer wieder als Fachkraft hinzugebeten zu werden, als Fachkraft für Frauenprobleme. Wer sich nicht forsch widersetzt, der kriegt mit den Jahren eine recht fatale Handbibliothek zusammen: Welt der Frau, Back- und Verführungskünste, Weiberkram. Eben, beim Umräumen dieser Lehrbücher, fiel uns ins Auge, wie sich das Angebot langsam und dann immer schneller geändert hat, ein eher tröstlicher Eindruck. Ein Fachgebiet, vollständig neu möbliert, kaum wiederzuerkennen, aber leider immer noch: ein Fachgebiet.«

Rahms wendet sich politisch wichtigeren Dingen zu. Und war tatsächlich in den fünfziger Jahren maßgeblich mitbeteiligt an der verfassungsrechtlichen Durchsetzung von mehr Gleichberechtigung in der deutschen Gesellschaft.

Das habe ich in der Einleitung dieses Buches bereits angedeutet, will es hier nun ausführlich schildern.

Die Frauen in die vermeintliche Nische der Sozial- und Familienpolitik zu drängen, hatte ihre eigene, von den Männern unbeabsichtigte Wirkung. Sie verstanden, aus der Marginalisierung eine Stärke zu machen. Und kämpften für Veränderungen, die nachhaltiger wirkten als die politischen Kommentare der Männer.

Zentral dafür ist die Auseinandersetzung um den sogenannten »Stichentscheid«, der laut dem 1957 verabschiedeten Familiengesetz den Vätern das letzte Wort gab, wenn Fragen der Kindererziehung strittig waren. Das widersprach nach Auffassung von Rahms und ihren Mitkämpferinnen dem Grundgesetzartikel 3, dem Grundrecht, das da heißt: »Männer und Frauen sind gleichberechtigt«. Das Gesetz von 1957 atmete dagegen immer noch den Geist der Zeit und das Leitbild der »christlich-abendländischen Ehe«. Die Hierarchie der Geschlechter sollte Garant der Stabilität sowie moralische Waffe im Kampf gegen die nationalsozialistische Vergangenheit und die neue kommunistische Bedrohung sein, so der Historiker Till van Rahden. Zwar hatten nach dem neuen Gesetz die Eltern die Erziehungsgewalt einvernehmlich auszuüben und etwaige Meinungsverschiedenheiten einvernehmlich zu überwinden. Gelang dies jedoch nicht, entschied laut Bürgerlichem Gesetzbuch der Vater. Diesem stand auch die Vertretung des Kindes zu, der Mutter nur, wenn sie die elterliche Gewalt allein ausübte.

Dagegen liefen die Journalistinnen listig Sturm. Teils abgesprochen, teils unabgesprochen spießten sie den Widerspruch zwischen Gleichberechtigung und Stichentscheid immer wieder reportierend und kommentierend auf.

Heddy Neumeister (»Der integrierte Vater«) sah in der

FAZ das grundgesetzliche Recht der Gleichberechtigung verletzt. Ilse Elsner (bei der *Zeit* für Sozialpolitik verantwortlich) fand, der Stichentscheid gehöre in die »Rumpelkammer der Geschichte«. Helene Rahms freute sich, dass sie mit ihren Stücken gegen den Stichentscheid die konservativen Kollegen ärgern konnte. Und ließ sich eine Bemerkung über den Begriff nicht entgehen: Der klinge so hübsch zweideutig, als hätte ihn Laurence Sterne im *Tristram Shandy* erfunden.

In einer Glosse, überschrieben mit »Schutzbedürftig«, knöpfte Rahms sich spöttisch die Gegenargumente der Befürworter des Stichentscheids vor. Hier zeigt sich auch ihre polemische Begabung. Der Vater habe eine Schutzfunktion für die Familie. »Wie denn?«, so kontert Rahms. »Steht er, keulenbewaffnet, vorm Höhleneingang, indes wir mit der Brut am Herdfeuer kauern? Reißt er unsere Droschke vor dem Abgrund zurück, schirmt er unser Haus vor Feuersbrunst und Wassernot? Er wird uns nicht nur schützen«, spottet die Autorin, »sondern am Ende gar verteidigen. Wenn er dann gegen Atomkanonen ins Feld zieht, bleiben wir fein still zu Haus, wiegen unsere Kindlein und singen Eia-Popeia. Auf dass die naturgegebene, gottgewollte Ordnung samt Schutzfunktion und Stichentscheid erhalten bleibe.« Der Paterfamilias macht am Ende dieser Glosse eine ziemlich erbärmliche Figur. Seine Superiorität ist nicht mehr zu halten.

1959 wurde der Stichentscheid vom Verfassungsgericht gekippt. Gewöhnlich haben Richter ein Urteil mit ernster Miene zu verkünden. Umso bemerkenswerter ist der Bericht der FAZ vom 30. Juli 1959 über das Verhalten von Erna Scheffler am Vortag. Scheffler, die einzige Frau unter den Richtern des seit 1951 bestehenden Bundesverfassungsgerichts, habe dessen Entscheidung zum Stichentscheid mit »einem Lächeln« verkündet, heißt es in der Zeitung auf Seite eins.

»Wir«, das heißt die Frauen, hatten Glück, schreibt Rahms in ihren Erinnerungen. »Das Urteil, verkündet von einer Bundesrichterin, fegte den Stichentscheid auf den Müll der Rechtsgeschichte.« Mit Vergnügen registrierte Helene Rahms, dass die Richter die Formulierungen aus ihren Leitartikeln benutzt hatten. Die Begründung des Gerichts: Die bisherige Gesetzgebung habe sich zwar zum Leitbild der Gleichberechtigung der Eltern bekannt, es aber durch die Beibehaltung des Stichentscheids »verdunkelt« und »entwertet«. Etwaige funktionale oder biologische Unterschiede zwischen den Elternteilen könnten für das Eltern-Kind-Verhältnis keine Rolle spielen, so die Richterin. Denn die Beziehungen beider Eltern zu ihren Kindern seien »ihrem Wesensgehalt nach gleich«. Eine Zurücksetzung der Frau als Mutter lasse sich nicht rechtfertigen.

Diese Veränderung im Familienrecht, heute fast völlig vergessen, kann nicht überschätzt werden. Der Historiker Till van Rahden sieht darin die Anfänge einer emanzipatorischen Geschlechterpolitik. Und er ergänzt: »Richtet man den Blick weniger auf die sozial- und arbeitsrechtliche Säule der patriarchalischen Geschlechterordnung, sondern auf die Frage nach der Verteilung von Macht und Herrschaft im Verhältnis der Geschlechter, so wird deutlich, dass auch die Ära Adenauer eine Zeit der geschlechterpolitischen Experimente und Neuanfänge war.« Wie gesagt: Wir befinden uns mitten in den fünfziger Jahren, die gemeinhin als verstockt, verstaubt, verklemmt und reformresistent gelten.

Es waren diese elitären Frauen, deren Kampf gegen den Stichentscheid schließlich zum Erfolg führte, am Ende ebenfalls von einer Frau durchgesetzt, der Verfassungsrichterin Erna Scheffler.

Erna Scheffler (so viel Zeit muss sein), geboren 1893, wurde 1951 zur ersten Richterin des Verfassungsgerichts gewählt. Da Frauen im Kaiserreich keine juristischen Staatsexamina ablegen durften, beendete Scheffler ihr Studium 1914 mit der Promotion und musste sich danach auf Tätigkeiten in Rechtsberatungsstellen beschränken. 1933 wurde Scheffler als Jüdin aus dem Staatsdienst entlassen. Als nach dem Krieg wiedereingesetzte Richterin verschrieb sie sich der Durchsetzung der Gleichberechtigung. Ihr Credo: Ein biologischer Unterschied dürfe keinen rechtlichen Tatbestand darstellen. Legendär wurde ein Referat zu diesem Thema auf dem Deutschen Juristentag 1950. Mit dem Entscheid zum Stichentscheid, verkündet »mit einem Lächeln« der Erna Scheffler, war die »völlige Gleichordnung von Vater und Mutter« festgeschrieben.

Änderung von Familienrecht – von Recht überhaupt – geschieht ja nicht im Raum der reinen Vernunft eines juristischen Oberseminars oder einer Debatte unter Richtern in Karlsruhe. Aus Soft Law (so hätte man das damals noch nicht genannt) wird schließlich Hard Law. In diesem Prozess ändern sich gesellschaftliche Normen langsam. Oder sie werden von Eliten in eine neue Richtung gestoßen. Der ehemalige Verfassungsrichter Dieter Grimm hat in seiner im Jahr 2022 unter dem Titel *Die Historiker und die Verfassung* vorgelegten Wirkungsgeschichte des Grundgesetzes die deutschen Zeithistoriker zu Recht dafür gescholten, dass sie die Rolle des Verfassungsgerichts im Lernprozess der Liberalisierung der Nachkriegsordnung sträflich unterschätzten, wenn nicht ignorierten. Den Journalistinnen bei den großen Zeitungen der fünfziger Jahre könnte er diesen Vorwurf nicht machen. Im Gegenteil: Es ist ihnen zu verdanken, dass aus dem Grundrecht auf dem Papier des Grundgesetzes rechtsverbindliche Realität wurde. Diese Journalistinnen waren es auch, die dafür sorgten, dass engagierte Parlamentarierinnen wie Marie-Elisabeth Lüders oder Aenne Brauksiepe in ihren Blättern zu Wort kamen. Das alles sind Gründe dafür, warum ich auf dem Stichentscheid so nachdrücklich herumreite – gegen den ersten Eindruck, es handle sich hier um eine juristische Quisquilie.

Der »Sturz der väterlichen Autorität in der Familienordnung« (Dolf Sternberger) ist das Verdienst der Frauen der elitären Clique und ihr Sieg. Von nun an entwickelte sich das »Leitbild einer demokratischen Familie«. Dieses Leitbild und nicht die Zementierung der patriarchalischen Ordnung führte am Ende dazu, »dass die Bundesbürger sich zugleich intellektuell und emotional vom Nationalsozialismus und Militarismus und dem damit verbundenen Männlichkeitsideal des heroischen Arbeitersoldatentums verabschiedeten und sie den Weg in eine demokratische Gesellschaft und eine liberale Republik fanden«, so ein letztes Mal zu diesem Thema der Historiker Till van Rahden.

Ob es um Scheidungsrecht, um gleichen Lohn für gleiche Arbeit, um die rückständige Ausbildung der Krankenschwestern ging, beharrlich habe sie dafür oder dagegen gekämpft, lobt sich Rahms: gegen ihre konservativen Kollegen und gegen ihr Publikum. Man wird es ihr abnehmen dürfen. »Nehmen Sie bitte Rücksicht auf unsere konservativen Leser«, schärfte man ihr ein. Tatsächlich war die FAZ in diesen fünfziger und sechziger Jahren vielfach »fortschrittlicher« als ihre Leser – und als ihr Ruf, so der Biograf der FAZ, Peter Hoeres.

Das alles hatte seinen Preis. Erziehung der Kinder, Vereinbarung von Familie und Beruf, Familie überhaupt war für diese Frauen der Clique nicht nur kein Thema. Man wollte, dass es kein Thema war. Gesellschaften zu Hause hat Helene Rahms nie gegeben. Hausarbeit galt ihr nicht nur als spießig, es war ihr auch zu anstrengend. Was zählte, war der journalistische Beruf. Die Kinder wurden einfach mitgenommen, beim Redaktionspförtner abgegeben, der sollte auf sie aufpassen.

Hausfrauen hat man verachtet. Rahms fand sie hässlich. Sexuell angemacht zu werden, war normal. Man machte mit, fand es zähneknirschend nicht so schlimm, oder man wehrte sich. Opfer wollten diese Frauen auf keinen Fall sein. »Dann kriegt der eben eine gescheuert.«

Rahms, vermutlich mehr als die meisten anderen Frauen in diesem Buch, lebte ein Leben außerhalb der gängigen Moral; erst recht außerhalb dessen, was man sich unter der Moral der fünfziger Jahre vorstellt. Mit Hans, dem Ritterkreuzträger, dem Offizier, blieb sie immer verheiratet. Er machte Karriere, arbeitete bei Aral, in der gleichen Branche wie Helene Rahms' Vater. Er hat die Familie ernährt. Man hatte immer ein Dienstmädchen. Später dann auch einen Fahrer, der Helene Rahms in die Redaktion fuhr, wenn es knapp war. Einen Führerschein hatte Helene Rahms nie; das gehörte damals noch nicht zur Emanzipation.

Aber sie hatte ihren Liebhaber, einen Journalisten. Es war eine Art offenes Geheimnis. Alle wussten es, man sprach nicht darüber. Ein Liebhaber habe zum guten Ton gehört, erzählte Maria Frisé später. Sie selbst habe keinen gehabt, nicht aus moralischen Gründen, sondern weil sie zu schüchtern gewesen sei.

Rahms lebte in den fünfziger und sechziger Jahren ein Leben, das heute für viele Frauen als selbstverständlich gilt:

berufstätig, gleichberechtigt. Allerdings hatte die Familie den Preis dafür zu zahlen. Da wurden keine Kinder gepäppelt, nach England aufs Internat geschickt. Die liefen mit, wurden abgestellt.

Leistung war für Rahms das einzige Kriterium für Qualität von Arbeit und Erfolg, das sie gelten ließ. Sie war sich für nichts zu schade. Sich als Opfer der Männer zu fühlen, wäre ihr nie in den Sinn gekommen. Man muss sich eben durchbeißen.

Erreicht hat Helene Rahms sehr viel. Sie hat gezeigt, dass ein beruflich erfolgreiches Leben als Frau möglich ist, Freiheit bringt, Arbeit und Spaß macht. Die Freiheit bezieht sich auf Leben, Arbeiten und Lieben gleichermaßen. Sie hat – mit den Freundinnen der Clique – erfolgreich dafür gekämpft, das asymmetrische Machtverhältnis in der Familie gesetzlich abzuschaffen. Wenn sie für die Frauenrechte kämpfte, hat sie nie (oder nur indirekt) für die Frauen gekämpft. Sondern für »die Sache«. Das klingt zu pathetisch. Pathetisch war Helene Rahms nie. Eher lakonisch. Wie viele ihrer Generationsgenossinnen.

2

Zu Pferd hinaus aus Preußen

Marion Gräfin Dönhoff (1909–2002)

Quittainen, Ostpreußen. Es muss der Abend des 21. Januar 1945 gewesen sein. Die damals sechsunddreißigjährige Marion Dönhoff packte das Nötigste in einen Rucksack und in die Satteltaschen ihres Fuchses Alarich, aß mit der Köchin noch rasch ein paar Bissen. Dann brach sie auf, ohne das Geschirr und das Silber abzuräumen oder das Haus abzuschließen. Eisglatte Straßen. Der Treck brauchte sechs Stunden für die elf Kilometer in die Kreisstadt. Hunderte von Gutsangehörigen schafften die Flucht nicht, blieben stecken und kehrten nach zwei Tagen verzweifelt um. So schildern es ihre Biografen.

Marion Dönhoff kam durch. Nach sieben Wochen Flucht war sie, ostelbische Gräfin und promovierte Ökonomin, bei Verwandten in Westdeutschland gestrandet. Nicht ohne mangelndes Selbstbewusstsein verfasste sie sogleich ein Memorandum, wie Deutschland nach dem Ende der Hitlerjahre neu zu ordnen sei. Den Text schickte sie an einen britischen General. Gerne bot sie auch selbst ihre Dienste bei dieser Neuordnung an.

Ob das Memorandum seinen Empfänger jemals erreicht hat, ist nicht bekannt. Bekannt indessen ist, dass der Text im Winter 1946 bei einem Kreis von Männern landete, die in Hamburg eine neue Wochenzeitung gründen wollten. Sie sollte den Titel DIE ZEIT tragen. Eine Lizenz hatten sie von den britischen Besatzern erhalten. Man beschloss, Marion Dönhoff die Mitarbeit in der Redaktion anzubieten.

Dönhoff sagte zu. Am 21. März 1946, in der fünften Ausgabe der neuen Zeitung, erschien dort ihr erster Beitrag: »Ritt gen Westen« war der Artikel überschrieben. Es geht um ihre Flucht aus Ostpreußen. »Und dann begann der Auszug aus dem gelobten Land der Heimat«, heißt es da, »nicht wie zu Abrahams Zeiten mit der Verheißung ›in ein Land, das ich Dir zeigen werde‹, sondern ohne Ziel und ohne Führung hinaus in die Nacht.« Es ist eine Prosa, die sie, die journalistische Novizin, mit einem Schlag bereits als souveräne Schreiberin ausweist. Es ist eine Reportage, beruhend auf den Einträgen ihres Notizbuches, die zugleich den historischen Ausnahmezustand dieser Tage reflektiert. Allenfalls am Ende des Textes, angekommen in Westfalen und mit Blick auf einen bewaldeten Höhenzug, der sie sogleich an die Landschaft Homers erinnert (darunter machte sie es schon damals nicht), gerät ihr das Tremolo einen Tick zu heftig: »Ist dies das ›tausendjährige Reich‹: ein Bergeskamm mit ein paar zerlumpten Bettlern darauf? Ist das alles, was übrig blieb von einem Volk, das auszog, die Fleischtöpfe Europas zu erobern? Wie klar und deutlich ist die Antwort zu lesen: ›Denn wir haben hier keine bleibende Statt, aber die zukünftige suchen wir.‹« Der Ausnahmezustand wird kontextualisiert als antik-literarische Erfahrung, sei es in den Bildern Homers oder der Bibel. Es ist die Geburt einer Journalistin, die Größeres vorhat, als lediglich Erlebnisberichte abzuliefern. Hier bringt sich eine Leitartiklerin in Position.

Dönhoff blieb ein Leben lang bei der *Zeit*. Niemand hat die Zeitung so sehr geprägt wie sie – das gilt bis heute, mehr als zwanzig Jahre nach ihrem Tod.

Marion Dönhoff, »die Gräfin«, leitete von 1954 an das Politikressort der *Zeit*, ab 1968 war sie Chefredakteurin, danach fungierte sie als Herausgeberin: Eigentlich blieb sie immer die Chefin, obwohl sie nur vier Jahre Chefredakteurin war. Bis zu ihrem Tod war sie *die* Führungsperson bei *der* führenden Wochenzeitung der Bundesrepublik. Bis lange nach der Jahrtausendwende blieb sie die einzige Chefredakteurin einer großen Tages- und Wochenzeitung. Erst 2022 übernahm die Schweizerin Judith Wittwer die Chefredaktion der *Süddeutschen Zeitung* als erste Frau einer überregionalen Zeitung. Dönhoff ist Jahrgang 1909; Wittwer ist Jahrgang 1977. Bei den anderen großen Tages- und Wochenzeitungen sind bis heute Männer an der Spitze – auch wenn etwa die *Welt*, unter dem obersten »Chefredakteur Welt24«, formal zwei Chefredakteurinnen für *Welt* und *Welt am Sonntag* installiert hat. Anders im öffentlich-rechtlichen Fernsehen: Dort sind Frauen in Führungspositionen schon länger an der Tagesordnung. Anders auch in Magazinen und Illustrierten.

Für solche Dinge hätte die Gräfin sich wenig interessiert. Dass sie eine Frau war, hielt sie nicht für ein öffentliches Thema. Dass sie für Frauen in Führungspositionen hätte kämpfen sollen, wäre ihr zuletzt in den Sinn gekommen. Eigentlich hat sie immer junge Männer gefördert. Darin unterscheidet sie sich wenig von ihrer Generation, der Frauen, die nach 1945 im Journalismus Karriere gemacht haben.

Worin Dönhoff sich von all den anderen Frauen unterscheidet, von denen im Buch die Rede ist: Sie ist mit Abstand die Prominenteste. Abgesehen von Alice Schwarzer, aber die ist eine andere Generation und eine andere Welt, wie wir sehen werden. Die »geistige Welt« der Marion Dönhoff ist geprägt von Kindheit, Jugend und jungem Erwachsenenleben in Ostpreußen, von Krieg, Flucht und Bekanntschaft mit den Männern des 20. Juli. Mit dieser Erfahrung im Rücken prägte die Gräfin die junge Republik.

So etwas ist keinem Mann gelungen, erst recht keiner Frau im Journalismus. Es ist die geistige Welt einer konservativen Elite, gespeist von den Werten des (ost)preußischen Adels (Disziplin, Ehrlichkeit, Fleiß, Ordnungsbewusstsein, Pflicht, Sparsamkeit, Zielstrebigkeit, Zurückhaltung). Es sind Tugenden, die Dönhoff in Familie und Elternhaus auf Schloss Friedrichstein, zwanzig Kilometer östlich von Königsberg gelegen, erfahren hat, wo sie ihre Kindheit und Jugend verbrachte. An diesen Werten hat sie zeitlebens festgehalten als das Besondere und Eigentliche, was Deutschland und die Deutschen auszeichnet. Und was auch die Nazibarbaren nicht zerstören konnten.

Das Preußisch-Protestantische erhielt für die Gräfin freilich noch einmal eine zusätzliche intellektuell-elitäre Überhöhung durch ihre Begegnung mit Angehörigen des Kreises um den Dichter Stefan George und mit Beteiligten am Widerstand des 20. Juli gegen Hitler und die Nationalsozialisten, wobei sich diese beiden Kreise zum Teil überschneiden. Die Begeisterung für Stefan George hatte ihr ihr Basler Doktorvater, der Ökonom Edgar Salin, nahegebracht. Salin selbst zählte zu den Jüngern Georges, unter denen auch der Hitlerattentäter Claus Schenck Graf von Stauffenberg war, der dem Nazistaat ein besseres, »geheimes Deutschland« entgegenstellte. Zugleich gab es allerdings auch George-Jünger mit großer Nähe zu den Nazis. Beide Kreise (George-Kreis und 20.-Juli-Widerständler) touchierte Dönhoff eher tangential, ihre Kenntnis stammt quasi aus zweiter oder dritter Hand. Sie gehörte nicht wirklich dazu. Dafür bestand ihre Leistung umso mehr darin, zusammen mit Doktorvater Salin den konservativen Widerstand als Frucht des George-Kreises zu erzählen oder gar zu »erfinden«, folgt man Ulrich Raulffs großer Studie über das Nachleben Stefan Georges (*Kreis ohne Meister*). Je älter sie wurde, als umso prägender und unmittelbar erlebter stellten sich Dönhoff diese Begegnungen mit den Widerständlern dar.

Dönhoff, »die junge Amazone der konservativen Publizistik« (Ulrich Raulff), behielt ihren Gefallen an der Idee einer »konservativen Revolution«, auch wenn sie selbst alles andere als eine Revolutionärin war. Sie nennt die Stichworte der Widerständler, die implizit ihren eigenen Wertekompass spiegeln: gegen technischen Fortschritt, gegen Kapitalismus, für eine Verbindung konservativer und sozialistischer Werte, für asketische Ideale, für Gemeinschaft und Verantwortung, und alles gespeist von einer religiösen, nicht unbedingt christlichen Geisteshaltung. Nicht alles davon floss eins zu eins ein in die Leitartikel der *Zeit*. Vielmehr ist dieser Konservatismus der Geist, aus dem und in dem die Gräfin die *Zeit* formte.

Die »große Dame« des Journalismus wurde Dönhoff genannt – denselben Titel bekamen auch Margret Boveri, Hilde Spiel und eine ganze Reihe anderer Frauen von der Öffentlichkeit verliehen. Aber keine Journalistin brachte es so wie sie zur politisch-moralischen Instanz der Bundesrepublik. Und das über Jahrzehnte. Noch heute zehrt die *Zeit* von ihrem Ruf. Dieter von Holtzbrinck, der die *Zeit* in den neunziger Jahren in einer schwierigen Phase seinem Verlagsimperium einverleibt hatte, scherzte, man werde der Öffentlichkeit ihren Tod verschweigen und einfach weiter postum Artikel unter ihrem Namen veröffentlichen, um der Marke ihr Überleben zu sichern.

Alle, die sie kannten und erlebten, schildern Marion Dönhoff als hart, gegen sich selbst wie gegen andere. Stets von hoher Präsenz, nicht nur wenn die Berühmtheiten der Welt – von Kissinger über Gorbatschow bis, natürlich, Helmut Schmidt – ihr ihre Aufwartung machten. Direkt, immer gleich zum Punkt kommend, selbstbewusst und uneitel zugleich habe sie gewirkt, berichtet Gunter Hofmann, einer ihrer vielen Biografen, der sie als *Zeit*-Redakteur lange erlebt hat. Sie hat viele der jüngeren Journalisten sehr gefördert (Theo Sommer, Josef Joffe, Michael Naumann). Dass sie sich besonders der Frauen in der Redaktion angenommen hätte, ist nicht überliefert, eher das Gegenteil. Wenn Alice Schwarzer, die 1996 die erste und von der Gräfin autorisierte Biografie über sie geschrieben hat, sie feiert als eine, die »ihr Geschlecht verraten habe«, indem sie »aufbrach zu den Gipfeln, die exklusiv von Männern besetzt sind, und sich dort ungetrübt wohl fühlt«, so hat sie zweifelsohne Recht, und zwar unbeabsichtigt in einem doppelten Sinn: Dönhoff hat ihr Geschlecht »verraten«, indem sie selbst sich nicht in überkommene aristokratische Frauenmodelle fügte. Sie hat ihr Geschlecht aber auch »verraten«, indem sie wirklich nichts für Frauen tat. Als Feministin hätte sie sich zuletzt verstanden.

Der konservative Widerstand gegen die Nazis, den Dönhoff auch als »eine Erhebung gegen den langen Nihilismus des 19. Jahrhunderts« deutete, war ihr nicht nur wichtig als historisches Faktum, sondern mehr noch als geistige Figur der Begründung der Republik. Gäbe es den Widerstand nicht, wäre der barbarische Bruch der Nazizeit mit der deutschen Geschichte total. Die Widerständler setzen und bürgen zugleich für einen Kontinuitätsstrang des guten Deutschlands. Das »geheime Deutschland«, das Graf Stauffenberg im Geist Georges vor seinem Tod beschwor, ist nicht nur künftige Utopie eines besseren Deutschlands, sondern es ist jenes »alte« und »gute« Deutschland der preußischen Werte, das immer schon da war. Und nie (ganz) weg gewesen ist: Dafür eben stehen die Männer des 20. Juli. Sie sind die Garanten der Kontinuitätsthese. Sie sind dafür verantwortlich, dass der Rückfall in die Barbarei – mit der Frankfurter Schule hatte die Gräfin nichts am Hut – nicht zum totalen Hiat der deutschen Geschichte führte.

Sie selbst, die Gräfin, verkörpert die Kontinuität Deutschlands: Denn sie kommt aus der guten alten Welt, hatte in der Nazizeit Kontakt zu den guten Deutschen des Widerstands und prägte das gute Deutschland der Bundesrepublik der Welt als Beweis dafür, dass auf die Deutschen – jetzt wieder und immer noch – Verlass ist. Die Nazis mögen Verbrecher und viele gewesen sein: Aber sie haben trotz aller Selbstüberhöhung einer ausgezeichneten germanischen Rasse kein Recht, sich als das vermeintlich der Welt überlegene »bessere Deutschland« aufzuspielen.

Insofern ist es nur konsequent, dass der Nazijurist Carl Schmitt tatsächlich *der* Kontrahent für die Gräfin wurde: Der »Kronjurist der Nazis« nämlich stand für eine intellektuell-elitäre Alternative und war nach 1945 auch deshalb gefährlich, weil er in der frühen Bundesrepublik so viele begabte junge Intellektuelle von und für sich begeistern konnte (eine total andere Art des »geheimen Deutschland«). Ihre Drohung – »Wenn Carl Schmitt jemals in der *Zeit* schreibt, bin ich weg« – hat Dönhoff Mitte der fünfziger Jahre tatsächlich wahr gemacht. Ihre Rückkehr hat sie erzwungen mit der Versicherung, dass ihre und nicht die Welt der

Schmittianer oder auch nur eine Kreuzung davon fortan die *Zeit* bestimmen würde. Zwischen beiden Welten gab es für sie keinen Kompromiss. Soweit ich sehe, spielten intellektuelle Schmittianer (Böckenförde, Koselleck, Johannes Gross) auch als Autoren unter Dönhoff keine Rolle.

Mehr noch: Die lebendige Tradition des preußischen Konservatismus ist aus der Sicht der Gräfin in Wirklichkeit dem westlichen Liberalismus und Kapitalismus überlegen. Zumindest ist sie es wert, ihm entgegengesetzt zu werden. Man könnte Dönhoffs Sicht so fassen: Wir sind nicht nur das andere und geheime Deutschland, wir sind auch immer schon das bessere Deutschland, haben es nicht nötig, uns die (Sieger-)Moral von den westlichen Alliierten oktroyieren zu lassen: erst recht, wenn diese Moral sich als die Moral eines konsumistischen Kapitalismus mit all seinen materialistischen Werten herausstellen sollte.

Entscheidend ist, dass die Gräfin dieses Leitbild Deutschlands nicht einfach nur als ihr persönliches Anliegen vorantrieb. Es war zugleich das publizistische Konzept der *Zeit*, die quasi als »Zeitung für Deutschland« (und im Wettbewerb mit der FAZ) zur Blaupause der Bundesrepublik werden sollte. Zumindest in den siebziger und achtziger Jahren hat sie dieses Ziel auch erreicht, zusammen mit einer Gruppe intellektuell-elitärer Weggefährten, jener »protestantischen Mafia« (Ralf Dahrendorf), die die Gräfin um sich geschart hatte (Hartmut von Hentig, Ralf Dahrendorf, Fritz Stern, Hellmut Becker). Diese »Vordenker« deuteten und unterstützten die »Vor-Handler« in der Politik (Willy Brandt, Helmut Schmidt), die ebenfalls ständig in der *Zeit* präsent waren, zuletzt mit Helmut Schmidt als Herausgeber sogar in persona. Die »Buben« der Gräfin (Haug von Kuenheim, Theo Sommer, Michael Naumann) mochten im

Geheimen an ihr herummeckern, in Wirklichkeit erfüllten sie den Auftrag, dieses elitär-konservative Deutschlandbild Woche für Woche neu zu erfinden, zu deuten, normativ auszugestalten und einzurichten. Abweichungen von dieser Grundlinie hätten sie sich nie erlaubt; die Gräfin brauchte das nicht anzuordnen. Dass Sommer & Co. stets versicherten, es gebe in einer liberalen Zeitung keine Blattlinie, hatte den Zweck, dies zu übertünchen.

Sommer war es auch, der das Narrativ pflegte, er habe zusammen mit der Gräfin Ende der siebziger Jahre einen Kurswechsel nach »rechts« verhindert, den der Wirtschaftschef Diether Stolze ausgeheckt habe. Danach wäre die *Zeit* immer und ewig »liberal« gewesen, und ein rechter Umsturz wäre von den Aufrechten um Sommer und die Gräfin vereitelt worden. Daran ist vieles schief: Stolze war kein Rechtsradikaler, sondern konservativ, Treiber der Kurskorrektur war Herausgeber Bucerius. Und Stolze wurde am Ende Mitherausgeber – mit Dönhoff und Sommer. Es wird wohl eher ein normaler Machtkampf gewesen sein, der sich im Nachhinein besser als ideologischer Richtungskampf erzählen lässt. Der Mythos – »Rechtsruck verhindert« – lebte noch einmal auf in den Nachrufen zum Tod Sommers im August 2022.

In Wahrheit verhält es sich eher so: Bis Mitte der sechziger Jahre war die *Zeit* ein national-konservatives, wenn nicht sogar »rechtes« Blatt, das sich erst dann und mit dem Zeitgeist zur liberalen Stimme der Republik gemausert hat. Hinter dem Herausstreichen dieser Zäsur verbirgt sich erkennbar die Absicht, die Rolle der Gräfin in der konservativen Frühzeit der *Zeit* kleinzureden, um sie umso größer zu machen von dem Zeitpunkt an, da sie die Chefredaktion übernimmt und später Theo Sommer als ihren Nachfolger installiert. Das kann man so sehen, muss freilich akzeptieren, was man dann übersieht: die Kontinuität des Weltbildes der Gräfin, mit dem sie die Republik zu prägen suchte und geprägt hat. Von Anfang an war dieses Weltbild antinazistisch, konservativ, amerika- und kapitalismuskritisch. Daran hat sich später nichts geändert. Liberal kann man, wenn man möchte, ihren protestantisch-elitären Soupçon gegen die Adenauer-Republik, gegen den provinziellen Helmut Kohl und erst recht gegen Franz Josef Strauß nennen. Liberal kann man auch ihr frühes Eintreten für eine versöhnliche, nicht revanchistische Ost-Politik nennen, wenn man will, sogar ihre Sympathie für die DDR. Aber liberal ist diese Haltung weder, wenn man darunter eine Habermas'-sche Diskursgemeinschaft der besten Argumente versteht noch eine liberale Marktwirtschaft der besten Preise. Markt ist für Marion Dönhoff immer nur dann akzeptabel, wenn er sozial und also staatlich bezähmt wird. Sie steht stets fürs (soziale) Zähmen, nicht fürs (liberale) Entfesseln.

Aus dem Bann der Gräfin hat im Grunde erst Giovanni di Lorenzo die *Zeit* befreit, der das Blatt 2004 übernommen hat und bei dem die Diadochen der Gräfin inzwischen keine Rolle mehr spielen. Die süddeutsch-italienisch-katholische Prägung und Färbung, die di Lorenzo in die Zeitung brachte, ist vom ostpreußisch-elitären Dünkel denkbar weit entfernt. Auch die Öffnung gegenüber dem öko-verteilungspolitischen Zeitgeist ist ein Geist, der der Gräfin fremd und unheimlich geblieben wäre.

Keine Frage: Dieses andere – eigentlich in Dönhoffs Sinn – »ursprüngliche« Deutschland, das der *Zeit* bis zur Jahrtausendwende als Leitbild diente, ist einerseits eine Nachkriegserfindung der Gräfin und andererseits inzwischen längst untergegangen. Wirtschaftswunder, Westorientierung, kritische Theorie, Ökologie, Gleichberechtigung und Frauenbewegung – all das sind Stichworte, die in unterschiedlichen Abschattungen die heutige Welt prägen, ihre Vorgeschichte in der Nachkriegszeit hatten, von der Gräfin als Themen im Blatt allenfalls geduldet wurden.

Blicken wir in aller Kürze exemplarisch auf zwei Stationen ihrer Biografie, die eine sehr früh, die andere spät in ihrem Leben, kann es doch nicht um ein umfassendes Porträt gehen. Es geht darum, die Ausnahmeerscheinung Marion Dönhoff zu skizzieren und zu kontrastieren mit Blick auf die anderen Journalistinnen, die dieses Buch präsentiert. Der Brennglasblick auf diese beiden Stationen hat das Ziel, den Kern der »Weltanschauung« der Gräfin freizulegen: liberal-konservativ, wertebewusst, antiamerikanisch, antikapitalistisch.

Den Anfang macht der sogenannte Wilhelmstraßenprozess von Anfang 1947 bis April 1949, der sich gegen führende Angehörige des Auswärtigen Amtes richtete. Eine zentrale Figur, angeklagt wegen »Verbrechen gegen die Menschlichkeit«, war Ernst von Weizsäcker, SS-Brigadeführer, Staatssekretär unter Außenminister von Ribbentrop und Vater des späteren Bundespräsidenten Richard von Weizsäcker. Ankläger war der Jurist Robert Kempner, ein deutscher Jude, der in der Nazizeit nach Amerika emigrieren konnte. Verteidiger war Hellmut Becker, Sohn des preußischen Kultusministers Carl Heinrich Becker. Zum weiteren Team der Verteidiger gehörte auch Richard von Weizsäcker, der vier Jahrzehnte später als Bundespräsident in seiner Rede vom 8. Mai über Kriegsschuld und die Befreiung vom Nazigräuel sprechen wird. Ernst von Weizsäcker wurde als Kriegsverbrecher verurteilt, unter anderem weil er an der Deportation von sechshundert Juden aus Frankreich nach Auschwitz für mitschuldig befunden wurde, weil er mit seiner Paraphe den Transport zur Kenntnis genommen hatte. Ob sich darin billigende Zustimmung oder kritische Distanz artikulierte, genau das ist die offene Frage, im Grunde bis heute.

Die deutsche Öffentlichkeit nahm an diesem Prozess und dem Schicksal Ernst von Weizsäckers von Anfang an regen Anteil. Die Stimmung war mehrheitlich aufseiten des Angeklagten. Das lag nicht zuletzt an zwei deutschen Journalistinnen, die über den Prozess berichteten: zum einen Margret Boveri, damals schon Grande Dame des Journalismus mit Stationen beim *Berliner Tageblatt*, der *Frankfurter Zeitung* und dem *Reich* und ausgezeichnet mit der Kriegsverdienstmedaille. Später wird sie für die FAZ und viele andere Zeitungen schreiben. Wir werden auf Margret Boveri zurückkommen.

Aber auch die junge, damals noch ziemlich unbekannte Marion Dönhoff meldete sich zu Wort. Scharf attackierte sie die alliierten Westbesatzer. Die Nürnberger Kriegsverbrechergerichte generell verspottete sie als »Erziehungsanstalten«, die, anstatt sich der »Majestät des Rechts« zu beugen, sich moralisch über das Tätervolk stellten. Mal bescheinigte sie den Anklägern Hochmut und Hass, mal das naive Gerechtigkeitsempfinden eines Tertianers, »der Karl May liest« und »sich selbst stets in die Rolle des Winnetou hineindenkt«.

Vor allem der Prozess und das Urteil (sieben Jahre Haft) gegen Ernst von Weizsäcker erzürnte die Gräfin. Vater Weizsäcker galt ihr und vielen Zeitgenossen als »guter Deutscher«, als ein Beispiel dafür, dass die Eliten, falls überhaupt, schuldlos in das Nazisystem verstrickt wurden – und doch stets »Schlimmeres zu verhindern« suchten. Über die

Richter und Ankläger im Wilhelmstraßenprozess 1949 gegen Weizsäcker und weitere führende Männer des Außenministeriums schrieb die Gräfin, die Haltung der alliierten Juristen sei »nicht viel besser als die Methoden der Nationalsozialisten, die an die Stelle des Rechts das ›natürliche Volksempfinden‹ setzten.« Dönhoff war der Meinung, mit dem Prozess solle »das Auswärtige Amt moralisch liquidiert werden«. Weizsäcker war für sie eine zentrale Figur der Kontinuität der guten Deutschen. Träfe das Urteil des Gerichts zu, wonach Weizsäcker ein Kriegsverbrecher war, käme ihre Theorie ins Wanken.

Der Koreakrieg führe der Welt vor Augen, dass nicht nur die Deutschen zu Verbrechen fähig seien, so Marion Dönhoff 1950. Im Dezember 1951 hielt sie den Siegermächten vor, »das Gift der Nazi-Epoche in unsere heutige Zeit mit hineinzutragen … – Sieger-Justiz« war ein damals beliebter Vorwurf an die Alliierten, an dessen Popularisierung die Artikel der Gräfin einen gehörigen Anteil hatten. Ihre publizistische Offensive, an der auch Margret Boveri und andere beteiligt waren, hatte Erfolg. Ernst von Weizsäcker wurde begnadigt und kam bereits im Oktober 1950 frei, eineinhalb Jahre nach der Urteilsverkündung.

Auf die Einmaligkeit des Verbrechens, auf die Gründe, warum hier juristisches Neuland betreten werden musste, auf die Ernsthaftigkeit der Anklageseite ließ Marion Dönhoff sich gar nicht erst ein. Von ihrer Haltung sei sie ihr Lebtag lang nie mehr abgewichen, konstatiert ihr Biograf Gunter Hofmann.

Zentral im Prozess sind die beiden Verteidiger Hellmut Becker und Richard von Weizsäcker. Becker, blitzgescheit, war Assistent des Nazistrafrechtlers Ernst Rudolf Huber. Seit 1937 war er Mitglied der NSDAP, was er nach dem Krieg erfolgreich zu verheimlichen wusste. Außerdem gehörte auch er dem George-Kreis an, vor allem mit Robert Boehringer war er eng befreundet. Becker leitete zusammen mit Georg Picht das Internat Birklehof, später wurde er – obwohl weder Professor noch Pädagoge – erster Direktor des Berliner Max-Planck-Instituts für Bildungsforschung. Zusammen mit dem »Schulreformer« Hartmut von Hentig sollte Becker später zum festen Autoreninventar der *Zeit* unter der Gräfin gehören.

Richard von Weizsäcker, zwanzig Jahre jünger, hatte die Gräfin bereits 1945 kennengelernt über den Freund Axel von dem Bussche, der zusammen mit Weizsäcker an der Ostfront kämpfte. Bussche war Widerständler, den die Gräfin sehr bewunderte. Mit Weizsäcker verband sie eine deutschnationale Gesinnung. Gemeinsam waren die drei – Dönhoff, Busssche, Weizsäcker – durch das zerstörte Deutschland nach Nürnberg gefahren. Beim Anblick amerikanischer Panzer vor dem Gerichtsgebäude soll sie gerufen haben: »Die raus und wir rein«. Gemeint war: Diesen Prozess müssten die Deutschen selbst führen und nicht die Amerikaner.

Die Haltung der Gräfin zu den »Siegern« in den Nürnberger Prozessen färbte auf ihre Haltung zu »Amerika an und für sich« ab, sagt der ehemalige *Zeit*-Herausgeber Michael Naumann: Ohnehin, so Naumann, sei ihr USA-Bild sehr begrenzt gewesen, gespeist von Konferenzen in Aspen, Harvard, Washington. Von ihrer frühen Amerikareise in den dreißiger Jahren konnte Naumann nichts wissen. Denn die Gräfin hat nie darüber gesprochen.

Auch Richard von Weizsäcker berichtete später, wie er schon als Kind mit dem George-Jünger Robert Boehringer zusammengekommen war. Die Prägung durch den George-

Keis war ihm sehr wichtig. Und wegen seiner Freundschaft mit Bussche, in dessen Attentatspläne er eingeweiht war, sah er sich auch stets dem deutschen Widerstand verbunden. Dönhoff und Richard von Weizsäcker, sie blieben ihr Leben lang einander loyal verbunden. Bei einem Abendessen in der Villa Hammerschmidt in Bonn am 4. Dezember 1989 wurde der damalige Bundespräsident geradezu hymnisch: »Wäre ich ein preußischer Dichter, ich würde vor meinen Zeitgenossen nicht verborgen halten, dass die alten Preußen zufrieden vom Himmel herunterblicken können, weil sie unter uns fortleben in einer würdigen und wahren Frau, in Marion Dönhoff, der Preußin unseres Jahrhunderts.«

Widerstand, Preußentum, deutschnationale Werte, georgeanischer Glaube an das andere Deutschland, Antiamerikanismus: Dieses Wertefundament und die bleibend treue Freundschaft mit Becker und von Weizsäcker, all das hat seinen Ursprung im Wilhelmstraßenprozess. Becker und von Weizsäcker »benutzten«, oder sagen wir »instrumentalisierten«, die Journalistinnen im Verlauf des Prozesses, spielten über Bande, sorgten für öffentliche Unterstützung ihrer Verteidigungsstrategie hinein in maßgebliche Kreise (etwa von Theodor Heuss oder Bischof Otto Dibelius). Margret Boveri nannte Ernst von Weizsäcker einen »letzten Vertreter alter Schule von Diplomaten«, die »den Laden Ribbentrops bis weit in den Krieg hinein nazifrei« gehalten hätten. Weizsäcker blieb für sie zeitlebens ein »schöner Märtyrer«. Ernst Friedlaender, Emigrant im Dritten Reich und später stellvertretender Chefredakteur der *Zeit*, schrieb, mit Ernst von Weizsäcker sei ein Mensch dem Dokumentenprozess erlegen und die Gerechtigkeit den Ressentiments Kempners.

Von dem Philosophen Karl Löwith, daran erinnert Ulrich Raulff, stammt das Diktum, in den Kreisen um George spiegele sich »ein allgemeines Schicksal der deutschen wie der jüdischen Intelligenz«. Dazu passt auch, dass der Ökonom Edgar Salin, Doktorvater nicht nur Dönhoffs, sondern auch von Clara Menck, jüdischer Emigrant in Basel und George-Jünger der frühen Stunde, sich ebenfalls lautstark für Ernst von Weizsäcker eingesetzt hat: Noch nach der Verurteilung Weizsäckers als Kriegsverbrecher nannte er ihn einen »Ehrenmann«. Ankläger Kempner wirft Salin vor, er habe damit die Vereinigten Staaten und ihre Repräsentanten angegriffen, »die mit der Verfolgung von Peinigern und Mördern ihre amtliche und menschliche Pflicht erfüllen«. Salin war es auch, der als Erster die Geschichte in die Welt setzte, Stauffenberg sei mit dem Ausruf »Es lebe das Geheime Deutschland« in den Tod gegangen. Als Antwort auf die Frage, woher er das wisse, hat er sich stets auf Marion Dönhoff und »Kreise der Widerstandskämpfer von 1943/44« berufen. Ulrich Raulff folgert: »So bleibt zum Schluss nur festzuhalten, dass der Mythenkern, den Edgar Salin und Marion Gräfin Dönhoff in einträchtiger publizistischer Bemühung in den Nachkriegsjahren gelegt und gepflegt haben, wunderbar aufgegangen ist.«

Hellmut Becker war der Meinung, Nürnberg habe die Kette des Unrechts und der Amoralität bloß fortgesetzt, der Faschismus die Sieger moralisch erobert. Unter der Maske des Rechts sei ein politisches, von Kalkül und Taktik bestimmtes Unternehmen abgelaufen. Das ist mehr oder weniger bis in den Wortlaut das Verdikt, das die Gräfin in die Öffentlichkeit getragen hat.

Das alles spiegelte und prägte zugleich den damaligen Blick zurück der *Zeit*. Eine kleine »Clique an der Spitze«

habe sich verantwortungslos verhalten und die Deutschen verführt, so der Chefredakteur Richard Tüngel: »Die Welt verlangt von uns: ›Bekenne!‹ Wir sagen: Nein.« So lief die Rechtfertigungsmaschinerie der unmittelbaren Nachkriegszeit. Tüngel geriet außer sich in seinem antisemitischen Furor gegen Ankläger Kempner: »Einem Schädling muss das Handwerk gelegt werden.« Kempner, »der seelische Krüppel«, habe den Staatssekretär Weizsäcker erst ins Gefängnis und dann in den Tod gehetzt (Letzterer starb im Sommer 1951, acht Monate nach seiner Freilassung). So weit ging Dönhoff nicht. Dass sie Tüngel jedoch widersprochen habe, sei nicht überliefert, konstatiert der Biograf Hofmann.

Noch einmal: Diese Grundhaltung hat die Gräfin ihr Leben lang nicht korrigiert. Im Gegenteil: Sie wurde immer erratischer. Nur am Rande sei ergänzt, dass auch die FAZ unter Joachim Fest später ihren eigenen Kontinuitätsmythos strickte – im Wettstreit mit der Gräfin in der *Zeit*. Waren ihre Helden die Männer des 20. Juli, so war es für Fest Albert Speer, der für das gute Deutschland stand und dafür, dass die intellektuelle Elite anständig geblieben sei. Ein Mythos, von dem der Historiker Magnus Brechtken in seiner großen Speer-Biografie nichts übrig gelassen hat.

Im August 1996 schrieb die Gräfin in der *Zeit* einen großen Aufsatz mit dem Titel »Zivilisiert den Kapitalismus«, aus dem im darauffolgenden Jahr ein kleines Buch wurde. Es sollte ihr erfolgreichstes Buch werden. Die Kritik kommt uns bekannt vor. Gegenstand ihres Angriffs waren nicht nur die Zeitenwende mit Globalisierung und Computertechnologie, auch nicht nur Ungewissheiten wie die damals sehr hohe Arbeitslosigkeit. Wirklich bedrückend sei, »dass alles Metaphysische, jeder transzendente Bezug« ausgeblendet werde. Das Interesse gelte »ausschließlich dem wirtschaftlichen Bereich: Produzieren, Konsumieren, Geldverdienen«. Eine Zeit lang sei das ganz schön gewesen, »aber dann spüren plötzlich viele: Dies kann doch nicht der Sinn des Lebens sein«.

Die Schrift ist keine ökonomische Kritik der Ökonomin Dönhoff am Kapitalismus. Es geht nicht um Exzesse der Finanzwissenschaft – die sind das Signet der nächsten Dekade. Es ist eine konservativ-philosophische Entgegnung auf den kapitalistischen Konsumismus, um die es der Gräfin zu tun ist. Eindringlich mahnt sie: »Kapitalismus und Marktwirtschaft müssten zivilisiert werden«. Unausgesprochen ist er wieder da, der sich durchziehende elitäre Dünkel gegen den platten Materialismus, der natürlich – woher – aus Amerika kommt. Für den unglaublichen Erfolg der Marktwirtschaft in Deutschland, der breiten Schichten zu Wohlstand verholfen hat, hatte sie nie einen Sinn. Der klügste Anwalt Amerikas in der Redaktion der Zeit, der deutsche Jude Josef Joffe, sei ihr immer fremd geblieben. So berichtet es Michael Naumann.

Man muss nicht ideologisch verblendet sein, um zu erkennen, dass der »Kapitalismus« der späten Kohl-Jahre alles andere als »unzivilisiert« war. Im Gegenteil: Mit seinem Arbeits- und Sozialminister Norbert Blüm hatte die schwarzgelbe Regierung den Wohlfahrtsstaat so weit wie noch nie ausgebaut. Blüm lobte die Einführung der Pflegeversicherung als konsequente Fortführung des Sozialstaats, in den Worten der Gräfin mithin als eine »Zivilisierung« der Marktwirtschaft. Mit der Wiedervereinigung wurde dieses Sozialmodell mit der höchsten Neuverschuldung auch auf die fünf neuen Bundesländer ausgedehnt. Das »deutsche Modell« oder der »rheinische Kapitalismus« wurde von angelsächsischen und französischen Sozialwissenschaftlern als Vorbild der Zivilisierung des unregulierten Marktes gepriesen.

Das Problem der neunziger Jahre war die hohe Arbeitslosigkeit. Ihre Ursachen lagen eher in zu wenig und nicht zu viel Marktwirtschaft. Das hat ausgerechnet der Sozialdemokrat Gerhard Schröder erkannt. Seine unter dem Stichwort »Agenda 2010« unternommenen Reformen dienten der Entfesselung der Marktkräfte und der Schleifung falscher Anreize am Arbeitsmarkt. Doch diese Politik ist eine Zäsur nach der Jahrtausendwende. Sie führte tatsächlich zum Erfolg; die Beschäftigung verbesserte sich, die Arbeitslosigkeit ging zurück. Hätte die Gräfin also den entfesselten, unzivilisierten Kapitalismus kritisieren wollen, sie hätte sich die Ära Schröder vornehmen müssen, nicht die späte Kohl-Zeit.

Aber wie gesagt, es ging ihr nicht um politische Ökonomie. Es ging ihr um Metaphysik. Als Wirtschaftssystem sei die Marktwirtschaft »unübertroffen«, konzediert Marion Dönhoff. Aber sie lehnt den Totalitätsanspruch ab, den sie dem Kapitalismus unterstellt: »Die Marktwirtschaft beansprucht den Menschen ganz und duldet keine Götter neben sich. Ihr Wesen ist der Wettstreit und ihr Motor der Egoismus. Ich muss besser sein, mehr produzieren, mehr verdienen als die anderen, sonst kann ich nicht überleben.«

Ihre Kritik, die Marktwirtschaft totalisiere sich zur Marktgesellschaft, sollte ein gängiger Topos werden, der in jedweder Kapitalismuskritik bis heute nicht fehlen darf. Neben der Metaphysik ist die elitäre Moral die Warte, von der aus die Gräfin auf den Kapitalismus blickt. Den »Tanz ums Goldene Kalb« verachtet sie, die Verabsolutierung des Geldes und des Konsums ebenfalls.

Dönhoff-Biograf Gunter Hofmann macht auf die Kontinuität der Kapitalismuskritik der Gräfin seit der Dissertation bei Edgar Salin aufmerksam. Dort, in der Arbeit über die Geschichte des Familiengutes der Dönhoffs, wo es scheinbar nur um gute und schlechte Getreideernten, um die Zahl der Pferde, Kühe und Schafe geht, sieht Hofmann im Kern bereits angelegt, was die Gräfin gut sechzig Jahre später zu dem dringenden Rat veranlasste, dem Kapitalismus Fesseln anzulegen. Den Zerfall der guten Ordnung datiert sie an den Beginn des 19. Jahrhunderts und die Umstellung auf landwirtschaftliche Großbetriebe, als »der kapitalistische Erwerbssinn des Junkers« erwacht sei. Das ist aus ihrer Sicht kein Lob, sondern scharfer Tadel.

Vom großen Echo auf ihr Kapitalismusbuch sah sie sich bestätigt darin, dass vieles von dem Gültigkeit hatte, was sie schon in ihrer Dissertation beschworen hatte. »So viel sie auch dazuzulernen und umzudenken hatte in ihrem Leben, was die Kritik am Materialismus und der Raffgier der Ökonomie angeht, musste sie sich nicht revidieren«, schreibt Biograf Hofmann. Noch in ihrem späten Essay »Preußen – Maß und Maßlosigkeit«, aber auch in ihren letzten Gesprächen mit den Vertrauten Haug von Kuenheim und Theo Sommer, insistiert sie darauf, dass das »gute« Preußen 1871 endete, als es im kleindeutschen Reich aufging. »Damals«, schrieb sie, »trat das Geld an die Stelle von Pflicht und Ehre und wurde zum Maßstab aller Dinge.«

Da sind sie noch einmal, die Gegensätze ihres Lebens und Schreibens: Preußische Tugenden, Askese, Werte gegen Geld, Materialismus und Kapitalismus. Journalismus aus zutiefst konservativ-preußischem Geist. Geld verdiente in ihren Augen – und nach den Regeln der protestantischen Tradition, wie sie von ihr verstanden wurde –, nur dann

Respekt, wenn es genutzt wurde, Gutes zu tun und Vernünftiges zu bewirken, schreibt ihr Biograf Klaus Harpprecht: Je älter sie wurde, umso tiefer sei ihr Misstrauen gegen den »wuchernden Neoliberalismus« geworden – »eine Antipathie, die sich weniger aus ihren ›linken‹ Neigungen oder aus ihrer Nähe zur Sozialdemokratie nährte, sondern aus dem tief verwurzelten Antikapitalismus des protestantisch-preußischen Adels, der das Geld verachtete und nur den Reichtum an Feld und Wald, an Haus und Hof, im Glücksfall an Gold und edlem Schmuck als legitim betrachtete.« Dieses Grundgefühl durchzog all ihre Appelle zur Änderung der moralisch degenerierten Gesellschaft und zur Zähmung des Kapitalismus.

Marion Dönhoff kann in ihrer Prägekraft für das »geistige Deutschland« nach 1945 gar nicht überschätzt werden. Wettbewerb, Erwerbssinn, Freude am Gewinn, der Markt als Entdeckungsverfahren – das alles geht ihr nach eigener Auskunft gegen den Strich. Dagegen setzt sie die genannten preußisch-protestantischen Tugenden einer elitären Standes- (nicht Stände-)Ordnung, einer staatlichen Gemeinschaft, die im Grunde dann am besten fährt, wenn sie den Eliten folgt, die es gut mit ihr meinen. Das war und ist bis heute die Mission der *Zeit* im Geiste ihrer großen Chefredakteurin und Herausgeberin.

Hinter diesem Konservatismus, den man liberal nur mit Einschränkung nennen sollte, verbirgt sich ein lebenslanges Fremdeln mit der Moderne. Dass Dönhoff selbst so großen Wert auf die Kontinuität der konservativen Werteordnung legt, ist verständlich: Der Einbruch der Barbarei nach 1933 darf nicht absolut sein. Es war die kleine Gruppe der Widerständler, die die Fahne der metaphysischen Sinngebung des anderen, besseren Deutschlands hinüberretteten in die

Nachkriegswelt. Sie und nicht die alliierten Besatzer stehen aus ihrer Sicht dafür, dass Deutschland nach dem Krieg aus Ruinen auferstand und zu einer Demokratie mit zivilisierter Marktwirtschaft finden konnte, die dem Kapitalismus angelsächsischer Machart trotzt.

Der Bezug auf das Preußentum mag inzwischen verblasst sein. Die Reserven gegen den westlichen Kapitalismus, die Betonung des deutschen Modells eines spezifisch »rheinischen« Kapitalismus, der auf Ausgleich zwischen Arbeit und Kapital bedacht ist und allem Materialismus zumindest rhetorisch abhold – Dönhoff war bekanntlich eine leidenschaftliche Liebhaberin schneller Porsches und legte Wert darauf, Businessclass zu fliegen –, sind tief und bleibend. Die *Zeit* versteht sich bis heute in dieser Tradition.

Am 11. März 2002 starb Marion Gräfin Dönhoff, wie man sagt, im Schlaf. Sogleich wurden die Denkmäler errichtet. Der amerikanische Historiker und Diplomat George F. Kennan, ein enger Freund, hatte ihr schon anlässlich ihres 90. Geburtstags zugerufen, er zögere nicht, sie eine große Frau zu nennen und eine der wenigen Persönlichkeiten der Epoche. Helmut Schmidt lobt in einem Nachwort zur 2002 erschienenen erweiterten und überarbeiteten Biografie von Haug von Kuenheim ihre stupende journalistische Leistung, ihre innere Unabhängigkeit und ihre klaren Einsichten, »die sie mit Tapferkeit vertreten hat«. Sie habe konservativ an ihren Werten festgehalten, zugleich sei sie liberal und tolerant gewesen.

3

Quereinsteigerin mit Autorität

Clara Menck (1901–1983)

Als mit dem Kriegsende freiheitliche Zustände eintraten, war Clara Menck vierundvierzig Jahre alt. Sie hatte keinen Beruf – ihr Studium der Philosophie und Ökonomie hatte sie stets als »nicht berufsbezogen« angesehen. Während der letzten Kriegsjahre erlebte sie den »Umbruch« in der festen Erwartung, für etwas Neues öffentlich tätig zu sein. Dass sie, 1945 völlig unbekannt, innerhalb von fünf Jahren eine in Westdeutschland bekannte Journalistin wurde, die mit Hannah Arendt, Dolf Sternberger oder Paul Celan korrespondierte, ist umso erstaunlicher – erst recht, wenn man weiß, dass sie zuvor über ein Jahrzehnt lang in völliger Isolation zu leben gezwungen war.

Im »Blauen Buch« der FAZ, das bis heute unter der Überschrift *Sie schreiben und redigieren* in unregelmäßigen Abständen die Redakteure und Korrespondentinnen der »Zeitung für Deutschland« vorstellt, findet sich im Jahr 1972 folgender Eintrag: »In Berlin geboren, lebt seit über 30 Jahren in Stuttgart. Sie hat 1921 auf der Fürstin-Bismarck-Schule, Charlottenburg, ihr Abitur gemacht und in Freiburg, Heidelberg und Berlin Philosophie und Nationalökonomie studiert, unter anderem bei Husserl, Heidegger, Jaspers,

Sombart und Lederer. Sie war zeitweise Sekretärin bei einem Privatdetektiv, an einer psychiatrischen Klinik, bei einer PEN-Club Tagung, bei Prof. Emil Lederer und führte anderthalb Jahre den Haushalt einer Schwester in Norwegen. Nach ihrer Promotion zum Dr. phil. bei Prof. Dr. Edgar Salin in Heidelberg heiratete sie, wurde Mutter von zwei Kindern und beschäftigte sich mit kunstgeschichtlichen Studien in München. 1945 trat sie in die ›Stuttgarter Zeitung‹ ein, später als Korrespondentin der ›Neuen Zeitung‹ in München. Außer für Tageszeitungen und Rundfunk hat sie für deutsche, österreichische, amerikanische Zeitungen Beiträge geschrieben und an einem Buch der Universität Chapel Hill, N.C: ›The struggle for democracy in Germany‹ mitgearbeitet. Seit 1956 ist sie ständige kulturpolitische Korrespondentin der ›Frankfurter Allgemeinen Zeitung‹, vorwiegend für die Wochenendbeilage ›Bilder und Zeiten‹, das Feuilleton und das Literaturblatt.«

Wenn man weiß, dass die Texte im »Blauen Buch« von den Redakteuren selbst verfasst werden, haben wir es hier, soweit ich sehe, mit einer der wenigen autobiografischen Auskünfte Clara Mencks zu tun. Alles andere wissen wir aus Briefen und weiteren Dokumenten in ihrem Nachlass, der sich im Deutschen Literaturarchiv in Marbach befindet, und durch eine ausführliche Lebensskizze, die ihre Kinder nach ihrem Tod verfasst haben. Anders als viele Kolleginnen hat Menck nie das Bedürfnis verspürt, ihr Leben aufzuschreiben und zu veröffentlichen. Sie blieb bei der Sache.

Was Menck verschweigt: Kein Wort darüber, dass sie Jüdin ist, »Mischling«, wie sie sich selbst einmal nennt. »Halbjüdin« in der Sprache der Nazis. Und dass sie von Mitte der dreißiger Jahre bis Kriegsende gänzlich im Verborgenen in einem Vorort Stuttgarts lebte. In einem kurzen Lebenslauf von 1946 für ein illustriertes Heft über Stuttgart liest man: »widmete sich von 1933 bis 1945 ausschließlich der höchsten Aufgabe einer Frau, der Erziehung ihrer Kinder«. Das ist doppelte Camouflage, ohne dass der Grund dafür erkennbar wäre: Clara Menck musste sich verstecken. Und sie musste die Kinder allein erziehen, nachdem ihr Mann sich von ihr hatte scheiden lassen.

Der Vater von Clara Menck, Justizrat Felix Tichauer, aufgewachsen in einer assimilierten Familie, hat zum Ärger der Verwandtschaft, aber nicht untypisch für die Zeit, die Bindung an das Judentum gekappt und trat gemeinsam mit seiner aus Wien stammenden katholischen Frau zum Protestantismus über. Mutmaßlich versprach diese Konversion einem Justizrat im preußischen Kaiserreich die besseren Karrierechancen.

Wie Clara Menck zu ihrer jüdischen Herkunft stand, wissen wir nicht. Religiös war sie gewiss nicht. Viele Juden gab es im Freundeskreis und im Kreis ihrer Lehrer in Heidelberg. Der Ökonom Emil Lederer, bei dem sie Hilfskraft war, emigrierte nach New York. Edgar Salin, bei dem sie promovierte, wanderte in die Schweiz aus. Schon früh – mutmaßlich bei einem Aufenthalt im Schwarzwald in den späten zwanziger Jahren – muss sie die Bekanntschaft der acht Jahre jüngeren Hannah Arendt gemacht haben; beide haben in Heidelberg studiert. In der Familie Menck erzählt man, auch Clara habe ein Auge auf Martin Heidegger geworfen. Hannah Arendt wird sie Anfang der fünfziger Jahre in New York wiedersehen. Arendt nennt sie »Freundin«. Im Familienbesitz findet sich ein Foto eines Karnevalsfestes, mutmaßlich aus den späten zwanziger Jahren, in dem die groß gewachsene, schöne Frau zu sehen ist neben Hannah

Arendt, dem Germanisten Benno von Wiese, dem Politikwissenschaftler Dolf Sternberger und dessen Frau.

Der Zionist Erwin Loewenson, ein Vetter, schrieb ihr am
4. Mai 1957: »Cläre, daß Du ›geschieden‹ bist, wußte ich
nicht. Wie kam das? Das Datum klingt nürnbergerisch.« Ob
und wie sie darauf geantwortet hat, wissen wir nicht.
»Nürnbergerisch« meint ziemlich »schuftig« – ausgelöst
durch die Nürnberger Gesetze von 1935, die »zum Schutz
des deutschen Blutes und der deutschen Ehre« Eheschlie-
ßungen zwischen Juden und Nichtjuden verboten haben.
Hans Menck, der Ex-Mann, war Anteilseigner des durch
seine Bagger bekannten Maschinenbauers Menck & Ham-
brock. Er habe wohl auch geschäftliche Nachteile (»Kauft
nicht bei Juden«) befürchtet, so wird bis heute – mehr ent-
schuldigend als anklagend – erzählt. Immerhin noch das:
Menck sei ein »Filou« gewesen, insgesamt dreimal verheiratet. Clara Menck, die nie ein böses Wort über den Ex-Mann
gesagt hat, sah ihn erst Jahrzehnte später wieder – bei der
Hochzeit der 1960 geborenen Enkelin Arianna.

Was wir wissen, ist, dass Mencks jüdische Herkunft –
ohne Schutz eines arischen Ehemannes – in der Nazizeit ihr
hätte extrem gefährlich werden können. An die jüdische
Kulturphilosophin Margarete Susman schrieb sie nach dem
Krieg, sie habe sich etwas mühsam durch den Krieg »schlän-
geln« müssen. Sie überlebte durch bewussten Rückzug in
eine enge, kleinbürgerliche Nische Stuttgarts, finanziell gestützt von den Unterhaltsleistungen des Mannes und den
Einnahmen einer Immobilie in Berlin. Unauffällig sein war
das oberste Gebot. 1937 fuhr sie ein paarmal nach Zürich,
um dort den deutsch-russischen Essayisten Waldemar
Gurian zu besuchen, einen katholischen Denker, der ebenfalls mit Hannah Arendt befreundet war. Das wurde auf

Dauer zu riskant. Die »politische Hetze« in Bonn habe sie veranlasst, nach Stuttgart zu gehen – »wo ich gänzlich unbekannt war«, notierte sie nach dem Krieg. Der Vetter Erwin Loewenson war nach Palästina emigriert. Sie selbst haderte im Nachhinein damit, nicht schon vor dem Krieg emigriert zu sein. Zwei Kriegssommer verbrachte sie in Österreich, nahe der Schweizer Grenze, fand aber keine Gelegenheit zu fliehen: Womöglich hätte sie es gewagt, hätte sie gewusst, was alles noch kommt, schreibt Menck. Beschwichtigend ergänzt sie, sie sei nie verhaftet worden, habe selbst keine Grausamkeiten erlebt. Erlebt habe sie freilich, wie schlimm es sei, alle menschlichen Beziehungen jahrelang kappen zu müssen.

In Stuttgart blieb Clara Menck nach dem Ende des Krieges ihr ganzes Leben – beständig im Unterschied zur Umtriebigkeit vor 1933. Bis 1945 hat sie nicht journalistisch gearbeitet. Geschrieben hat sie freilich schon: Immerhin war sie zu Beginn der Nazizeit bereits zweiunddreißig Jahre alt und eine bei einem Topökonomen promovierte Frau. Einiges spricht dafür, dass das Leben der Bohème in Freiburg und Heidelberg ihr in diesen aufregenden Jugendjahren wichtiger war als Studierstube und Schreibtisch. In der Zurückgezogenheit des Krieges hat sie zusammen mit dem Maler Wilhelm Plünnecke, einem engen Freund, einen Roman, *Windstille*, geschrieben. Er blieb unveröffentlicht.

Und es gibt die Dissertation in Wirtschaftswissenschaften bei dem Heidelberger Ökonomen Edgar Salin über den französischen Physiokraten Francois Quesnay (1694–1774). Die Arbeit könnte man übergehen, hätte nicht auch Marion Dönhoff bei Salin promoviert; davon war hier schon die Rede. Während Menck den Liberalismus und die Theorie des Freihandels bei Quesnay analysiert (und die Unterscheide zur Theorie des Freihandels bei den schottischen Aufklärern markiert), legt Marion Dönhoff ein Lob des aristokratischen Junkertums mit allen preußischen Tugenden am Beispiel der eigenen Familiengeschichte vor, dessen Niedergang mit dem Einzug der kapitalistischen Profitgier im 19. Jahrhundert begonnen habe. Lob des Liberalismus bei Menck auf der einen Seite, Warnung vor dem ungezähmten Kapitalismus bei Dönhoff auf der anderen Seite. Das markiert, bei aller Zufälligkeit der Wahl von Dissertationsthemen, den Unterschied der beiden Frauen – und sollte die jeweilige Konstante ein Leben lang bleiben. Während Dönhoff bezaubert war von der Aura des George-Jüngers Salin, scheint Menck dafür nicht anfällig gewesen zu sein. Während Dönhoff ein Leben lang mit Salin befreundet blieb, spielt der Ökonom im Leben der Menck später keine Rolle mehr. Ob die beiden Frauen sich je getroffen haben? Es ist nichts davon überliefert. Wäre es dazu gekommen, sie hätten sich wenig zu sagen gehabt.

Angesichts komplett fehlender journalistischer Vorerfahrungen verblüfft, wie erwähnt, der journalistische Kaltstart Clara Mencks vom Nullpunkt 1945 aus. Allein zwischen 1950 und 1955 entstanden über 1500 Beiträge, mithin arbeitstäglich ein Text oder Radiomanuskript. Sie lebte allein bis zu ihrem Tod, geheiratet hat sie nicht mehr. »Ein Kind von Traurigkeit« sei sie aber nicht gewesen, heißt es in der Familie. »Sie hat gerne und in vollen Zügen gelebt«, sagt ihre Enkelin Arianna Menck. Und bewundert sie dafür. So waren diese Frauen. In ihren Texten zeigten sie keine Emotionen, im privaten Leben schon. Ob denn »passive Hingabe an das Erlebnis« eine angemessene Haltung für einen Feuilletonisten sei, lässt sie einen jungen Mann in einem »Rezept für Feuilletons« überschriebenen Text fragen. Mencks Antwort: »Davon bekommt man Kinder, aber keine Feuilletons. Die haben mehr mit Schweiß, Blut und Tränen zu tun.«

In sechsunddreißig Berufsjahren – eine Altersgrenze akzeptierte sie nicht – verkörperte sie den damals gar nicht seltenen Typus der festen freien Mitarbeiterin. Das habe an ihrer Liebe zum Ungebundenen gelegen, so der Sohn: Kollegen scherzten, das Wort »Teamarbeit« kenne sie noch nicht einmal vom Hörensagen. Die *Stuttgarter Zeitung*, bei der sie als »feste Freie« für ein monatliches Fixum von 200 D-Mark plus halbes Zeilenhonorar arbeitete, verließ sie 1948 im Streit, weil sie sich unfair behandelt fühlte.

An Mut und dem Willen zu unerschrockener Selbstständigkeit fehlte es ihr nie. Gleichwohl muss die Existenz der Freelancerin prekär gewesen sein: Sie sei wirtschaftlich und menschlich verwundbar gewesen, habe unter der Unsicherheit des Einkommens gelitten, so abermals der Sohn. Dass sie sich im späteren Leben von finanziellen Sorgen frei gearbeitet hatte, verdanke sie einer breiten Leserschaft und ihrem »Wert«. Aber auch einer schier unglaublichen Produktivität. Sie war sich für nichts zu schade, muss Tag und Nacht wie eine Besessene gearbeitet haben. Umso erstaunlicher, dass es zwar – wie bei allen Journalisten – viele Gelegenheitsarbeiten gab, aber nicht eine davon war »unter Niveau«. Viele davon waren indes von hohem Niveau. Das Rauchen gab sie mit sechzig auf, das Schreiben betrieb sie bis zum Lebensende, berichtet der Sohn Thomas: »Manches war leicht und flüssig, das keine menschliche Mühsal mehr zu spüren schien.«

Die Existenz der »festen Freien« mag auch eine Voraussetzung für ihre große geistige Unabhängigkeit gewesen sein. Die ersten Jahre engagierte sie sich – kritisch-skeptisch – sehr stark für das, was man die »Demokratisierung« des

Landes nennt. Dass Stuttgart amerikanisch wurde, kam ihr entgegen. An ihren Sprachkenntnissen hat sie wohl in den Jahren des Verstecks gearbeitet. Sie debütierte mit einem »Germany Today« überschriebenen Essay im Juli 1946 in der von ihrem Freund Waldemar Gurian herausgegebenen *Review of Politics* und beteiligte sich an der Vorbereitung der Stuttgarter »Speech of Hope« des amerikanischen Außenministers James F. Byrnes im September 1946, die eine Wende in der US-Besatzungspolitik einleitete. Dort heißt es, das amerikanische Volk wünsche, »dem deutschen Volk die Regierung Deutschlands zurückzugeben«, mithin das Land nicht ewig unter Besatzung zu halten. Es wolle mithelfen, dass das deutsche Volk seinen Weg zurückfinde »zu einem ehrenvollen Platz unter den freien und friedliebenden Nationen der Welt«.

Den journalistischen Anfang erleichterte Menck die Mitarbeit bei der *Neuen Zeitung*, die von den Amerikanern gegründet und herausgegeben wurde (vergleichbar der *Welt* in der britischen Zone). Untertitel: »Eine amerikanische Zeitung für die deutsche Bevölkerung«. Unter den Mitarbeitern finden sich viele, die später in der frühen Bundesrepublik Rang und Namen hatten, etwa Theodor W. Adorno, Günter Eich, Ludwig Erhard, Max Frisch, Hildegard Hamm-Brücher, Elisabeth Langgässer, Alexander Mitscherlich, Wolf Schneider und Wolf Jobst Siedler.

Nicht alle, die für die *Neue Zeitung* schrieben, waren unbelastet. Dabei achteten die Amerikaner durchaus auf die Biografie der Mitarbeiter. Ursula von Kardorff zum Beispiel, die während der gesamten Zeit des Krieges für das Feuilleton der *Deutschen Allgemeinen Zeitung* oder der *Weltbühne* in Berlin teilweise grob antisemitische Texte geschrieben hatte, deren »notorisch gutes Gewissen« (Axel Schildt) ihr als entnazifizierender Filter des Unbewussten bei der nachträglichen Abfassung ihrer Kriegstagebücher zugutekam. Den amerikanischen Herausgebern der *Neuen Zeitung* entging das nicht. Der zuständige Kontrolloffizier teilte Kardorff im März 1948 mit, man werde ihre Dienste nicht weiter beanspruchen. Man müsse »bei der Auswahl unserer deutschen Angestellten hinsichtlich ihrer politischen und ideologischen Vergangenheit besonders vorsichtig« sein: »Ich glaube, man hätte Ihnen einige Zugeständnisse machen können, wären ihre Artikel im Anfangsstadium des Krieges geschrieben worden, aber zu meiner Überraschung erschienen sie 1944, sogar noch am 15. November.«

Kardorff reagierte pampig, verwies auf ihre angebliche Widerstandstätigkeit im Umfeld des 20. Juli. Zu dieser nicht untypischen Selbstentnazifizierung und Stilisierung als Widerständlerin hatte Clara Menck in »Germany Today« trocken bemerkt: »Jeder Nazi war auf die ein oder andere Weise immer auch ein Opponent gegen die Nazis.« Entsprechend stand die Kündigung bei der *Neuen Zeitung* einer späteren großen Karriere Ursula Kardorffs bei der *Süddeutschen Zeitung* nicht im Wege, wo sie bereits 1948 eine Festanstellung als Redakteurin erhielt. Antisemitische Sentenzen finden sich laut dem Historiker Axel Schildt noch in ihrer privaten Korrespondenz der sechziger Jahre. Für Frauen wie Clara Menck, die in der Nazizeit Berufsverbot hatten, ohne eigenes Einkommen waren und deren Leben stets bedroht war, musste es als mehrfache Provokation wirken, die Karriereakrobatik der gleichaltrigen oder auch jüngeren Kolleginnen zu erleben. Nichts hasste sie so sehr wie die Figur des »Mitläufers«: all jene, die ihre eigene Position zur bequemen Bemäntelung und als Vorwand benutzten, um sich dem »Umbruch« zu verweigern.

»Warum ist Nürnberg unbeliebt?«, ist eine böse Glosse überschrieben, gemeint sind die Nürnberger Kriegsverbrecherprozesse 1945/46 – unterzeichnet mit Dr. Clara Menck. »Vierhundert Gramm Fett den Monat und so schlechte Margarine dabei – sollen sie doch lieber dafür sorgen, statt in Nürnberg das große Theater aufzuziehen. Sorgen haben die Leute«. Der Kommentar beginnt mit dem Verweis auf den Stammtisch, der je länger umso mehr die Berichte über den Nürnberger Kriegsverbrecherprozess ignorierte. Für Spätere werde es unbegreiflich sein, dass die Deutschen, die es doch eigentlich am meisten angehe, »alles an sich vorbeigehen« ließen, schreibt die Autorin. Nürnberg hätte denen, die sich der Erfahrung gestellt hätten, klarmachen müssen, dass man sich selbst nicht raushalten könne. Aber die Deutschen hatten nichts anderes zu tun, als ihre Nichtbeteiligung herauszustreichen. Goebbels und Himmler, klar, die hielten die Leute für Verbrecher. Aber die waren ja schon tot, hatten sich dem Urteil eines Richters entzogen. Von Schirach oder Göring, von denen stets behauptet wurde, sie seien »Vertreter des altpreußischen Geistes« oder »der reinen begeisterungsfähigen Jugend«, hätten sie zur Kenntnis nehmen müssen, dass sie alle konsequent an den Grausamkeiten beteiligt waren, die man gerne als notwendige »Begleiterscheinung« jeglicher Politik abtue.

Das ist für Menck der springende Punkt und zugleich Antwort auf die Frage, warum die Deutschen Nürnberg ignorierten: Würde sich jeder von ihnen mit dem Nürnberger Prozess auseinandersetzen, müsste er oder sie sich die Gewissensfrage stellen, wieweit man selber, »der Preuße, der Idealist, der Patriot«, am Grauen beteiligt war, »nicht als missbrauchtes kleines Rädchen einer anonymen Maschine«, sondern »als einer, der mit eigener Hand einen Wagen dem

Abgrund zugeschoben hat«. Das sei womöglich die wichtigste Seite am Nürnberger Prozess: Er gehe nicht nur die »Nazis« an. Er gehe alle an. »Und das ist peinlich.« Genau deswegen beschlossen die Deutschen, Nürnberg zu ignorieren. Sie solidarisierten sich als »Opfergemeinschaft«, nicht als »Tätergemeinschaft«.

Aus heutiger Sicht würde man den Nürnberg-Kommentar als nicht besonders mutig oder spektakulär einstufen. Doch 1946 vertat er eine Minderheitsmeinung. Die Gründe dafür benennt Menck im Kommentar. Die Mehrheit der Publizistik – auch der bis heute berühmten Journalistinnen Margret Boveri oder Marion Dönhoff – polemisierte gegen die »Siegerjustiz« der Amerikaner, die in ihrer Willkür nicht besser seien als die Nazis. So haben wir es im Kapitel über Die Gräfin Dönhoff gelesen. Lieber wollten die Deutschen innere Emigranten sein, Bürger des »besseren Deutschland«. Nürnberg hätte ihnen vor Augen geführt, was ihr eigener Täteranteil ist. Hätte. Hätten sie sich dem Prozess gestellt.

Korrekturen an ihrer skeptischen Haltung zur Veränderungsfähigkeit und dem Veränderungswillen der Deutschen erlebte Menck im Frühjahr 1952. Es war die Jugend, die ihr nun Hoffnung machte. In Freiburg hatten etwa dreihundert Studenten dagegen protestiert, dass im Kino Friedrichsbau der Film *Hanna Amon* gezeigt wurde. Dabei ging es weniger um diesen Film – ein schwülstiger Streifen über die Geschwisterliebe – als um dessen Regisseur Veit Harlan, der 1940 im Auftrag von Reichspropagandaminister Goebbels den antisemitischen Spielfilm *Jud Süß* gedreht hatte. Auf besonders schäbige Weise wird darin der alte Vorwurf wiederholt, reiche Juden hätten als Bankiers und Kreditgeber ihre Schuldner mit Wucherzinsen in die Katastrophe gezwungen. Es ist die Geschichte des ewigen Shylock, nur gröber und abscheulicher. Der Film war in Nazideutschland ein großer Erfolg, diente dazu, den Antisemitismus breit durchzusetzen.

Die Freiburger Demonstration war nicht der erste Protest dagegen, dass der Naziregisseur, der 1949 als »Entlasteter« eingestuft worden war, wieder Filme drehte. Aber Freiburg erregte das größte Aufsehen, weil die Polizei ziemlich brutal gegen die Demonstranten vorging. Wie »lebendig« der Antisemitismus noch war – und wie recht Clara Menck in ihrem Essay »Germany Today« hatte –, zeigte sich daran, dass die Demonstranten im Vorfeld der Aufführung als »Judensöldlinge« beschimpft worden waren. Als ob es Studentendemonstrationen erst ab 1968 gegeben hätte und nicht in den als muffige Mehltauzeiten geltenden Adenauerjahren!

Wenige Wochen nach den Demonstrationen erschien von Clara Menck unter der Überschrift »Studenten gegen Harlan« ein Aufsatz im *Monat*, der von Melvin Lasky 1948 gegründeten »deutschen Zeitschrift für Politik und Kultur«, einem Blatt mit strikt antikommunistischer Ausrichtung. Dort heißt es: »Galt bis zu den Zwischenfällen in Freiburg die studentische Jugend als eine mehr oder weniger amorphe Masse und war eine Aktivität nur in der Neuformation der alten Korporationen nach außen sichtbar, so ist in Freiburg zum ersten Male eine nicht zu übersehende Minderheit mit klaren politischen Zielen in Erscheinung getreten, und zwar gerade aus der Generation, der man oft mit Misstrauen begegnete.«

Für Clara Menck sind die Ereignisse ein positives Zeichen. Es habe sich gezeigt, schreibt die Beobachterin, »dass die Vergangenheit nicht nur in den Köpfen einiger älterer Leute und nicht nur von den im Dritten Reich persönlich Geschädigten als bedrohliches Gespenst mit einer höchst lebendigen Nachkommenschaft in Fleisch und Blut empfunden wird, sondern dass gerade junge Leute eine Rückkehr des Gespenstes am entschiedensten abzuwehren entschlossen sind«, und das habe »etwas Befreiendes«.

Der Fall Veit Harlan ist keine Nebensächlichkeit. Er führt geradewegs zur Durchsetzung des Grundrechts der Meinungsfreiheit. Erich Lüth, Leiter der Pressestelle des Hamburger Senats, hatte nämlich die Kinobesitzer und alle »anständigen Deutschen« zum Boykott Veit Harlans aufgerufen. Die Kinobesitzer sollten ihn nicht ins Programm nehmen, die Kinobesucher ihm fernbleiben. Dagegen hatten die Filmverleiher geklagt – und Recht bekommen, weil der Aufruf eine »sittenwidrige« Schädigung der Filmgesellschaften zur Folge hatte. Dagegen hielt 1958 das Bundesverfassungsgericht in einem bahnbrechenden Urteil fest, dass der Boykottaufruf vom Grundrecht der Meinungsfreiheit gedeckt sei. Als man in der Bundesrepublik den Nationalsozialismus noch weitgehend beschwieg, habe das Verfassungsgericht eine Unterdrückung des freien Wortes über diese Epoche verhindert, schreibt der Verfassungshistoriker und ehemalige Verfassungsrichter Dieter Grimm. Clara Menck war es, die dieser Durchsetzung liberaler Rechte den Boden bereitet hat. Das ist eine der gesellschaftsverändernden Leistungen dieser großen Journalistin.

Der Fall Veit Harlan ist noch vor einem weiteren Hintergrund von Bedeutung. Clara Menck war seit 1956 feste freie Korrespondentin der FAZ und dementsprechend fast ausschließlich für das Frankfurter Blatt tätig. Ihr Mentor – wie für viele andere Journalistinnen – war der Feuilletonherausgeber Karl Korn. Im Jahr 1960 holte Korn eine Besprechung des *Jud-Süß*-Filmes ein, die er 1940 für die Zeitschrift *Das Reich* geschrieben hatte. Dass Korns Text eindeutig antisemitisch ist, daran gibt es für heutige Leser keinen Zweifel. Korn aber, der sich in den Jahren seit 1949 ein linksliberal-kritisches Image aufgebaut hatte, war die Sache unangenehm. Er habe mit seiner Filmkritik »Schlimmeres« verhindern wollen. Das ist das bekannte Rechtfertigungsmuster, mit dem auch Ernst von Weizsäcker, Staatssekretär in Hitlers Außenministerium, seine Naziloyalität als eine Art von Widerstand nachträglich zu deuten suchte. Korn verstrickte sich in allerlei Widersprüche. Die Angelegenheit wurde nicht dadurch besser, dass er vor Gericht auf einen »Persilschein« hoffte. Sein Ruf war angekratzt (obwohl seine Mitarbeit beim *Reich* nicht geheim war). Er habe unter der sich hinziehenden Affäre lange gelitten, schreibt FAZ-Biograf Peter Hoeres.

Die Affäre Korn-Harlan interessiert hier deshalb, weil auch eine ganze Reihe von Mencks Kolleginnen – darunter Margret Boveri und Helene Rahms – sich mit eidesstattlichen Erklärungen für Korn einsetzten. Boveri gab sich alle rabulistische Mühe, die Besprechung Korns als Mäßigung der antisemitischen Stimmung zu deuten, »beruhigend, statt aufhetzend zu wirken«, was »geübte Leser« auch unschwer zu deuten gewusst hätten. Es wäre interessant zu erfahren, was die geübte Leserin Clara Menck darin gelesen hätte. Gewiss hätte sie keine eidesstattliche Erklärung für ihren direkten Vorgesetzten abgegeben. Der Briefwechsel Mencks mit Korn im Marbacher Archiv gibt dazu keinen Aufschluss.

Zurück zu den literarischen Anfängen der Clara Menck. Mitte 1951 erhält sie ein mehrmonatiges Journalistenstipendium für eine Recherchereise nach Amerika, möglicherweise finanziert von Fulbright. Ihr Reisetagebuch berichtet von einem vollgepackten, organisierten Programm.

Sie besucht New York, Washington, Chicago, Los Angeles. Sie geht ins Konzert, lässt kein Museum aus, hört Vorträge aller Art und freut sich über »guten Burgunder im Café«.

Menck berichtet auch von Besuchen bei Hannah Arendt in New York. Am Abend vor ihrer Rückreise waren die beiden Frauen abends zum Essen ausgegangen: »Hannah A. abgeholt, nach Harlem in die 125. Straße zu Franck, nicht schwarze Bedienung, sehr gutes Essen, alles sehr ruhig, Dekoration unauffällig mit viel Spiegeln«, notiert Menck.

Man kann die Bedeutung dieser Reise kaum überschätzen: Clara Menck kam aus dem Nachkriegsdeutschland der Bombenkrater, das Wirtschaftswunder ließ noch auf sich warten, hatte fast zehn Jahre mehr oder weniger kulturlos sich am Stadtrand Stuttgarts in ungeduldiger Unauffälligkeit geübt. Jetzt tauchte sie ein in das pralle Leben Amerikas – der Abstand zu Deutschland an Lebensqualität und Wohlstand war damals um ein Vielfaches größer als heute. Die Reise muss wie ein Lebenselixier auf sie gewirkt haben und begründete eine bleibende Liebe zu den USA: Antiwestliche Töne – anders als bei Boveri oder Dönhoff – sucht man in ihren Texten vergebens.

Was war der Kern der amerikanischen Erfahrungen? Ein Jahr nach der Reise, 1952, druckt der *Monat* unter der Überschrift »Schulterklopfen will gelernt sein« einen Bericht, besser gesagt, einen Essay von Menck über den »amerikanischen Charakter«. Mit diesem Text tritt zum ersten Mal ihre journalistisch-literarische Stärke zutage, die sie später in unzähligen Feuilletons, Glossen und Kolumnen unter Beweis stellen wird: Auf knappem Raum vereint sie präzise, detaillierte Beobachtungen, aus denen plötzlich eine Theorie entspringt.

Menck verteidigt die amerikanische Lebensweise gegen

ihre europäischen Kritiker, die den Leuten dort notorisch Oberflächlichkeit, Konformismus und Unaufrichtigkeit unterstellen. Dagegen behauptet Menck, es sei kein Widerspruch, wenn Spontaneität, Direktheit und Ehrlichkeit einhergehe mit großer Förmlichkeit. Diese den Deutschen fremde »Technik des Zusammenlebens« sei der Grund, so die Berichterstatterin, warum man sich in Amerika »gleichzeitig so wohl, so isoliert und so angestrengt fühlt«. Beides, Spontaneität und Förmlichkeit, erklärt Clara Menck mit einer Theorie des »sozialen Ichs«: »Die Erziehung zur freien Diskussion geht ja auch nur zu einem Teil darauf hinaus, dass man ›seinen Standpunkt‹ ungehemmt darstellen lernt, sondern darauf, dass man sich daran gewöhnt, eine bestimmte Rolle zu vertreten, das heißt sich auf ein Spiel der Meinungen einzustellen. Authentizität, geschützt von einer sozialen Rolle.«

Menck ist der Meinung, die Einübung des »sozialen Ichs« habe sich historisch quasi als Notwendigkeit einer Einwanderungsgesellschaft ergeben. Beim Zusammenleben der Völker und Rassen im »Schmelztiegel« habe Förmlichkeit eine Schutzfunktion – »was bei den Klagen über den Konformismus meist übersehen wird«. Die auffallende Formelhaftigkeit der gesellschaftlichen Konvention entstamme der berechtigten Furcht, »bei einer Unterredung mit Fremden irgendwelche ›Gefühle zu verletzen‹, die nicht durchschaubar sind, weil man den *background* des Betreffenden nicht kennt«. Übersetzt in heutige Terminologie müsste man sagen, das »soziale Ich«, das Gebot der Förmlichkeit schützt vor seelischer Verletzung und macht »Triggerwarnungen« überflüssig: Was die Europäer als unpersönliche Förmlichkeit missverstehen, wäre in Wirklichkeit eine kulturell lang eingeübte, verstärkte Rücksichtnahme, gerade weil man die sehr unterschiedlichen Empfindlichkeiten der vielen Ethnien nicht kennen könne. Hier zeigt sich, wie unerhört modern Menck ist und mit welch analytisch rascher Auffassungsgabe sie ihre USA-Erfahrungen auf den Punkt zu bringen verstand.

Menck hat einen guten Blick für die Sprache der Oberfläche, die sie mit einer ihr eigenen Ironie deutet. Eine Dame, die regelmäßig ihre Haare bleicht (die »typische Amerikanerin« würden wir sagen), erinnert sie an die Perücken des 18. Jahrhunderts. Abermals muss man dahinter die Schutzfunktion erkennen. Die verschiedenen Arten des Schulterklopfens der Amerikaner erinnern sie an ein Hofzeremoniell vergangener Zeiten. Historische Muster statt kulturpessimistische Abwertung. Völlig fern liegt der Besucherin aus Deutschland, der Förmlichkeit die Forderung nach Authentizität entgegenzusetzen. Dann würde ja die Schutzfunktion des »sozialen Ichs« in sich zusammenbrechen. Gerade deshalb sollte man die gespielte Unmittelbarkeit nicht zum Nennwert nehmen, sondern eben als Konvention verstehen. Wer auf den Satz »Sie müssen mich unbedingt besuchen« fragt, »Wann?«, sei selbst schuld, schreibt Menck.

Hannah Arendt schrieb ihrer Freundin am 29. November 1952, sie habe den Artikel sogleich gelesen, und zeigte sich angetan: »Ja, Sie haben das soziale Klima, das so kurios von dem natürlichen abhängt, sehr schön dargestellt.« – »Hier ist es nun auch keineswegs paradiesisch«, fährt Arendt fort, nachdem sie sich kritisch über das gegenwärtige Deutschland geäußert hat, »und ich werde langsam anfangen zu überlegen, mir ein Affidavit für den Mond zu verschaffen«, was sich auf das Einschüchterungsgeschehen der McCarthy-Ära der fünfziger Jahre bezieht. »Aber sonst geht es mir sehr gut. Arbeite friedlich, ohne Job, ohne Geldsorgen. Sehe kaum Menschen und habe es richtig gut. Nur leider – ›kaum kann man mal soeben/sein kleines Helles heben/so dunkel ist die Welt.‹« Arendt-Herausgeberin Barbara Hahn weiß, dass die letzten Zeilen einen Schlager von Robert Gilbert (»Ein Freund, ein guter Freund«; »Das gibt's nur einmal, das kommt nicht wieder«) aus den letzten Jahren der Weimarer Zeit zitieren, einen Schlager, den Arendt bei ihrer Freundin Clara Menck aus den Heidelberger Zeiten voraussetzen kann.

Wie anders war doch die erste Begegnung mit Amerika für die junge Marion Dönhoff verlaufen. Nach dem Abitur, 1929, zwanzigjährig, war es per Schiff in die USA gegangen. Es war ein luxuriöses Unternehmen, organisiert von der Familie: Ein privater Pullmann-Wagen mit Salon, Schlafzimmern und Küche wurde an die großen Linienzüge angekoppelt. So fuhr man zusammen mit Freundinnen, Vettern und einer Anstandsdame wochenlang durch das Land.

Ob der Gräfin der Luxus später peinlich war? Dönhoff jedenfalls hat diese frühe Reise auch in autobiografischen Texten nie erwähnt. Anders als Menck war sie – trotz aller transatlantischen Rhetorik – immer USA-skeptisch. Zu viel Plutokratie, zu viel Turbokapitalismus. Dazu passt eine Fahrt im privaten Pullmann nicht wirklich.

Man hat, wie viele der anderen in diesem Buch porträtierten Frauen, auch Clara Menck »die große alte Dame des Wirtschaftswunder-Journalismus« genannt. Das ist mehrfach schief. Denn als sie alt war, in den frühen achtziger Jahren, war das Wirtschaftswunder längst Geschichte. Und einen Wirtschaftswunderjournalismus gab es ohnehin nicht. Aber eine Dame muss sie gewesen sein: Sie hatte »Autorität und Aura«, wie Günther Rühle, der damalige

Feuilletonchef der FAZ, in seinem Nachruf 1983 schrieb. Aber sie schrieb alles andere als abgehoben. Wahr ist freilich: Kaum jemand hat das Wirtschaftswunder so genau beschrieben wie Clara Menck, so dass man – mit leichter Übertreibung – sagen könnte, sie hat erst zur Sprache gebracht, was die Zahlen über Massenkonsum und Wohlstandsentwicklung statistisch quantifizierten.

Ein Beispiel: Ende 1958 erschien in der Beilage »Bilder und Zeiten« der FAZ aus Mencks Feder ein großer Essay, ironisch überschrieben mit »Das Haustier Auto. Aus phänomenal-mathematischer Sicht betrachtet«. Menck beschreibt die liebevolle Beziehung, die die Deutschen zu ihren Fahrzeugen eingehen. »Das Auto komplettiert das kinderlose Paar zur Familie. Die Entwicklung von der Einkind- zur Einhundehe wird durch die Endstufe der Einautoehe vollendet.«

Tatsächlich waren die fünfziger Jahre in Deutschland das Jahrzehnt der Massenmotorisierung. Die Einkommen stiegen, die Preise für die Autos fielen, und die Qualität und Sicherheit verbesserte sich: Anfang der fünfziger Jahre wurde die Servolenkung erfunden; es brauchte weniger Muskelkraft, ein Auto zu lenken. Im Jahr 1950 waren 50 000 PKWs zugelassen, Ende des Jahrzehnts waren es 3,5 Millionen, eine Steigerung um 700 Prozent. Die Fahrschulen blühten. Erwachsene, meist Männer, machten massenhaft ihren Führerschein.

Das Auto als neues Familienmitglied verändert die Dynamik der Beziehung. Regelmäßig samstags wird das »Haustier« liebevoll gewaschen, so Menck. Waschstraßen waren noch nicht erfunden. »Mit Eimer und Schwamm, Gartenschlauch und Staubsauger tritt man heraus zum Autoputzen.« Am Samstagnachmittag leben die Vorstädte in schöner italienischer Unbefangenheit ihr Leben auf der Straße. Warum gerade samstags? Man putzt das Auto für den Sonntag heraus, so Menck. So wie samstags in diesen Nachkriegsjahren auch die Familie ihr wöchentliches Bad nimmt.

Die Auto-Mensch-Beziehung hat Rückwirkung auf die Mensch-Mensch-Beziehung, findet Menck: »Ehegatten, die gegenseitig nichts an ihrer Fahrerei auszusetzen haben, sind noch nicht erfunden.« An der Hotelrezeption fragt der Concierge nicht etwa: »Haben Sie ein Auto?«, sondern »Sind Sie motorisiert?«. Die Auto-Mensch-Beziehung erschöpfe sich nicht im Haben, nicht einmal in dem von Autofeinden behaupteten Sinn, das Auto besitze den Menschen: »Es handelt sich vielmehr um eine Seins-Beziehung.«

Es sind solche in Deutung überführten Beobachtungen, mit denen Clara Menck zur Phänomenologin des Wirtschaftswunders wird. Wirtschaftswunder und existenzialistische Philosophie – Menck, wie gesagt, hat Ökonomie und Philosophie studiert – gehen in solchen Beschreibungen eine ironische Beziehung ein. Menck kümmert sich nicht um das damals unter Intellektuellen weitverbreitete Ressentiment gegen die Vermassung der modernen Welt. Konservative Kulturkritik ist ihre Sache ebenso wenig wie Affirmation des Bestehenden. Eine Mission hat sie nicht, eine Ideologin wäre sie zuletzt. Sie liebt die Leute, sie liebt ihre Zeit, hält sich – und dem Leser – die Dinge aber mit Ironie vom Leib.

Mencks Geschichten, so noch einmal Günther Rühle in seinem Nachruf, machten immer den Eindruck, als seien sie freigeputzt vom Unnötigen. Das bedeute nicht, dass sie nur über wesentliche Sachen schreibe: »Sie nahm an, was der Tag forderte, und traktierte dies so, dass als wesentlich erschien, *wie* sie die Sachen behandelte.« Aus dem Ephemeren entspringt das Zeittypische. Ob das ein spezifisch weiblicher Blick ist?

Im Jahr 1963 erscheint im Eugen Diederichs Verlag unter dem Titel *Unsere Freiheit morgen* ein Sammelband über »Gefahren und Chancen der modernen Gesellschaft«. Beiträger sind die intellektuellen Stars der damaligen Zeit: Mencks Jugendfreund Dolf Sternberger schreibt über »Das Moderne an der modernen Gesellschaft«, der Theologe Helmut Thielicke über die »Gefährdung der Freiheit durch die Freiheit«. Solche Paradoxien liebte man damals. Konkreter wird es bei den Soziologen Ralf Dahrendorf (»Über die Universitätsreform«) und Friedrich Tenbruck (»Über das Generationenproblem«). Herausgeber des Sammelbandes ist Georg Böse (1902–1974), ein wetterwendiger Journalist: Zwischen 1938 und 1944 war er Hauptschriftleiter der Zeitschrift *Der Adler*, einer Propagandaillustrierten der Luftwaffe des Deutschen Reiches. Nach dem Krieg arbeitet er bei der *Deutschen Zeitung und Wirtschaftszeitung* und als Leiter der wissenschaftlichen Beilagen der *Stuttgarter Zeitung*.

»Jede Epoche«, so Böse im Vorwort des Bandes, neige dazu, »sich im Wandel der Geschichte für außerordentlich zu halten, sich vor einzigartige Entscheidungen gestellt zu sehen«. Dennoch, so die rhetorische Formel des Herausgebers, sei die Gegenwart außerordentlich, stehe man doch »an der Schwelle zum Sprung in den Weltraum«. Grund genug, »die Zeichen der Zeit zu deuten«.

Clara Menck ist die einzige Frau in Böses Band. Dem im Vorwort angeschlagenen hohen Ton schließt sie sich nicht an. Böse wird sie von der *Deutschen Zeitung* und vor allem von der *Stuttgarter Zeitung* gekannt haben. Dass ihr seine Nazivergangenheit entgangen wäre, ist kaum vorstellbar.

Menck also schreibt nicht über die Freiheit, die Moderne,

die Massen-, Konsum-, Industriegesellschaft und solche abstrakten Sachen. Sie schreibt über das Wohnen, konkret, aber nicht ohne philosophischen Hintersinn. Ihren Aufsatz »Der Mensch im Gehäuse« – so der Titel womöglich als Anspielung auf Max Webers »stahlhartes Gehäuse des Kapitalismus« – beginnt Menck mit der Beobachtung, dass die Wohnungen der Nachkriegszeit kleiner sind als jene des Bürgertums im 19. Jahrhundert: Der alte Wohnraum wird von 3,5 Meter auf 2,5 Meter gebracht. »Das Schrumpfen der Raumhöhe findet statt, während gleichzeitig die Durchschnittsgröße der Menschen wächst«, eine geniale Beobachtung. Menck erwähnt en passant, dass auch die »normale« Badewanne kleiner geworden sei, meist auch die Maße der Betten. »Die Zimmerhöhe von 1905 wirkt bedrückend und unnatürlich«. Eine mögliche Deutung der Schrumpfung wischt Clara Menck schon vorab vom Tisch, die Vermutung, den Vorgängern sei es ums »Repräsentieren« gegangen, während die aktuellen sechziger Jahre sich zu Nüchternheit und Sachlichkeit befreit hätten. »Es gehört zu den frommen Sagen, das moderne Bauen habe die Wohnung vom ›Zwang der Repräsentation‹ befreit.« So als ob Repräsentation ein vermeidbares Übel oder eine Sünde sei und der Wunsch zu repräsentieren (oder auch anzugeben) ein undemokratischer Anachronismus. Mencks Einspruch gegen diesen Allgemeinplatz: Tatsächlich ändere sich lediglich die Art zu repräsentieren. Wie schon in ihrem amerikanischen Tagebuch zeigt sich hier Mencks Stärke, der Oberfläche ihre Regelhaftigkeit abzutrotzen, anstatt moralistisch die Oberfläche als »oberflächlich« zu kritisieren. Mencks journalistische Stärke ist es, von den Phänomenen zum überraschenden Wesen vorzustoßen.

Am Ende des Aufsatzes, wo sie sich der Inneneinrichtung

des Wohnzimmers widmet, steigert sich diese Deutungskraft fulminant. Nach dem Repräsentativen geht es jetzt ums Dekorative. In der Wohnzimmerausstattung der Wirtschaftswunderzeit erkennt sie den »Spielplatz des Homo Ludens«: nicht nur wegen einzelner verspielter Züge (vom Mobile bis zur innenbeleuchteten Hausbar), sondern wegen des spielerisch-unverbindlichen Charakters, den auch Bücher, Schreibtisch und Musikinstrumente durch ihre dekorative Funktion in der Wohnzimmerwand annehmen. »Nichts, das Schatten wirft: auch das Licht ist diffus wie die Anordnung der Gegenstände.«

Das »Schattenlose« ist die entscheidende Beobachtung, die wie von alleine in die Theorie überspringt: »Es dürfen keine Schatten entstehen: die neue Wohnung, nicht nur das Wohnzimmer, ist ein grandioser Versuch, die Schattenseiten des Lebens zu leugnen. Sie ist geplant für normale, gesunde, junge, einmütige Menschen.« Das Haus werde eingerichtet, als ob der Bewohner ewig jung, fröhlich, elastisch, gesellig, von aller Erdenschwere befreit wäre. Das gehe über frühere Selbststilisierungen hinaus – ewige Jugend als Fiktion: »die Fiktion einer nie erreichbaren Freiheit, die man sich für einige Stunden im selbstgebauten Raum vorspielt.«

Erst jetzt wird im Gang der Beobachtung erreicht, was es mit dem Gehäuse auf sich hat: »Der Rahmen, das Haus, zeigt diesen Als-ob-Charakter am deutlichsten: Alles soll aussehen wie ein Gehäuse für die Menschen, die von der Außenwelt nichts zu fürchten haben, die vertrauensvoll ihre Wände und ihre Haustüren in durchsichtiges Glas verwandeln.« Das nun wiederum kontrastiere augenfällig mit der verbreiteten Untergangsstimmung der Welt und der in den fünfziger und sechziger Jahren verbreiteten Angst vor der Atombombe. Es ist die heiße Zeit des Kalten Krieges. Und doch, so Menck mit Erstaunen, bauen die Menschen Häuser, »die auch der bescheidensten konventionellsten Waffe nicht standhalten«. Ob man dies später einmal heroisch oder albern nennen werde oder darin gar ein psychologisches Gesetz erkennen werde, das wisse sie nun auch nicht, schließt die Autorin.

Was Clara Mencks journalistische Kunst auszeichnet: Vor aller Theorie steht die Beobachtung. Die fällt ihr (und dem Leser) nicht einfach in den Schoß, sondern will den Phänomenen abgetrotzt werden. Es bedarf eines Einfalls, der das Konkrete der Beobachtung zu lesen versteht. Das neue Wohnen der fünfziger Jahre hat seinen eigenen Schatten. Menck bekommt ihn zu Gesicht, ohne sich dieser Entdeckung ungebührlich zu rühmen. Alles Besserwisserische, ein Laster vieler Journalisten, geht ihr ab.

Es gibt kein richtiges Leben im falschen? So weit würde sie nie gehen. Das überlässt sie den Männern. Und die heutigen Frauen? Denen wäre das Schattenlose der Wohnungen gar nicht aufgefallen, weil sie rasch mit einem Eimer voller emanzipatorischer Moral auf die Hausfrauen losgegangen wären. Und was macht Clara Menck? Sie dreht ab in die gelehrte Ironie. Ein Leben im Als-ob, ja. Aber ein falsches Leben? Und waren die Hausfrauen damals unterdrückt? Dazu müssen wir noch einmal ausholen.

Unter der Überschrift »Sind Weiber Menschen?« erschien am 27. Oktober 1951 eine Besprechung von Simone de Beauvoirs Epochenwerk *Das andere Geschlecht* aus der Feder von Clara Menck. *Le Deuxième Sexe* war 1949 in Frankreich erschienen und dort breit rezipiert worden. Zwei Jahre später erfolgte die deutsche Erstausgabe bei Rowohlt. Beauvoir analysierte hier die Rolle der Frau in der patriarchalischen Gesellschaft. Ihre These: Die Unterschiede zwischen den

Geschlechtern seien nicht biologisch, sondern sozial bedingt (»On ne nait pas femme, on le devient.«). Dass »man« zur Frau gemacht wird, ist das Werk des Mannes, dessen Blick die Frau sich quasi zur zweiten Natur gemacht hat. Das Konzept Gender – Geschlecht nicht nur als biologisch vorgegebene Natur (»Sex«), sondern als gesellschaftliches Konstrukt – war geboren.

In Frankreich erregte das essayistische Opus großes Aufsehen. Die Idee von der Gleichheit der Geschlechter polarisierte. In der deutschen Öffentlichkeit fiel die Reaktion der Öffentlichkeit vergleichsweise verhalten aus. Es ist allerdings ein Mythos, erst die Frauenbewegung der siebziger Jahre habe Beauvoir entdeckt. Auf den Frauenseiten der FAZ wurde *Das andere Geschlecht* gleich zweimal rezensiert: kurz nach Erscheinen der Taschenbuchausgabe von Clara Menck. Und wenige Monate später von dem freien Mitarbeiter Harold Theile.

Die Unterschiede der beiden Rezensionen, so Roxanne Narz in ihrer Dissertation über das Feuilleton der FAZ, sind eindrucksvoll. Menck nähert sich dem Buch Beauvoirs mit Sympathie, aber ohne Ideologie. Sie referiert die Kernthese des Buches, wonach in der Erziehung des kleinen Kindes das Mädchen auf seine Besonderheit hin gedrillt werde und das Schielen nach der »Versorgung durch die Ehe« die Studentin ihre Arbeit nicht ganz ernst nehmen lasse. Die Frau lässt sich zur »Komplizin des Mannes« machen, um ihre besondere Stellung – halb Göttin, halb Sklavin – zu erhalten. Das alles habe allgemeine Gültigkeit, meint Menck. Es sei das besondere Verdienst Simone de Beauvoirs, die alte Frage »Sind Weiber Menschen?« offen und gründlich neu zu stellen. Das alles sei »ebenso richtig, notwendig und anerkennenswert«.

Sodann kritisiert Menck den »egalitären« Feminismus Beauvoirs und wehrt sich dagegen, den »Differenzfeminismus« als Selbstbetrug abzutun. Es gebe schließlich, so die Rezensentin, Zusammenhänge, die in der Erfahrung von Sexualität und Mutterschaft lägen. Die Gefahr der Selbstentfremdung durch Mutterschaft sieht Menck nicht. Die weibliche Gefühlswelt, nach Beauvoir eine Barriere auf dem Weg zur Freiheit, sei kein Nach-, sondern ein Vorteil. Wenn Beauvoir die Überwindung der Geschlechterverhältnisse fordere, den Mann aber als Maßstab dieser Veränderung beibehalte, laufe sie in die Falle verfehlter Emanzipation: »So ironisch vom ›erhabenen Mysterium‹ des Mannes gesprochen wird, so unverkennbar taucht das Ideal des männlichen Lebens hinter dem Zukunftsbild der progressiven Frau auf«, kritisiert Menck frech: »Nie sind auf so komplizierte Weise dem Manne so glühende und neidvolle Lobeshymnen gesungen worden.«

Frech ist dies deshalb, weil Menck Beauvoir mit ihren eigenen Waffen schlägt: Sie sei auf halbem Wege stehen geblieben, eine Feministin, für die die Emanzipation der Frau darin besteht, die Stellung des Mannes zu kopieren.

Isoliert gesehen – und aus Sicht vieler heutiger Feministinnen –, gälte Clara Menck als eine konservative Kritikerin, die ihrerseits auf halbem Weg stehen geblieben ist, weil sie am bipolaren Geschlechterverhältnis festhält. Im Kontext der frühen Beauvoir-Rezeption von 1951 ergibt sich ein differenziertes Bild: Harold Theile, der zweite Rezensent in der FAZ, stellte die Leistung Beauvoirs vehement in Frage. Ihm war es zu tun um die Verteidigung des traditionellen Geschlechterdualismus. Das ist gerade nicht die Intention von Menck. Für sie besteht Emanzipation in einer selbstbewusst eigenen Bestimmung der Frau, die sich nicht durch den

Mann definiert – eben auch nicht in negativer Abgrenzung wie bei Simone de Beauvoir.

Im Nachlass von Clara Menck findet sich ein umfangreiches Manuskript mit dem Titel »Buch über die Frauen«, entstanden 1962 – lange vor dem amtlich offiziellen Feminismus und nie veröffentlicht. Menck siedelt sich zwischen zwei extremen Positionen an: Die einen sagen, die Frauen seien im technischen Zeitalter entwurzelt. Die anderen finden, sie kommen jetzt erst wirklich zu sich selbst (das wäre die dominante Position des heutigen Feminismus). Menck macht sich keine der beiden Positionen zu eigen. Abermals kommt sie lobend-kritisch auf Simone de Beauvoir zu sprechen. Keines der neueren Bücher sei so intelligent und enthalte so viele Irrtümer wie *Das andere Geschlecht*, bemerkt sie. Bei aller Zustimmung äußert sie abermals ihre Sorge, der dominante Feminismus könne zu einem »Verschwinden der Polarität« führen. Die weitere Entwicklung der Frauenbewegung von der Gleichberechtigung zur Gleichstellung, vom Differenz- zum Gleichheitsfeminismus würde ihrer Besorgnis recht geben – freilich auch wieder nicht, sofern man die Emanzipation nicht binärer Geschlechteridentitäten als Weiterentwicklung des Differenzfeminismus deutet.

Clara Menck und erst recht die Jüngeren Helene Rahms oder Maria Frisé beschrieben die Welt und die Rolle der Frau auf eine neue Weise, »feministisch«, wenn man so will, obwohl sie auf diese Etikettierung keinen besonderen Wert legten, ihn womöglich sogar explizit zurückweisen würden.

Das bestätigt die These der Historikerin Christina von Hodenberg: Die sechziger Jahre waren eben gerade nicht nur eine Bewegung der Männer, wie es einem die Männer gerne weismachen wollen und wie sie sich dabei maßlos

selbst überschätzen. Dabei sind ihre hochfliegend anma-
ßenden Hoffnungen auf die Revolution rasch verpufft. Dagegen erwies sich die feministische Revolution der Acht-
undsechzigerinnen, so von Hodenberg, als großer Erfolg,
die die Welt und die Gesellschaft nachhaltig verändert hat.
Diese Revolution war zudem nicht »Folge« der Revolutions-
utopie der Männer, sondern ihr vorausgegangen und hat
ihre Wurzeln bereits in den »langen Sechzigerjahren«, die –
wie wir sahen – schon Mitte der fünfziger Jahre begonnen
haben. Diese Frauen »änderten keine Regierung, sondern
ihr Leben und ihre Träume«, schreibt die Philosophin Petra
Gehring: Bildung für alle! Hausarbeit für alle! Auflösung
der patriarchalischen Rollen in Familie und Öffentlichkeit!
Abwendung von Autoritäten! Und so weiter. Vom selbst ge-
strickten Mythos der männlichen Achtundsechziger, so
Christina von Hodenberg, man habe sich gegen autoritäre
oder gar nationalsozialistische Eltern auflehnen müssen,
bleibt wenig übrig. Das haben Frauen wie Clara Menck
schon vor 1968 selbst übernommen. Die Männer haben es
überhört oder wollten es überhören. Merkwürdig, oder auch
nicht, dass in der Erinnerung die Männer überleben, die
Frauen aber vergessen werden.

Zurück zu Clara Menck. »Wo die Großväter von Sympathie gesprochen hätten, redeten die Enkel von Solidarität
und gingen, schneller als die Älteren es wahrhaben wollten,
von ›allschwebender Begeisterung‹ und Sympathie zum
›Engagement‹ über.« Mit dieser Beobachtung beginnt Clara
Menck einen späten Essay »Über den Begriff der Sympathie
und seine neuesten Ableger«, erschienen in der FAZ-Tief-
druckbeilage »Bilder und Zeiten« am 10. Dezember 1977,
mit dem wir unseren Durchgang durch Leben und Prosa
der Clara Menck beschließen.

Der Anlass für den Essay: Das Wort Sympathie, »das zuerst verborgene Zusammenhänge der Natur, dann durchweg freundliche Gefühle bezeichnete«, habe »einen zwielichtigen Ableger« bekommen. Raffiniert spart Menck den Kontext aus. Denn jeder, der im späten Herbst 1977 so etwas las, wusste, wovon die Rede ist: Der »deutsche Herbst« bezieht sich auf die Monate September und Oktober 1977. Der Arbeitgeberpräsident Hanns Martin Schleyer war von den Terroristen der sogenannten Rote Armee Fraktion entführt und grausam ermordet worden, wie zuvor schon Generalbundesanwalt Siegfried Buback und Dresdner-Bank-Vorstand Jürgen Ponto. Im Oktober 1977 weigerte sich die Bundesregierung, die Terroristen Baader, Ensslin und Raspe freizulassen, damit im Gegenzug die von der RAF entführten Passagiere an Bord der *Landshut* die Freiheit bekommen sollten. Nachdem die Spezialeinheit GSG 9 die Passagiere in Mogadischu befreit hatte, nahmen sich Baader & Co. in der Nacht vom 17. auf den 18. Oktober in der Justizvollzugsanstalt Stammheim das Leben. *Deutschland im Herbst*, so der Titel eines Films mehrerer Regisseure (darunter Rainer Werner Fassbinder), wurde zur Chiffre für jenen »nicht erklärten Ausnahmezustand«, der eine der dunkelsten Phasen der deutschen Nachkriegsgeschichte markiert.

All das kann Clara Menck voraussetzen, braucht es nicht erzählen, es war unmittelbar miterlebte Wirklichkeit ihrer Leser. Auf diese angstbedrohte Gegenwart trifft nun eine dunkle Gestalt, der Sympathisant, und ein Nomen, die Sympathie: Der schöne Begriff der Sympathie führt sozusagen direkt aus Schillers »Ode an die Freude« (»Huldige der Sympathie«) an den Terror heran. Der »Sympathisant«, jener »zwielichtige Ableger« Schillers, so Clara Menck, meint die »Freunde im Geiste«, jene Intellektuellen, die der

RAF nahestehen oder denen dies unterstellt wurde. RAF-Sympathisanten waren Heinrich Böll – der ganz besonders –, aber auch Jean-Paul Sartre oder der Psychologe Peter Brückner. Auch den Verteidigern der RAF (darunter Otto Schily oder Klaus Croissant) wurde ein überzogenes Maß an Sympathie mit ihren Mandanten nachgesagt. Kurzum: Der Sympathisant ist in schlechte Gesellschaft geraten. Und war damals in aller Munde.

Dabei ist der Sympathisant fein raus. Er spielt nur mit dem Gedanken, er nimmt die Idee einer Seite an, ohne sich ihr anzuschließen, ohne die Bereitschaft, die Konsequenzen zu tragen. Er selbst ist gegen Gewalt. Er selbst hat nie etwas Gewaltsames oder Böses getan. Den Terror kennt er allenfalls vom Hörensagen. »Und eben deshalb gelingt es ihm, die Stimmung zu schaffen, in der Gewalt zum Kavaliersdelikt oder zum heroischen Irrtum wird«, analysiert Clara Menck. Präzise schildert Menck, was das Klima der späten siebziger Jahre so latent bedrohlich macht, so explosiv unter der Oberfläche, weil die Kategorien von Recht und Unrecht nicht mehr recht passen wollten, die Leute zu Einstellungen bereit waren, für die sie sich heute schämen, wenn sie sie nicht – was häufiger passiert – verdrängen.

Clara Menck nennt keine Namen. Sie analysiert den Begriff »Sympathie« und wie er sich verändert hat. Der Sympathisant sei keineswegs ein Mitläufer – eine peinlich opportunistische Figur – und erst recht kein Helfershelfer. Er könne zwar zu dem einen oder anderen gemacht werden. Aber zunächst sei er einfach nur von einer »Gefühlsansteckung« ergriffen, also einer mehr emotionalen und weniger rationalen Angelegenheit. »Die Gefühle, an denen er sich ansteckt, brauchen nichts mit der Sache zu tun haben oder können einen viel früheren Zustand der Sache darstellen.« Anders gesagt: Der Sympathisant hat noch eine zweite Agenda neben jener der Solidarität mit den Terroristen.

Was könnte das für eine Agenda sein? Die Gefühlsansteckung, die die Sympathisanten infiziert hat, hänge mit dem Leiden daran zusammen, selbst im Leben nicht radikal genug gewesen zu sein, vermutet Menck. »Unsere Kinder sollen radikaler werden als wir.« Die Sympathisanten gehören einer anderen Generation an als die Terroristen. Heinrich Böll war 1977 dreiundsechzig Jahre alt, Gudrun Ensslin war siebenunddreißig. Fatal sei es, nicht nur die Wichtigkeit, sondern auch Ziele und Methoden von früher und heute für konstant zu halten: vor allem in Deutschland, wo es gleich zwei Generationen gebe, die mit ihren Revolutionen Schiffbruch erlitten hätten und wünschten, dass die Söhne oder Enkel noch einmal neu anfangen, da, wo sie angesetzt haben, die einen bei 1917, die anderen bei 1933. Die Gefühlsansteckung könne also sowohl den Funken der kommunistischen wie der faschistischen Revolte noch einmal zum Flackern bringen. Sie überträgt die gescheiterte Revolution von damals auf die Gegenwart. Alte, vereitelte Hoffnungen werden wach und in die RAF projiziert.

Der Radikalismus verselbstständigt sich. Und das genau ist das Problem der Sympathisanten, laut Menck. Es fällt ihnen schwer, »den Grund des Scheiterns im falschen Denken zu suchen. Lieber suchen sie ihn im mangelnden ›Willen zum Äußersten‹ oder aber in einer Häufung taktischer Fehler«, so Menck. »Geschlagen ziehen wir nach Haus. Die Enkel fechten's besser aus«, wie es in dem 1920 entstandenen Volkslied »Wir sind Geyers schwarzer Haufen« heißt. Nimmt man dem Sympathisanten diesen ganzen Radikalismus, den er selbst gar nicht durchschaut, bleibt nicht mehr viel übrig: »Der gescheiterte und darum frustrierte Revolutionär bleibt in gewisser Weise infantil im Schwarzweißbild seiner Umgebung und Gesellschaft, im Festhalten an Hoffnungen, die von der Geschichte längst zerstört sind, im Vertrauen auf einen Menschentypus, den er in unbestimmter Weise als verwandt empfindet.«

Clara Menck, deshalb haben wir sie mit diesem brillanten Text so ausführlich zu Wort kommen lassen, nähert sich dem Sympathisanten nicht wie damals üblich moralisch oder juristisch, sondern, wenn man so will, strukturalistisch, vielleicht auch ein bisschen psychoanalytisch. Unvermögen und Unfähigkeit zur Revolution setzen sich – ohne Risiko – abermals in Szene, ausgerechnet durch gefühlige Anteilnahme am terroristischen Verbrechen. Auf diese Weise gerät ihr der Sympathisant des Terrors zu einer aus der Zeit gefallenen Figur, anachronistisch, am Rande der Lächerlichkeit siedelnd. Ein zeitgenössischer Text, der das Zeitgenössische weit hinter sich lässt.

Clara Menck ist eine Ausnahmegestalt unter den Journalistinnen und Journalisten der Nachkriegsgeschichte. »Sie war eine Dame, die die Aufklärung und das 19. Jahrhundert verarbeitet hatte«, schreibt Günther Rühle in seinem Nachruf 1983: »Was von ihr kam, war gedanklich erfasst und geläutert.« Was war ihr Standpunkt? War sie konservativ, wie man es von einer Journalistin erwartet, die für die FAZ schreibt? Oder progressiv, wie es viele Feuilletonisten in den sechziger und siebziger Jahren waren, auch bei der FAZ? »Das Wort konservativ passte nicht«, meint Rühle, »obwohl sie das Neue nur durch den Filter ihrer Skepsis und eines untergründigen Ingrimms zu empfangen schien. Sie hatte im Erfassen und Beurteilen etwas Altes, das unabhängig war von der Zeit und ihren Moden. Aus dieser Reserve erkannte sie auch das Neue: Sie hatte ein Gefühl für Substanz.«

4

Streng patriotisch, stramm antiwestlich

Margret Boveri (1900–1975)

Am 15. August 1975 erscheint in der *Zeit* ein Gruß zum 75. Geburtstag der Journalistin Margret Boveri. Autor ist der damals vierzigjährige Schriftsteller Uwe Johnson. Die Pointe: Boveri war bei Erscheinen der Gratulation bereits fünf Wochen tot. Der Geburtstagsartikel ist ein Nachruf.

Johnson lobt die »Unbefangenheit und Aufrichtigkeit« Boveris, kommt auf ihre unbändige Neugier zu sprechen, abzulesen an ihrem stets mit den aktuellen Neuerscheinungen bedeckten Lesetisch. Der Autor denkt darüber nach, warum gerade die jüngeren Schriftsteller – namentlich er selbst, aber auch Alexander Kluge oder Hans Magnus Enzensberger – trotz großer Distanz von dieser Frau so fasziniert sind.

Im Jahr 1975 war Margret Boveri eine Berühmtheit, sie war es seit mindestens vierzig Jahren. Sie war eine »Grande Dame«, und sie wusste es – *die* journalistische Instanz unter den vielen konkurrierenden Männern.

Uwe Johnson erzählt von seinem letzten Besuch bei Boveri im Krankenhaus, wenige Wochen vor ihrem Tod. Boveri war sichtlich von ihrem schweren Krebsleiden gezeichnet, das ihr die Möglichkeit zur sprachlichen Artikulation genommen hatte; ihre Worte waren nur noch als Lallen vernehmbar. Indes, so Johnson: »Sie war sehr schön geworden. Das gilt unter der stillschweigenden Voraussetzung, dass Schönheit bedeuten könnte die Zusammenfassung aller mimischen, damit körperlichen Möglichkeiten in einer physiognomischen Grimasse, die keinen Raum mehr lässt als für die persönliche Wirklichkeit. Sie wusste nicht, dass ihr die inzwischen fast weißen Haare über die Stirn gewuschelt waren, wie einem Kind das egal sein kann.«

Frauen von Lebensneugier und bewegtem Verstand würden anders altern als die anderen, »die in der Auswertung und Pflege ihrer körperlichen Vorzüge aufgehen«, nennt Boveris jüngere Wegbegleiterin Christa Rotzoll als Grund für die Schönheit der Gezeichneten: »Die abgezehrte, sterbenskranke Siebzigerin Boveri stellte, von außen wahrgenommen, nicht allein die dicke Professorentochter in den Schatten, die sich gerade erst dem mütterlichen Druck entwand, sondern auch die etwas männliche Matrone auf der Höhe ihrer Arbeitskraft.«

Schönheit? Die junge Redakteurin Helene Rahms, die die längst berühmte Kollegin in den vierziger Jahren beim *Reich* kennenlernte, schildert sie als hart, grob und Respekt gebietend: »Eine kleine, kantige Person, die keine Konzessionen an weibliche Eitelkeit machte. Sie trug derbes Lodenzeug, Schuhe wie für eine Bergwanderung. Sie wollte autark sein, wo immer sie logierte. Auch unabhängig vom Friseur. Sie trug an jenem Morgen noch Lockenwickler im Haar. Mich sah sie mit ernstem, naturwissenschaftlich sachlichem Blick durch ihre scharfen Brillengläser an, ohne den leisesten Zug der Zu- oder Abneigung. So souverän müsste man sein, so unbekümmert um sein Äußeres und schreiben wie sie, nämlich ohne poetisierenden Firlefanz.« Helene Rahms

eiferte ihr nach, zumindest im »Schreiben ohne poetisierenden Firlefanz«.

»Groß, dick, Hornbrille, männlich, aber klug und antirussisch, sogar neofa, so könnte man sie nennen.« So hat
sie Gottfried Benn Ende der vierziger Jahre in Berlin wahrgenommen und seinem Freund Friedrich Wilhelm Oelze in
einem Brief beschrieben. Über »neofa«, also neofaschistisch,
wird man streiten können. Auch antirussisch könnte eine
Übertreibung sein, jedenfalls war die Boveri stets viel mehr
antiamerikanisch als antirussisch. Alles andere aber lässt
sich überprüfen an den zahlreichen Porträtfotos, die von der
Boveri existieren: eine Frau, der man dieselbe Härte gegen
sich selbst wie gegen andere zutraut, die dem zeitgenössi-
schen Schönheitsideal der »Neuen Frau« allenfalls in einem
Jugendfoto als Zwanzigjährige entspricht.

Dann nie wieder. Margret Boveri war ganz und gar eigen-
ständig, im Äußeren wie im Stil, wie im Denken.

Diese Frau hat zeitlebens alle elektrisiert. Der junge FAZ-
Redakteur Karl Heinz Bohrer erinnert sich in seinem Boveri-
Nachruf im *Merkur* an seine erste Begegnung mit der
berühmten Kollegin: »Wer schaute einen so an, wer hat diesen Stolz, den anderen so ernst zu nehmen, diesen for-
schenden Blick? Sperberaugen, den Kopf mit den weißen,
kurz geschorenen Haaren, wie Vogelfedern nach hinten
gesträubt, was ihr den Ausdruck großer, knappster Würde
hinterließ.«

»Die Bovéri« – betont auf der zweiten Silbe, nicht wie bei
Flauberts *Madame Bovary* –, seit den dreißiger Jahren sehr
bekannt, stand in der Nachkriegszeit im Mittelpunkt der
Aufmerksamkeit, auch als »Role Model« für jüngere Kolleginnen wie Kollegen. Erst in der späteren Bundesrepublik
lief Marion Dönhoff Margret Boveri den Rang als promi-

nenteste Journalistin des Landes ab. Dass die beiden Frauen wenig miteinander anfangen konnten, überrascht nicht.

Margret Boveri sei die Verkörperung gelebter Emanzipation, schreibt ihre Biografin Heike B. Görtemaker: »Zeitlebens lehnte sie es ab, die Tatsache ihrer Weiblichkeit zu thematisieren oder sich auch nur in ihrer Arbeit speziell mit Frauenfragen zu beschäftigen. Jegliche Angebote dieser Art wies sie stets energisch zurück.«

Das hat Boveri mit (fast) allen Frauen dieses Buches gemein: Sie lebten einen Feminismus, ohne sich als Feministin zu bezeichnen, eine Bezeichnung, die sie eher als Verweichlichung, Verweiblichung, Selbstzurücksetzung interpretiert hätten. Es geht dieser Generation um die Sache, nicht um die Selbstthematisierung als Frau. Doch »die Sache« bekommt aus dem Blick dieser Frauen nicht nur eine andere Färbung, sondern auch eine andere Wahrheit. Ein spezifischer weiblicher Blick war nie ihre Intention. Sie wollten einfach Karriere machen, so wie die Männer. Dass sie dabei ein anderes Schreiben entdeckt haben, ist *unintended consequence*, aber ihre eigentliche Leistung.

Die Bezeichnung »Journalistin« hat Margret Boveri für sich nie akzeptiert, sie war »Journalist«, »Korrespondent«, »Redakteur« – gleichberechtigt, ohne Wenn und Aber, stolz darauf, nachdem sie lange verbissen um den Einstieg in diese Männerdomäne und die Anerkennung durch ihre männlichen Kollegen gekämpft hatte. Da steckt die tiefe Differenz zu heute: Das generische Maskulinum für sich als Frau zu verwenden, galt ihr als ein Triumph erfolgreicher Gleichberechtigung, nicht, wie heutzutage, als sprachlich erzwungene Unterwerfung unter das Patriarchat.

Mit Frauenblättern, Frauenteilen, im Rundfunk beispielsweise, Sammelbänden, die auf Frauen oder junge

Mädchen zugeschnitten waren, hatte Boveri nichts im Sinn, schreibt die zwanzig Jahre jüngere Christa Rotzoll: »In diesem Punkt besteht ihre Korrespondenz aus harschen Absagen, auch Veteraninnen der Frauenemanzipation, die sich nach 1945 noch mal regten, wurden nicht verschont.« Ihr Fachgebiet war nicht das Geschlecht, sondern Außenpolitik. Wenig überraschend, dass sie auch mit Simone de Beauvoirs *Das andere Geschlecht* nichts anfangen konnte, ihr in einer Besprechung aus dem Jahr 1972 in der FAZ größte Skepsis entgegenbrachte und ihr eine eigenständige Forschungsleistung absprach.

Lassen wir Boveris Leben in der ihr angemessenen Nüchternheit und Knappheit an uns vorbeiziehen. 1900 wird sie in eine bildungsbürgerliche Familie hineingeboren als Tochter des deutschen Biologieprofessors Theodor Boveri und der amerikanischen Biologin Marcella O'Grady. Ihre deutsch-amerikanische Herkunft hat sie nicht als biografischen Gewinn, sondern als Bürde begriffen, sich gespalten gefühlt und zur Entscheidung genötigt zwischen der Alten und Neuen Welt: Bekannt hat sie sich zum Vaterland, als deutsche Nationalistin mit großen Vorbehalten gegenüber der amerikanischen Zivilisation im Land der Mutter. Wir kommen darauf zu sprechen.

Schon als Kind wird sie von den Eltern auf Auslandsreisen (vor allem in die USA) mitgenommen. In Neapel, wo der Vater zeitweise lehrt, besucht sie die internationale Schule. Von 1920 an studiert sie Englisch, Italienisch, Geschichte, Germanistik und Zoologie. In Neapel lernt sie den afroamerikanischen Zoologen Ernest Just kennen, der dort als Gastprofessor tätig ist. Es entwickelt sich eine Affäre mit dem siebzehn Jahre älteren verheirateten Wissenschaftler.

Trotz der Ablehnung durch den Freundeskreis dauert die Liaison bis in das Jahr 1930, als Just seiner zukünftigen zweiten Frau begegnet. In diesen jungen Jahren, so Christa Rotzoll, hatte »die so unternehmungslustige wie sinnliche Person auf Liebe zu verzichten, aber nicht auf Sex: auch nicht auf die Freundschaft und den Respekt der Männer, die sie anzogen, aber auf Liebe.«

In Berlin promoviert Boveri in Geschichte bei dem Historiker Hermann Oncken, mit mäßigem Ergebnis. Im März 1933 unternimmt sie eine Automobilreise durch Marokko, Algerien und Tunesien.

1934 beginnt Boveri ihre journalistische Karriere als Volontärin beim *Berliner Tageblatt*, bis 1939 eine angesehene überregionale Tageszeitung im deutschen Reich. Ihr Mentor Paul Scheffer, der Chefredakteur, blieb ein Leben lang ihr Vorbild. Ihr Buch *Wir lügen alle. Eine Hauptstadtzeitung unter Hitler*, 1956 erschienen, sollte auch eine späte Hommage an Scheffer werden. Und zugleich eine Legitimation ihres Mitmachens. In den damaligen Berichten, so Boveri, sei »für den aufmerksamen Leser doch ein erstaunlich hoher Prozentsatz an Wahrheit zu finden gewesen«. Es ist die übliche Dreifachstrategie der Rechtfertigung: »Aufmerksame Leser«, die »zwischen den Zeilen« zu lesen wissen, würden die kritische Distanz erkennen. Sie wüssten auch, dass nicht nur das, was geschrieben wurde, sondern auch das, was nicht geschrieben wurde, berücksichtigt werden müsse. Und drittens: Im Vergleich mit dem, was andere geschrieben hätten, würde man den gemäßigten Ton schnell ausmachen können. Das ist das Argument des »Schlimmeres verhindern«.

Wie viele Kolleginnen profitierte Boveri in den dreißiger Jahren vom Schriftleitergesetz der Nazis, das Juden die journalistische Arbeit verbot. Im Krieg erhielten die Frauen einen zusätzlichen Wettbewerbsvorteil: Die Männer waren an der Front, die Frauen wurden in der Heimat in den Redaktionen gebraucht. Nicht wenige bekannte Journalistinnen der fünfziger und sechziger Jahre verdanken dieser historischen Konstellation ihren Berufsweg.

Von 1939 bis zum Verbot der Zeitung 1943 war Boveri Auslandskorrespondentin der *Frankfurter Zeitung*. Mehrere große Reisen, unter anderem auch mit der Reiseschriftstellerin Annemarie Schwarzenbach, führten sie quer durch Europa und Afrika. Dann auch nach Amerika. Die letzten Jahre der Nazizeit arbeitete sie, wie die drei Jüngeren Helene Rahms, Christa Rotzoll und Ursula von Kardorff, unter dem Herausgeber Joseph Goebbels beim *Reich* in Berlin.

Das Kriegsende erlebte sie im brennenden, zerbombten Berlin. Das hatte sie bewusst gewählt, fasziniert vom Spektakel des Untergangs, nachts auf dem Balkon den Verfärbungen des Brandhimmels zusehend. In Briefen erwähnt sie die »kubistischen Bilder der Scheinwerfer am Himmel«, den schmutzig roten Schein der Brände und ist stolz auf ihr »herrliches Gefühl des Bestehen-Könnens.« Ästhetisierung und Heroisierung des Untergangs waren vermutlich auch Strategien des Überlebens. Dabei zu sein, verstand sie als journalistischen Auftrag und als Chance: »Wenn man einmal den Beruf erwählt hat, den ich erwählte, dann sollte man sich nicht vor den interessantesten und bösesten Augenblicken der Weltgeschichte drücken; und so komprimiert wie in Berlin war es wohl nirgends zu erleben«, so erklärte sie Anfang 1946 einem Bekannten ihre Entscheidung. Und, als ob das an Radikalrhetorik nicht genügte, fügt sie schaurig-fasziniert hinzu: »Im Jahr 1527 wäre ich auch in Rom geblieben – einen Sacco gibt es nur alle halbe Jahrtausend.« Sacco, das meint die Plünderung Roms durch deutsche, spanische und französische Söldner am 6. Mai 1527 – Höhepunkt kriegerischer Gewaltexzesse.

Nach dem Krieg arbeitete Margret Boveri sofort weiter als Journalistin. Zunächst bei der Berliner Boulevardzeitung *Kurier*, wo sich die Clique des *Reichs* wiederfand. Dann auf freier Basis bei unterschiedlichen Zeitungen (FAZ, *Zeit*), zuletzt vor allem beim *Merkur*, der wichtigsten Monatszeitschrift der konservativen Intelligenz der Bundesrepublik. Dass sie sich nicht verbindlicher auf eine Redakteursstelle einlassen wollte, hing auch mit der Entfremdung von ihrer Gegenwart zusammen, mit ihrer Distanz zum Adenauerstaat, zur Westbindung und zur Vernachlässigung der deutschen Einheit. »Wohnsitz Berlin. Heimat: Gesamtdeutschland« pflegte sie in ihren Lebenslauf zu schreiben.

Bei der FAZ witterte sie, man wolle ihr angesichts ihrer Gegenwartskritik, insbesondere ihrer Kritik an der Westbindung der Adenauerjahre, lediglich »harmlose« Aufgaben im Ausland übertragen. Aber natürlich, man stand zusammen, wenn es nötig wurde. Als der FAZ-Herausgeber Karl Korn, Kollege aus den Zeiten beim *Reich*, Ende der fünfziger Jahre wegen seiner ziemlich widerlich antisemitischen Lobhudelei des Nazifilms *Jud Süß* im *Reich* in die Kritik geriet, gab es von Margret Boveri einen »Persilschein«, berichtet der Historiker Peter Hoeres. Davon war bereits im vorhergehenden Kapitel über Clara Menck die Rede.

Zur Anpassung verlor Boveri, die Stolze, die Lust, konzentrierte sich mehr und mehr auf ihr essayistisches Hauptwerk, den dreibändigen *Verrat im 20. Jahrhundert*, 1962 erschienen. Nach dem Wilhelmstraßenprozess und dem »Persilschein« für Ernst von Weizsäcker sollte dieses Buch das Zentrum ihrer Beschäftigung mit der nationalsozialistischen Vergangenheit werden.

Im *Verrat* geht es um Fragen von Schuld und Gewissen. Das ist der existenzialistische Ton und die überhöhte Ebene, auf welcher die Deutschen in der Nachkriegszeit ihre Verstrickung in die Verbrechen der Nazis thematisierten und zugleich wegpackten. Der Nationalsozialismus, so die Boveri-Biografin Görtemaker, war in dem von Boveri abgesteckten Rahmen lediglich eine »revolutionäre Welle« von vielen, die nach Auflösung »alter Formen« als Teil eines universellen Vorgangs »sozialer Nivellierung und technischer Vereinheitlichung« gedeutet wurde – ein Verfall der Formen, der in den USA schon viel weiter fortgeschritten war. Ernst Jünger und Carl Schmitt standen ideologisch Pate. Unausgesprochene Absicht des *Verrats* ist es, die Einzigartigkeit des nationalsozialistischen Verbrechens in eine historische Kontinuität einzubinden und zu relativieren. Verräter und Kollaborateure kommen in allen Systemen und Regimen vor: Der Amerikaner Ezra Pound, der Norweger Knut Hamsun sind Figuren des Verrats, denen Boveri Mitleid entgegenbringt, genauso wie die Protagonisten des 20. Juli als Verräter abgehandelt werden.

Die Rezeption des Buches fiel gemischt aus. Während Paul Scheffer, ihr alter Mentor beim *Berliner Tageblatt*, begeistert war, äußerte sich der siebenundzwanzig Jahre junge Philosoph Jürgen Habermas in einer Besprechung für die *Deutsche Universitätszeitung* nicht nur kritisch, sondern auch klug. Die drei Bände – ich halte mich an Görtemaker – seien Produkt einer »militanten Gegenaufklärung«, die »ihre konservativen Ziele auf revolutionärem Weg« erreichen wolle. Das ist genau jenes Konzept einer »konservativen Revolution«, wie Margret Boveri es in den späten zwanziger und dreißiger Jahren kennengelernt hatte und woran sie nach 1945 festhalten wollte.

Originell, so bemerkte Habermas, sei bei Boveri vor allem ein »Ressentiment gegen den Westen«. Damit enthüllte Habermas, dass Boveris Buch sich von anderen Ansätzen der »Vergangenheitsbewältigung« insbesondere durch ihre antiwestliche, gegen die junge Bundesrepublik gerichtete Position unterschied.

Genau diese antibundesrepublikanische Haltung indes ist Ausfluss ihres antikapitalistischen Antiamerikanismus, wie er sich spätestens seit ihrem USA-Aufenthalt 1940 ausgeprägt hatte: Die dort gemachten Erfahrungen und herausgebildeten Haltungen fanden Eingang in die große, 1946 erschienene *Amerikafibel*.

Bevor Margret Boveri im Frühjahr 1944 auf eigenen Wunsch nach Berlin zurückkehrt, um, wie erwähnt, dort das Ende des Dritten Reiches zu erleben, hatte sie in den Jahren 1940 und 1941 aus New York und anschließend aus Lissabon für das *Berliner Tageblatt* und die *Frankfurter Zeitung* berichtet. New York hatte sie nach einer Fahrt von der Westküste quer durch Amerika mit dem Auto erreicht. Im Anschluss an den japanischen Angriff auf Pearl Harbor wurde sie auf Ellis Island interniert. Offenbar machte sie keinen Versuch, ihre amerikanische Mutter als Begründung für eine Verschonung von der Internierung ins Feld zu führen. Auf Ellis Island las sie zum ersten Mal Ernst Jüngers *Auf den Marmorklippen*, ein Text, der ihr »wie Erleuchtung und Bestätigung« erschien. Jünger, mit dem sie später viele Briefe wechselte, wurde – wie für viele andere Intellektuelle – ihr Held: Vorbild dafür, wie man national-patriotisch sein konnte, ohne plump zum Nazi zu werden.

Dieser Amerikaaufenthalt, so Heike B. Görtemaker, zähle zu den intensivsten Erlebnissen in Boveris Korrespondentendasein, der ihr Amerikabild nachhaltig geprägt habe. Man kann hinzufügen: Das Amerikabild ist Ausgangs- und Angelpunkt ihres gesamten Weltbildes.

Zu einer geplanten Buchveröffentlichung über die Korrespondentenberichte hinaus ist es im Krieg aus unterschiedlichen Gründen nicht gekommen. Doch schon unmittelbar nach Kriegsende machte sie sich an das Manuskript, dessen Erscheinen im Juni 1946 von der britischen Zensurbehörde – überraschend – genehmigt wurde und Mitte Juli auf dem Markt war. Ein erstes Exemplar schickte sie sogleich mit einem ausführlichen Begleitbrief an Ernst Jünger. Das Buch, so Boveri, sei der »Versuch einer Abgrenzung zwischen deutschen und amerikanisch-westlichen Daseinsformen«. Sie habe es ganz in Jüngers Geist verfasst, beteuert sie. Jünger las alles »mit großem betrachtendem Genuss«, so erzählen es die Herausgeber im Vorwort des Briefwechsels zwischen Margret Boveri und Ernst Jünger.

Man muss, ähnlich dem Memorandum von Marion Dönhoff, die *Amerikafibel für erwachsene Deutsche* als Gründungsdokument Nachkriegsdeutschlands interpretieren, das in seiner Wirkung bis heute kaum überschätzt werden kann. Es schafft ideologisch Kontinuität im Hochmut europäischer Kultur gegen die vermasst-nivellierte, vom Kapitalismus verdorbene Zivilisation Amerikas. Es negiert durch Nichtbeachtung die Tatsache, dass der unmittelbar zuvor durch die Amerikaner siegreich beendete barbarische Krieg der Deutschen eine kulturelle Zäsur bedeutete, die ihnen nicht den geringsten Anlass mehr für ihr moralisch hohes Ross bot. Boveri mit ihrer Autorität stiftet dagegen rhetorisch den unterbrechungslosen Anschluss.

Distanzierte Beschreibung ihrer eigenen Erlebnisse in den USA und die Erfahrung der Besatzung durch die Westalliierten überlagern sich in dem Amerikatext zu einem Lob des alten Europa, einer abgründigen Kritik Amerikas und einer fundamentalen Ablehnung der Umerziehung der geschlagenen Deutschen durch die Besatzer. Die *Amerikafibel* wurde auf diese Weise zu einem »Gegenentwurf zur Politik der Umerziehung«, so Heike B. Görtemaker, dessen Ziel es war, den Deutschen die nationalsozialistische Gesinnung auszutreiben. Das Buch geht weit über die übliche oberflächliche Verachtung der »oberflächlichen Amerikaner« hinaus – wiewohl auch dieses Klischee bedient wird, wenn Boveri schon im Juli 1945 notiert, die Amerikaner seien »stur und dick«.

Mindestens so wichtig wie das, was die *Amerikafibel* thematisiert, ist, worüber sie schweigt. Das Buch spricht von der Andersartigkeit der Amerikaner, widerspricht allen, die meinen, sie seien uns Deutschen nah. Worüber es kein einziges Wort verliert, das sind die Nazis und das deutsche Volk. Keine Erwähnung der Gründe, die zu Krieg, deutscher Niederlage und zur Besatzung geführt haben. Boveris These stattdessen lautet: Man müsse »für den täglichen deutschen Hausgebrauch im Verstehenlernen der kommenden Jahre« begreifen, dass es grundsätzliche kulturelle Unterschiede zwischen Europa und Amerika gebe und dass die Amerikaner nicht einfach ausgewanderte Europäer seien, sondern ein »neues Volk«, dessen »Denkprozesse«, ja, »physische Bedürfnisse« sich fundamental von den europäischen unterschieden.

Werfen wir einen Blick in ihr USA-Buch. Was unterscheidet die USA von Europa? Da ist zum einen die »Standardisierung« in Amerika, die alles über einen Kamm schere. Sichtbarer Beweis dafür seien die »Tests«, die überall gefordert würden, die nicht auf das Besondere, sondern das Allgemeine aus seien. Amerika ist für Boveri nicht das Land der unbegrenzten, sondern der begrenzten Möglichkeiten, einer rigorosen puritanischen Moral, die das Leben der Menschen unfrei macht, es standardisiert, normiert, quantifiziert.

Ursache dafür ist aus Sicht Margret Boveris ein »Einschmelzungsprozess« aller individuellen, ethnischen oder sozialen Unterschiede, den sie als »Verarmungsvorgang« interpretiert. Ein Beispiel nimmt sie aus den standardisierten Führerscheinprüfungen. Da werde der Prüfling konfrontiert mit der Aussage: »In geschlossenen Ortschaften ist es verboten, mit größerer Geschwindigkeit als 25 Meilen zu fahren.« Das Multiple-Choice-Prinzip lässt als Antwort nur »richtig« oder »falsch« zu. Nun sei es aber so, mäkelt die Autorin, dass man in manchen Ortschaften 20, in anderen 25, wieder in anderen 30 Meilen fahren dürfe. Boveri steht deshalb auf dem Standpunkt, die Aussage im Test sei weder richtig noch falsch, müsse differenziert beantwortet werden mit dem Satz: »Die erlaubte Höchstgeschwindigkeit richtet sich nach jeweils herrschenden örtlichen Bestimmungen.« Doch die richtige Antwort hätte »false« lauten müssen.

Boveris Beobachtung ist treffend, doch der Kommentar generalisiert und überzeichnet: »Hier begegnete ich zum ersten Mal der Unerbittlichkeit, mit der alles auf den allgemeingültigen letzten Nenner gebracht wird, womit alle Möglichkeiten des ›vielleicht‹, des ›einerseits – andererseits‹, des dunkler oder heller schattierten Grau zwischen dem einfachen Schwarz-Weiß oder true-or-false unbedingt ausgeschaltet bleiben.« Mit anderen Worten: Die Zivilisation Amerikas ist uniform und simpel. Die Kultur Europas ist differenziert und komplex.

Symbol für diese Einfalt sind die Hollerith-Maschinen und ihre berühmten Lochkarten, Vorläufer des Computers, die aus Boveris Sicht nur nichtssagende, allgemeine,

uninteressante Daten enthalten – Frau Erna Maria Schwerdt-
lein ist in Eußenhausen Kreis Unterfranken geboren und
katholisch getauft –, alles Informationen, die nichts über
die Individualität und Besonderheit dieser Person aussagen.
Die Notwendigkeit der Statistik und der die Daten interpre-
tierenden Sozialwissenschaft als Voraussetzung zur Beschreibung und Erkenntnis von Gesellschaft würde Boveri womöglich sogar zugestehen – freilich allenfalls als allererste
Voraussetzung einer differenzierten Erkenntnis der Lebenswelt und der in ihr lebenden Individuen.

Noch in ihrem »Nachruf auf ein Abendblatt«, eine Hommage an das am Nachmittag erscheinende Boulevardblatt
Berliner Kurier, die 1958 im *Merkur* veröffentlicht wurde,
wiederholt und verstärkt sie ihr Ressentiment gegen die Besatzer. Scharf geißelt sie, dass die Zeitungsneugründungen
an eine Lizenz der Alliierten gebunden wurden, und nimmt
davon lobend einzig die Franzosen aus, die dem *Kurier* zur
Lizenz verhalfen: Deren Großzügigkeit hänge damit zusammen, dass auch Frankreich erfahren habe, »was totale Niederlage bedeutet«.

Die Franzosen nähmen sogar eine Vorreiterrolle ein, lobt
Boveri, weil sie »von vornherein viele Tabus der *re-educa-
tion*-Zeit durchbrachen und damit allmählich auch eine
befreiende Wirkung auf die strenger gehaltenen Zeitungen
der anderen Westsektoren« ausübten. Merke: Reeducation
schränkt Kreativität ein. Mehr noch: Anders als bei Amerikanern und Briten sei das Ziel der Franzosen nicht der Kalte
Krieg gewesen, sondern die Wiedervereinigung, die ihnen
am Herzen lag; aus Boveris Sicht besser als das, was Briten
und Amerikaner trieben und was die deutsche Journalistin
abschätzig »Propaganda« nennt.

Das Originelle an Boveris Amerikakritik ist, dass sie

gerade nicht originell ist. »Entseelung«, eines der Verdikte Boveris, ist ein Topos westlicher Arroganz. Heinrich Heine hatte Mitte des 19. Jahrhunderts von einem »großen Freiheitsstall, bewohnt von Gleichheitsflegeln« geschrieben. Jacob Burckhardt hatte behauptet, dass »die amerikanischen Kulturmenschen auf geistige Kontinuität größtenteils verzichtet haben und Kunst und Poesie nur noch als Formen des Luxus mitgenießen möchten«. Schließlich kommen als Höhepunkt der Amerikaverachtung Thomas Manns *Betrachtungen eines Unpolitischen* aus dem Jahr 1918. Dort spielt Mann die westliche Zivilisation gegen die Kultur und den Geist der Deutschen aus. Doch während Thomas Mann in seiner Publizistik im amerikanischen Exil sich zum Demokraten und Verehrer Franklin D. Roosevelts häutet (wie überzeugend, ist in der Forschung umstritten), verhärtete sich der Antiamerikanismus der Boveri zunehmend.

Das Amerikabild der Boveri entspricht dem Adolf Hitlers, wie dieser es in den zwanziger Jahren in *Mein Kampf* und der folgenden Publizistik entwickelt hatte. Auf diesen Kern in Hitlers Weltanschauung weisen heutige Historiker, insbesondere der Brite Brendan Simms, hin. Danach richtete Hitler sein Hauptaugenmerk während seiner gesamten Laufbahn nicht auf die Sowjetunion, sondern auf Angloamerika und den globalen Kapitalismus. Als treibende Kraft hinter dem internationalen Kapitalismus sah er die Juden. In Umkehrung des berühmten Zitats von Max Horkheimer, wer nicht über den Kapitalismus spreche, solle über den Faschismus schweigen, schreibt Brendan Simms: »Wer nicht über Hitlers Antikapitalismus reden möchte, sollte auch über seinen Antisemitismus schweigen.«

Interessant an Hitlers Antiamerikanismus ist, dass er den USA nicht nur feindselig gegenüberstand, sondern das Land auch wegen seiner Überlegenheit und Machtfülle bewunderte. Genau diese Ambivalenz ist ein Grundzug der deutschen Haltung zu Amerika. Sie ist eben nicht erst das Ergebnis der amerikanischen Besatzung und Reeducation, sondern war vor, während und nach der Nazizeit stets präsent. Man muss – etwa mit Götz Aly – darauf hinweisen, dass der Nationalsozialismus sich als nationaler Sozialismus verstand, das ist, wenn man so will, eine linke und keine rechte Haltung und die strikte Gegenposition zum amerikanischen Kapitalismus.

Der sehr knappe Hinweis auf den tiefen Antiamerikanismus und Antikapitalismus Hitlers und der Nazis soll keinesfalls Margret Boveri als Nazi »entlarven«. Viel wichtiger ist es zu sehen, dass, obwohl sie in der Bundesrepublik mehr und mehr zur geachteten Außenseiterin wurde, ihr Antiamerikanismus zur DNA der Bundesrepublik gehörte wie dieser zugleich die Kontinuität mit dem Antiamerikanismus seit der Gründung der Vereinigten Staaten herstellte. Während die Nachkriegsgeneration die Besatzung als Fremdherrschaft erlebte – so wie sie auch im Nachhinein die Nazizeit als eine Art Fremdherrschaft über das deutsche Volk von sich fernhielt –, so wurde später aus dem »rechten« Antiamerikanismus der Nazis der Antiamerikanismus der Linken (ebenfalls mit viel Antisemitismus angereichert), die im Vorwurf des Imperialismus (Vietnamkrieg) und Neoliberalismus (Reagan) kulminierte. Das zieht sich durch von den Demonstrationen für Ho Chi Minh über den Widerstand gegen den NATO-Nachrüstungsbeschluss bis zur Kritik der Rolle der Amerikaner im Ukrainekrieg. Für viele – Linke wie Rechte – waren es die Amerikaner und die von ihnen dominierte NATO, die Putin provozierten, um einen »Stellvertreterkrieg« (das Argument kommt von Sahra Wagenknecht wie von Alice Schwarzer) in der Ukraine zu führen.

Margret Boveri hätte sich dieser Deutung angeschlossen. Um es zu wiederholen: Die Journalistin hat den Antiamerikanismus der Deutschen nicht erfunden. Aber sie hat zum erstbesten Zeitpunkt dafür gesorgt, ihn zu erneuern und abzulenken von den Verbrechen des »deutschen Volkes«. An Ernst Jünger schreibt sie im Mai 1957: »Der Fuß, den Amerika nun zum zweiten Mal in den alten Kontinent gesetzt hat, steckt im Stiefel der Besatzungsmacht und den Socken des Bankiers und Wirtschaftsberaters.« Die Kontinuität von Antiamerikanismus und Antikapitalismus, der sich vor allem gegen die »Hochfinanz« richtete, stand im Vordergrund vor der von den Verbrechern angerichteten Diskontinuität der deutschen Geschichte. Wenn man diese Haltung hat, ist Umerziehung nicht nur nicht erforderlich, sondern eine imperialistische Unverschämtheit.

Ich empfehle, die *Amerikafibel* zusammen zu lesen mit Clara Mencks USA-Feuilletons, die ich im vorigen Kapitel vorgestellt habe. Differenzierte, am Phänomen und den Erfahrungen orientierte Bilder bei Menck; klischeehafte Wiederholungen eines gängigen Amerikabildes bei Margret Boveri, für die sie sich nachträglich die Phänomene sucht. Die journalistischen Stile unterscheiden sich, die ideologischen Haltungen folgen ihnen. Margret Boveri steht für den Mainstream. Clara Menck ist Minderheit.

Die Zeiten hatten sich geändert, als Boveri und Uwe Johnson einander Ende 1968 in Berlin kennenlernten. Boveri war charmiert von dem jungen Mann, Johnson »benutzte« die berühmte Journalistin für sein im Entstehen begriffenes Hauptwerk, die *Jahrestage*. Man freundete sich an. Boveri, der Sturheit nicht fern, mochte Johnsons Unzugänglichkeit.

Johnson überredete sie zu einer Schiffsreise nach Amerika, sie erhielt ein Visum, welches ihr nach dem Amerikabuch verweigert worden war. Man traf sich regelmäßig zu »Dialog-Abenden«, die aufgezeichnet wurden und als Grundlage von Boveris Autobiografie *Verzweigungen* dienten.

Die Freundschaft der beiden führte in den Streit, der nicht mehr beigelegt werden sollte und sich an Johnsons Frage entzündete, weshalb Boveri 1933 nicht emigriert sei. Boveri fühlte sich auf der »Anklagebank«, Johnson notierte: »Sie ist eine Nazideutsche.«

Diesen vorwurfsvollen Ton war Boveri nicht gewohnt. In den Debatten über Naziverwicklungen, so Heike B. Görtemaker, war sie bislang nicht vorgekommen. Im Gegenteil: Sie galt als »intellektuell redlich«, ihr »Mut« und ihre »Wahrheitsliebe« wurden gelobt. Sie selbst hielt sich für eine Hitlergegnerin, unangreifbar, weil sie während ihres Volontariats beim *Berliner Tageblatt* 1935 von der Gestapo verhaftet worden war, freilich wenige Tage später wieder entlassen wurde. Es war nicht um sie selbst, sondern um mögliche Kontakte zu Nazigegnern gegangen. Johnson gegenüber machte Boveri geltend, sie habe »schließlich zu den Mitbetroffenen gezählt«, was dieser nicht gelten ließ: »Innere Emigration« sei ein »feuchter Kehricht«.

An Wahrheitsliebe, Eigensinn, Genauigkeitsbedürfnis seien Boveri und Johnson sich ebenbürtig gewesen, meint Christa Rotzoll. Boveri habe die besseren Manieren gehabt. Die Fragestunden durch Johnson, denen sie sich ausgesetzt hatte, müssten manchmal zur Tortur geworden sein.

Emigration wäre das Letzte gewesen, was Boveri in den Sinn gekommen wäre. Wäre sie ein Mann gewesen, hätte sie sich an die Front gemeldet, hatte sie ihrem Vorbild Scheffer geschrieben. Boveri verstand die Welt nicht mehr, rügte, dass

Johnson »über sie hergefallen« sei, und reagierte mit einer Generationentheorie: In der in den dreißiger Jahren zur Welt gekommenen Generation gelte eine Auffassung, »die jede objektive Darstellung des Phänomens Hitler ablehnt«, bemerkte sie anlässlich einer Besprechung von Joachim Fests Hitler-Buch 1972 im *Merkur*. Diese Generation wolle »außer Auschwitz« nichts sehen. Geschichte könne so nicht bewältigt werden.

Gleichwohl war Margret Boveri einverstanden damit, dass Uwe Johnson ihre unvollendete Autobiografie nicht nur postum edierte, sondern auch auf Grundlage ihrer gemeinsamen Gespräche ergänzte. Dort finden sich unter der Überschrift »Fragen der Emigration« schnörkellos Reflexe der kontroversen Debatten zwischen Protagonistin und Editor. Sie habe sich durch Adjektive, die sie in ihre Texte eingeschmuggelt habe, »kleine Alibis« verschafft, so Johnson: »Das nenne ich amoralisch.« Die *Verzweigungen* enden 1940: Da ist Margret Boveri mit der Transsibirischen Eisenbahn unterwegs nach Wladiwostok und weiter in Richtung Kalifornien.

Margret Boveri, Pionierin auf männlichem Terrain, Deutscher Kritikerpreis, Bundesverdienstkreuz 1. Klasse. Sie war nicht nur eine große Dame des Journalismus, sondern es spiegelt sich in ihrer Biografie auch die Gebrochenheit der Deutschen nach 1945. Ihre Stimme auf Tonbändern gedämpft, leicht verschwommen, gegenwärtig und unerreichbar fern zugleich, wie hinter weißem Rauschen. So empfindet es der Schriftsteller Fridolin Schley in seinem dokumentarischen Roman – atemberaubend aus innerer Perspektive der Akteure erzählt – über den Prozess gegen den Staatssekretär im Reichsaußenministerium Ernst von Weizsäcker.

Im Prozess gegen Weizsäcker ließ Boveri sich gerne und freiwillig instrumentalisieren als Stimme gegen die ungerechte Besatzerjustiz. Das Dritte Reich, eine Heimsuchung außerhalb der Zeit, ein Anschlag Hitlers und seines Schwefeldunstkreises auf die deutsche Geschichte, die eigene Verteidigung auch die der eigenen Beamtenschaft –, so wollte Weizsäcker verstanden werden, und Margret Boveri wollte ihn verstehen. »Für sie war er ein schöner Märtyrer«, schreibt Fridolin Schley: »Sie schrieb wie entflammt, schwärmte für seine unbeirrbare Überzeugung.« Weizsäckers Zeit würde wiederkommen, wenn diese Jahre der Anarchie einmal vorbei wären. Der gute Geist würde überdauern. Boveris Buch *Der Diplomat vor Gericht*, 1948 erschienen, schuf nicht nur den Weizsäcker-Mythos. Es bot zugleich den Deutschen den Mythos der Distanz, den diese dankbar annahmen.

»Kommunikatives Beschweigen« der Verbrechen (Hermann Lübbe) war das eine. Beredte Konstruktion des Mythos der Kontinuität war das andere: Es war der Opfermythos, der mentale Distanz von Nazis und Besatzern schuf. Boveri und Dönhoff waren Meisterinnen dieser Mythenproduktion. Clara Menck und Hilde Spiel, die jüdischen Emigrantinnen, widersprachen – und wurden überhört.

5

Rückkehr in eine verlorene Welt

Hilde Spiel (1911–1990)

Herr Hnatek war ein Meister der würdigen Pose. Er, der eigentlich Franz Hnatek hieß, aber von allen nur »Herr Hnatek« genannt wurde, war Oberkellner des Café Herrenhof in Wien. In den zwanziger und dreißiger Jahren des 20. Jahrhunderts war das Herrenhof das berühmteste Literatencafé in Wien. 1914 gegründet – in der Nachfolge des Griensteidls, wo sich zur Jahrhundertwende Hugo von Hofmannsthal, Arthur Schnitzler, Richard Beer-Hofmann und viele weitere Groß- und Kleinschriftsteller trafen.

Einzigartig am Herrenhof war, dass seine Kellner dazu ermuntert wurden, sich ebenso schrullig zu gebärden wie viele seiner Gäste. Geschult an der raschen, pointierten Rede und Widerrede, den zahllosen Wortwitzen der Besucher, hatten die Kellner häufig ebenso viel Geist entwickelt wie eine Neigung zur Affektation. Keine Einzelheit in den Privataffären der Gäste blieb ihnen verborgen; sie sahen ihre Zuneigung und Ablehnung, ihre Liebe und ihren Hass auf den roten Plüschbänken und geschwungenen Stühlen vor ihren Augen entstehen, und alle Erfolge und Misserfolge spiegelten sich in den Nickeltabletts, auf denen sie ihren Mokka servierten.

Die Journalistin Hilde Spiel war häufig Gast im Café Herrenhof, bevor sie 1936 Wien verließ und nach London emigrierte. Bis zum »Anschluss« 1938 kam sie zuweilen noch einmal zurück. Dann nicht mehr. »London ist meine Heimat«, bekannte sie, als der Krieg zu Ende war, um nur wenige Monate später, im Januar 1946, nach Wien zurückzukehren, als *war correspondent* der britischen Armee in khakifarbener Uniform – obwohl der Krieg ja aus war – und mit dem Auftrag, Berichte und Reportagen für den *New Statesman,* eine traditionsreiche linksgerichtete britische Wochenzeitung, aus der zerbombten Stadt für die Leser und Leserinnen zu Hause zu liefern.

Nach zehn Jahren Inselleben kehrt Spiel an den »Ursprung« zurück, entfremdet durch die lange Abwesenheit, »gestählt durch manchen Verlust« und »bereit für eine harte und vermutlich schmerzliche Erfahrung«. Sie kommt in eine Stadt, »die noch immer im Chaos liegt«, wo sie zugleich »die Kraft des Neubeginns« zu spüren vermag.

Ihr Weg führt die damals vierunddreißig Jahre alte Journalistin zurück ins Herrenhof. »Womit darf ich dienen, gnädige Frau? Wir schließen leider um sechs«, begrüßt sie Herr Hnatek. Groß und gravitätisch ist er immer noch, doch sein Gesicht ist ausgehöhlt und seine Stimme zu ermattet, um mit dem gewohnten tiefen Timbre zu erklingen.

Hilde Spiel tritt aus dem Gegenlicht – erst da erkennt Herr Hnatek sie. »Staunen und Schrecken treten in sein Gesicht, als hätte er mich erst im Jenseits wieder erwartet«, vermerkt die Journalistin in ihrem Tagebuch, das sie auf Englisch schreibt, aber in dieser Form nie veröffentlichen wird.

Es folgt eine Szene, deren Ablauf ein österreichischer Freund ihr in allen Einzelheiten schon genau so ausgemalt hatte. Die Szene ist gespenstisch. »Der Herr Doktor haben den Krieg im Ausland verbracht?«, würde der Kellner auf höflich indirekte Weise fragen, so der Freund: »Das war aber gescheit vom Herrn Doktor. Da haben's sich viel Unannehmlichkeit erspart. Wenn der Herr Doktor wüssten, was uns passiert ist. Das Elend, das wir durchgemacht haben. Wie gut der Herr Doktor aussehen – wirklich, eine Freud!« Enteignung, Demütigung, Verhaftung und Todesgefahr, illegale Flucht über versperrte Grenzen, Jahre des Exils, ein feindlicher Ausländer in einem vom Kriege zerrütteten Land – all das, was dieser Exilant hinter sich hatte, würde sich in Luft auflösen, mit einem Fingerschnalzen weggeweht.

Und so kommt es dann tatsächlich. »Die Frau Doktor haben gut daran getan, dass Sie fort sind. Allein die Luftangriffe – dreimal haben sie die ganze Stadt in Brand gesteckt«, so begann Herr Hnatek, von Mitleid mit sich selbst ergriffen, sein Schicksal und das Schicksal Wiens zu bejammern. Die Rückkehrerin widerspricht dem Kellner nicht, sie hatte es ja kommen sehen. Stattdessen bietet sie ihm Zigaretten an, »die er mit unterwürfiger Verbeugung akzeptiert«.

Für Hilde Spiel ist Herr Hnatek ein für alle Mal entzaubert. Dahin die vornehme Geste, der stolze und unnahbare Blick. Der König aller Oberkellner steht mit einem Mal ohne Glorienschein da. Ob seine Tage im Herrenhof, ob die des Cafés nicht längst gezählt sind, fragt sich die Journalistin. Sie könne sich kaum vorstellen, dass es je wieder zu seiner alten Bedeutung auferstehen werde, so Hilde Spiel.

Die Remigrantin sollte recht behalten. Zwar hat sich das Herrenhof noch bis 1961 gehalten, von seinem alten Glanz konnte es indessen nichts mehr zurückgewinnen. In den sechziger und siebziger Jahren nahm das Hawelka die Stelle des Wiener Literatencafés vom Dienst ein, wo es um Mitternacht immer von der Hausherrin gebackene Buchteln gab, Hefeteigteilchen mit Pflaumenmus. Inzwischen gibt es wieder viele Cafés, die etwas Museales haben, Erinnerungen an die große Zeit Wiens als Anziehungspunkt für Touristen.

Hilde Spiel hat ihre englischen Aufzeichnungen erst in den späten sechziger Jahren unter dem Titel *Rückkehr nach Wien* veröffentlicht. Ursprünglich hatte sie die Absicht, das Buch in England auf den Markt zu bringen und ihm in Anspielung auf die sagenhaft untergegangene Stadt Vineta den Titel »The Streets of Vineta« zu geben. Warum es dazu nicht gekommen ist, ist unklar. Womöglich hat sie keinen Verleger gefunden. Oder es blieb eine »gewisse Scheu«, ihre »erste Heimat der zweiten preiszugeben«, wie Ingrid Schramm mutmaßt, die Spiels Nachlass in der österreichischen Nationalbibliothek betreut.

Rückkehr nach Wien ist Hilde Spiels schönstes Buch. Sie hat – wie alle diese Pionierinnen – immens viel geschrieben. Romane, Erzählungen, Essays, große Biografien, Theaterkritiken, Feuilletons. Sie selbst verstand sich als Literatin, litt unter der von der Notwendigkeit des Broterwerbs erzwungenen Pflicht zur journalistischen Tagesarbeit. Dass diese Selbsteinschätzung eine Fehleinschätzung ist, darin stimmen die meisten Leser Spiels überein: Die Schreiberin hat ihre journalistische Arbeit unterschätzt, die literarische Arbeit überschätzt. »Soll man es Bescheidenheit oder Kleinmut nennen, wie sie auf diese Weise einen Hauptteil ihres Werkes unterbewertete?«, fragt Hans A. Neunzig, der Verwalter ihres Nachlasses. Marcel Reich-Ranicki, der die Journalistin Spiel zeitlebens gefördert hat, wies auf das Missverständnis hin, was sich »anspruchslos und unwissenschaftlich« gebe, müsse auch en passant und ohne Mühe entstanden sein: »Das Gegenteil ist der Fall. Hilde Spiel gehört zu jenen nicht zahlreichen Essayisten deutscher Zunge, die sich fortwährend anstrengen, damit sich die Leser nicht anzustrengen brauchen.«

Fünf Wochen lang in diesem Januar 1946 habe sie zwischen Abscheu und Heimweh, Nähe und Distanz, Vorwurf und Mitleid geschwankt, so formuliert es die Schriftstellerin Daniela Strigl in einem Vorwort zu einer Neuauflage der *Rückkehr nach Wien* aus dem Jahr 2009. Das Nichtdazugehören sollte ihr Lebensschicksal werden, aus dem sie Traurigkeit und Kreativität bezog.

»Das Bewußtsein hier nicht mehr herzugehören, ist aus Schmerz und Befriedigung gemischt«, schreibt Hilde Spiel selbst: »Die Bomben, die diesen Häusern die Augen ausbliesen, haben nichts mit mir zu tun. Meine Bomben färbten an jedem achten September den Himmel über der City rot, als ich auf das Dach stieg, um den feurigen Schein zu betrachten.« Ihren dritten Sohn Felix hat Hilde Spiel in einer solchen Londoner Bombennacht geboren. Es erinnert an Helene Rahms, die in der schlimmsten Bombennacht in Dresden 1944 ihre Tochter auf die Welt brachte.

Die Szene mit Herrn Hnatek ist typisch für die Nachkriegszeit, den Konflikt zwischen Remigranten und den Dagebliebenen. Kein Einzelfall. Emigranten waren alles andere als willkommen nach Kriegsende in Österreich wie in Deutschland. Die Mehrheit derer, die den Krieg in der Heimat erlebt haben, Nazis, Mitläufer, innere Emigranten, hatten sich als Opfer gefühlt: als Opfer Hitlers, der schlechten Zeit, des Schicksals. Und natürlich als Opfer der Alliierten. Wie selbstverständlich waren sie sich sicher, die Exilanten hätten den besseren Part gewählt, mutmaßlich dort draußen ein sorgloses Leben wie vor dem Krieg geführt.

Was Flucht und Vertreibung heißt, ohne Sprachkenntnisse

in einem fremden Land zu leben, das einen alles andere als willkommen hieß, konnten und wollten sich die Bleibenden nicht klarmachen. Wie viele von diesen Emigranten, den Vernichtungslagern der Nazis entgangen, freiwillig in den Tod gegangen sind, davon machten sie sich keine Vorstellung. Dass diejenigen, die als Gegner der Nazis geflohen waren, auch moralisch auf der richtigen Seite standen, das ignorierte oder verdrängte das Hilde Spiel begegnende Selbstmitleid komplett.

Fünfundzwanzig Jahre alt war sie gewesen, als sie 1936 Wien verließ. Anlass war die Ermordung ihres akademischen Lehrers Moritz Schlick, bei dem sie promoviert hatte. Dass der liberale Philosoph und Mathematiker, Kopf des sogenannten Wiener Kreises, auf offener Straße von einem ehemaligen Schüler erschossen wurde, hatte Spiel zutiefst erschüttert. Erst recht, dass die öffentliche Meinung dem Ermordeten die Schuld an seinem Tod gab. Schlick habe »Edelporzellan des Volkstums« verdorben, hieß es in den Zeitungen. Zum »Muß-Juden« erklärt, seine wahrhaft liberale Haltung dem Austromarxismus zugerechnet, sei er zu einem »schuldigen Ermordeten« gestempelt worden, »dessen Mörder in Wahrheit unschuldig war«, schreibt Spiel im ersten Band ihrer Autobiografie. Schlicks kritischer Rationalismus hatte Spiel ihre frühen Sympathien für den Marxismus ausgetrieben und sie zeitlebens imprägniert gegen die Verführung aller möglichen Mythen von links wie von rechts.

Kaum einer von den ehemals Ausgestoßenen, der nach 1945 heimatlichen Boden betrat, erlebte nicht ein Wechselbad der Gefühle, schreibt die Historikerin Marita Krauss über *Die Rückkehr einer vertriebenen Elite*: Erstmals hörten sie wieder die deutsche Sprache und trafen auf Menschen,

die die NS-Zeit miterlebt hatten. Waren sie schuldig geworden? Konnte man ihnen unbedenklich die Hand geben
oder nicht? Mancher Emigrant fürchtete, an sich selbst Züge
deutscher oder österreichischer Mentalität zu entdecken,
und strebte daher nach Distanz. Andere hofften auf ein
Wunder, das die vergangenen Jahre der Bitternis und Verfolgung tilgen würde. Doch dies war unmöglich. »Du
kannst nicht in das Land der Kindheit zurück, in dem du
noch ganz zuhause warst – auch nicht in ein Land, aus dem
du ausgewandert bist; denn du möchtest es so finden, wie
es in dir lebt – und so ist es nicht mehr.« Das schreibt der
Remigrant Carl Zuckmayer in seiner 1966 erschienenen
Biografie *Als wär's ein Stück von mir.*

Die Historiker interpretieren den Abwehrmechanismus
der Daheimgebliebenen gegen die Remigranten mit psycho-
analytischem Deutungsinstrumentarium als Projektion. Um
sich nicht an die eigene Schuld, das eigene Versagen, die
eigene Gläubigkeit während der Nazizeit erinnern zu müssen, projizieren sie ihre Ängste, Selbstvorwürfe, ihre Enttäuschung auf die von Hitler vertriebenen Emigranten, meint
Marita Krauss. Die ehemals Verachteten, Ausgestoßenen,
Geächteten standen nun auf der anderen Seite – auf der
Seite der Sieger. Hilde Spiel war in ihrer britischen Militär-
uniform das Symbol dafür. Deshalb fürchtete und benei-
dete man sie. Mit der Niederlage der Allmachtsfantasien
(»Tausendjähriges Reich«) entstand vielfach eine tiefe Wut
gegen geheime und hinterhältige Feinde, die für all das verantwortlich zu machen waren. Wer wäre dafür »geeigneter«
als die Emigranten. Es ging das Gerücht, die Emigranten
hätten die Welt gegen Deutschland »aufgehetzt«: Man lud
die eigenen Schuldgefühle auf die Sieger und auf die Opfer
ab.

Was Herr Hnatek zum Ausdruck bringt, ist Folgendes: Mit Blick auf Zerstörungen und Bombenkrieg, auf Vertreibungen und Nachkriegsnot, sahen viele in der österreichischen und deutschen Bevölkerung sich selbst als das eigentliche Opfer an. Das von Deutschen den anderen Völkern Zugefügte (hier den Briten), so es denn überhaupt geschehen sei, wäre dadurch gesühnt. Wir sind quitt. »Die Schuldumkehr war ein probates Mittel, das auch gegenüber den Vorwürfen der Emigranten zum Einsatz kam, denen man unterstellte, sie hätten den weitaus bequemeren Weg gewählt, als sie ›von den Logen und Parterreplätzen des Auslands aus dem deutschen Unglück zuschauten‹«, schreibt Marita Krauss.

Hilde Spiels gleichaltriger Schulfreund Hans Habe, später ein wichtiger Journalist im Springer-Konzern, versucht in seinen unter dem Titel *Ich stelle mich* veröffentlichten Memoiren, sich gegen die Vorwürfe der Illoyalität der Migranten und zur Schau gestellten Überlegenheit zu verteidigen, indem er eigene Ressentiments bestreitet und dementiert, er sei ein Vertreter der Kollektivschuldthese. Weder er noch die anderen Emigranten erkannten die eigentliche Natur des Vorgangs und die Funktion der Projektion: Der Vorwurf, die Emigranten hätten den besseren Part erwischt, erweist sich im Kern als Neid, Neid auf größere Schuldlosigkeit der Emigranten. Schamlos und sich auf der Seite der Mehrheit wissend, wird Henri Nannen, Chefredakteur des *Stern* und Propagandasoldat der Nazis, den jüdischen Emigranten Hans Habe antisemitisch attackieren: »Hans Habe, alias Janos Bekessy, galizischer Immigrant und amerikanischer Propagandamajor«. Antisemitismus und Antiamerikanismus, hier sind sie wieder einmal beieinander.

Konsequenterweise war die Mehrheit der Daheimgebliebenen dagegen, dass die Remigranten irgendwelche Vergünstigungen (»Privilegien«) erhalten sollten. Typisch dafür steht Werner Friedmann, der Mitherausgeber der *Süddeutschen Zeitung*: »Sie (die Rückkehrer) müssten auf Privilegien verzichten können. Sie dürften zum Beispiel keine bessere Verpflegung erhalten. Sie müssten in Wahrheit so in Deutschland leben, wie es heute der Durchschnittsdeutsche muss. Wenn die Emigranten zurückkehren, so müssen sie wissen, dass ihnen nicht eine offizielle Volkserziehung zufällt, sondern dass sie nichts anderes zu sein haben als Angehörige des deutschen Volkes, dem sie zu dienen hätten.«

Verwirrend ist, dass die Remigranten diese Vorwurfsmischung aus Verleugnung und Projektion nicht parierten. Hilde Spiel notiert die Anwürfe des Oberkellners, kommt aber mit keinem Wort auf die Verbrechen der Nazis oder den Antisemitismus zu sprechen. Mindestens so verwirrend ist, dass es in der *Rückkehr nach Wien* keinen erkennbaren Hinweis gibt, dass Spiel sich mit den jüdischen Opfern der Nationalsozialisten identifiziert hätte. Wäre sie in Wien geblieben, wäre sie gemäß Definition der Nürnberger Gesetze als »Volljüdin« eingestuft worden, hätte den gelben Stern tragen müssen und wäre aller Wahrscheinlichkeit nach wie ihre Großmutter der Vernichtung nicht entgangen. Doch Spiel setzt sich mit diesem mutmaßlichen Schicksal nicht nur nicht auseinander, sie wehrt jegliche Identifikation ab.

Was die Rückkehrerin freilich nicht vergisst, ist, wer ihr das Leben gerettet hat. Es waren die Briten und das trotzig-kämpferische »Never Surrender« Winston Churchills. Das naiv-pazifistische »Nie wieder Krieg/Gewalt ist keine Lösung« sei von dieser Davongekommenen nicht zu erwarten gewesen, schreibt der Publizist Marko Martin in einem schönen Porträt: Menschen wie Hilde Spiel, von Hitlers Mordmaschine noch bis auf die britische Insel verfolgt, wussten jedenfalls genau, wem sie ihr Überleben verdankten – weder »Verhandlungen« noch einer »gesichtswahrenden« Lösung für den Aggressor, sondern der letztlich zum Glück militärischen Überlegenheit der Alliierten. Dass Marko Martins Spiel-Porträt im Winter 2022 geschrieben wurde, kann und will der Autor nicht verhehlen.

Hilde Spiel besucht in diesem Januar 1946 Orte ihrer Kindheit, sucht nach Spuren von damals, Personen, die ihr wichtig waren. Marie zum Beispiel, eine Dienstbotin im elterlichen Haus, derb, aber herzensgut. »Nicht schön von Natur, hat sie in ihrer Lebenslust stets Männer angezogen.« Mit fünfundvierzig hatte sie noch einen Liebhaber gefunden, der zwanzig Jahre jünger war. Der aber habe in einem Zustand von Geistesabwesenheit einer jungen »Kräutlerin« – eine Gemüseverkäuferin – ein Kind gemacht. Marie hatte den Großteil ihrer Ersparnisse darauf verwandt, sich um die Kräutlerin zu kümmern – wurde dann sogar Taufpatin des kleinen Sohnes. Als Spiel sie wiedersieht, wohnt Marie zur Untermiete bei einem Herrn Bischof. Sie war immer Sozialdemokratin, jetzt ist sie in der SPÖ. Im Krieg ist ihr nichts passiert. Ihr Freund, der Vater des nun schon großen Sohnes, ist im Krieg verschollen. Sie kümmert sich weiter um die Mutter und ihn. »Man hilft sich gegenseitig.«

Anrührend ist auch Spiels Porträtskizze von Anna, Köchin der Großmutter Laura. Hilde Spiel war in einem großbürgerlichen Elternhaus aufgewachsen. Der Vater, Dr. Hugo Spiel, war Ingenieur und im Ersten Weltkrieg Offizier. Die Mutter – »ein schönes dunkles Mädchen« – behielt auch nach dem Ersten Weltkrieg ihren gewohnten Lebensstil bei. Ein Dienstmädchen und eine Friseurin, die täglich ins

Haus kam, um die Haare zu ondulieren, gehörten zum Standard. So berichtet es Ingrid Schramm. 1912 waren die Eltern vom Judentum zum Katholizismus konvertiert – »um der Schmach ihrer Abkunft zu entgehen«, wie Hilde Spiel in ihrer Autobiografie erklärt.

Als Vierzehnjährige kam Anna 1891 aus Böhmen nach Wien. Jeden Morgen um fünf Uhr ging sie zur »Dienstbotenmesse«. Ihr gesamtes Kleingeld verschwand im Klingelbeutel. Als sie nach jahrelangem Sparen eine kleine Summe besaß, begab sie sich auf Pilgerfahrt nach Rom. Und obschon sie niemals die Liebe gekannt hat, so Spiel, »nicht einmal in den Tagen, als sie ein hübsches Bauernmädchen war«, sei sie doch häufig in Ekstase geraten: »Die purpurroten Gewänder, die schimmernden Gefäße auf dem Hochaltar, Lilien von reinerem Weiß als die wächsernen Kerzen und Wolken von Weihrauch, all das und der jubelnde Glockenklang hat ihr, die auf irdische Freuden verzichtete, einen Vorgeschmack dessen gegeben, was sie zuversichtlich vom Paradies erwartet.«

Hilde Spiels Porträt rettet nicht nur Anna vor dem Vergessen, sondern einen ganzen Berufsstand der Dienstbotinnen, den es nicht mehr gibt. Es enthält sich jeglichen Kommentars: Weder die Bigotterie des Katholizismus noch die Unterdrückung der Frauen aus der böhmischen Provinz werden von ihr gegeißelt. Weder verklärt sie Annas Lebensform, noch verdammt sie diese oder die damaligen patriarchalischen Klassenstrukturen. Und genau deshalb wahrt die Skizze den Respekt vor und die Würde von Anna, weil sie weder zum Opfer noch zur Heldin stilisiert wird.

Dass der literarische Stil solch eines Porträts lediglich die spontane Aufzeichnung eines kalten Januartages 1946 war, wollen wir nicht glauben. Die Erfahrung von damals, dreißig Jahre abgelagert, wird nicht nur als Episode, sondern als Geschichte erzählt, eingebettet in die Sozialgeschichte des 20. Jahrhunderts. Hilde Spiel trifft Anna in einem Heim für tschechische Dienstboten, wohin diese gezogen war, nachdem ihre Wohnung ausgebombt worden war. Dann beginnt Anna zu erzählen, von einem jüdischen Arzt, der sich versteckt gehalten hatte und von einem Patienten denunziert wurde, der ihm seine Heilung nach einer schweren Krankheit verdankte. Und dann spricht sie von den letzten Jahren von Melanie, der Großmutter mütterlicherseits Hilde Spiels. Während die Eltern von Hilde Spiel wie sie selbst nach London geflohen waren, blieb die Großmutter – mehr und mehr verwirrt – in der Stadt. Neun Wochen nachdem man sie in Theresienstadt eingeliefert hatte, sei Großmutter Melanie gestorben, niemand habe gehört, woran, so Anna. »Wir schweigen eine Weile. Anna zupft verlegen die beiden Rosenkränze um den Dom von St. Peter zurecht.«

Der Dom von St. Peter? Das ist ein Modell des Vatikans in Annas Devotionalienecke. Hilde Spiel bettet die Nachricht von der Ermordung ihrer jüdischen Großmutter ein in einen katholischen Kontext. Die Herkunft der Großmutter lässt sie unerwähnt, noch mehr die ostjüdische Geschichte der väterlichen Großeltern aus Galizien. Warum?

Das Beschweigen der jüdischen Herkunft verlangt nach Aufklärung. Das Judentum habe Spiel nie interessiert, berichtet ihre Freundin Andrea Schwab der Spiel-Biografin Sandra Wiesinger-Stock. Spiel habe sich als »Kosmopolitin und Weltmensch« verstanden, ihre Assimilation war für sie eine Existenzform, die im Gegensatz zu den sogenannten Ostjuden stand. »Hitler hat uns zu Juden gemacht«, dieser Ansicht waren Hilde Spiel und ihr Mann Peter de Mendelssohn: ein Versuch, Emanzipation und Assimilation rückabzuwickeln. Spiels trotzige Reaktion: Wir lassen uns auch von Herrn Hitler nicht zu Juden machen. Sie wolle sich weder von den Nürnberger Gesetzen noch von irgendwelchen rassistischen Vorurteilen vorschreiben lassen, wo sie selbst hingehöre, »erst recht nicht nach dem Ende des Zweiten Weltkriegs«, bekannte sie.

Ihre barsche Ablehnung jeglicher Solidarität mit den jüdischen Opfern des Nationalsozialismus, die nach dem Holocaust angebracht gewesen wäre, berühre auf unangenehme Weise, urteilt ihre Biografin Wiesinger-Stock. Sie zitiert zum Beleg Äußerungen wie diese: »Ich habe mit meiner Geißlerin mehr gemeinsam als mit den Juden, die heute in Wien leben.« Wenn auch ihre Großmutter in Theresienstadt umgekommen sei, fühle sie sich davon nicht betroffen.

Doch das moralische Urteil der Biografin ist unhistorisch und setzt den Holocaust-Diskurs voraus, der erst mit dem gleichnamigen Film von 1979 einsetzte. Zuvor war es unter remigrierten Juden »normal«, nicht nur die Erfahrungen der Erniedrigung zu verschweigen, sondern sich auch nicht offen als »Opfer« zu bekennen – gar daraus politischen oder moralischen »Profit« zu ziehen. Opferwettbewerb ist etwas, was es damals noch nicht gab. Heute ist es üblich zu sagen, Hitler und die Nazis hätten gezeigt, dass die Assimilation ein falscher Weg gewesen sei. Hilde Spiel würde energisch widersprechen. Sie hielt fast trotzig an der Assimilation fest: »Ich bin voll und ganz für die Assimilation, ich bin selbst ein Produkt dieser Assimilation, weil von katholischen Eltern katholisch aufgewachsen, wiewohl unter anderem – mütterlicherseits – eine Nachkommin des berühmten mährischen Oberlandesrabbiner Marcus Benedict«, wie sie in einem Brief schreibt.

Zurück zur *Rückkehr nach Wien*: Am Ende ihrer Zeit in Österreich fährt Spiel mit dem Zug nach Klagenfurt. Dort besucht sie zusammen mit einem höheren britischen Beamten ein »Verschlepptenlager«, wie sie es nennt, in dem sogenannte Displaced Persons (DP) leben. Unter diesem Sammelbegriff wurden Ende des Zweiten Weltkriegs all jene ausländischen Zivilpersonen zusammengefasst, die sich als Folge des Krieges an Orten außerhalb ihrer Heimat aufhielten. Hierzu zählten vornehmlich ehemalige Zwangsarbeiter aus Ost- und Südosteuropa, jüdische KZ-Häftlinge, Kriegsgefangene und andere Arbeitskräfte, die teils freiwillig, teils unfreiwillig während der Kriegsjahre nach Deutschland gekommen waren.

Hilde Spiel sieht Menschen in jämmerlichem Zustand, Männer, Frauen und Kinder in schlaffer Haltung, »die sich nichts vom nächsten Tag erwarten«. Warum diese Leute nicht wieder in die Länder ihrer Herkunft zurückgingen, fragt sich die britische Korrespondentin. Und denkt nicht wirklich freundlich über sie, um das Mindeste zu sagen. Es seien »müde und denkfaule oder unintelligente Menschen«, die sich an das provisorische Leben im Lager gewöhnt haben und daran festzuhalten entschlossen sind: »Unter den Nazis haben sie schwer gearbeitet – jetzt dürfen sie müßig sein.« Nichts habe die Lesenden auf eine solche »Herrenmenschen-Perspektive« vorbereitet, bemerkt Marko Martin in seinem bereits erwähnten Spiel-Porträt. Dass diese von den Nazis gewaltsam Entwurzelten wahrlich Gründe hatten, nicht in ihre inzwischen vom Kommunismus beherrschten Heimatländer zurückzukehren, war der Beobachterin nicht in den Sinn gekommen. Es meldet sich ein im bürgerlich emanzipierten Judentum gängiges Ressentiment gegen die zurückgebliebenen Juden aus Osteuropa.

Auch im 1967 verfassten Nachwort zu den Aufzeichnungen von 1946 nimmt sie an ihrem überdeutlichen Ressentiment keinen Anstoß.

Dann fahren sie zu den Baracken mit den jüdischen Überlebenden aus den KZs. Aus ihren Gemeinschaftsunterkünften stürzt eine Menge aufgeregter junger Männer, die das Korrespondentenabzeichen auf Spiels Schulterklappen sehen und sie bedrängen. »Ihr Deutsch ist rau und kehlig, erinnert an den Jargon der Leopoldstadt, des alten jüdischen Viertels von Wien, in dem nach dem Zusammenbruch der Monarchie Tausende von Flüchtlingen Unterkunft fanden«, erinnert sich die Reporterin. Spiel sieht das ganze Elend der aufgequollenen Mädchen in der Baracke und ihrer abgemagerten Kinder. Die Burschen sagen ihr, sie hätten nur ein Ziel: Palästina. Und dass sie auf ihre amerikanischen Freunde vertrauen, die ihnen hülfen, das gelobte Land zu erreichen.

Durch die Anstrengung dieser jungen jüdischen Überlebenden, so Spiel, sei eine »weltweite jüdische Verschwörung zustande gekommen, die nicht bestanden hat, als Hitler sie zu vernichten beschloss«. Eines Tages werde ein Befehl von ihren Kameraden in der amerikanischen Zone kommen, den sie blind befolgen würden. »Eines Nachts brechen sie aus dem Lager aus und trecken vorwärts auf der Marschroute nach dem Mittelmeer.«

Dass erst der Holocaust, den Spiel nie so nannte, dem Zionismus zum Erfolg verhalf, das hat die Autorin hellsichtig erkannt. Dass sie nicht von Zionismus spricht, einem positiv besetzten Begriff, sondern von »Verschwörung«, einem von den Nazis geprägten Wort, zeigt abermals die tiefe Distanz, die sie zu diesen Menschen empfindet, wie zu den Ostjuden der Leopoldstadt in ihrer Kindheit. Menschen, die, wenn man wohlwollend ist, ihr leidtun in ihrem Elend wie in ihrem Fanatismus, mit denen sie aber nichts gemeinsam hat. Nach Palästina zu emigrieren, ist ein Gedanke, der Hilde Spiel nie gekommen wäre. Und dies gewiss nicht nur, weil sie es als deutsch schreibende Journalistin dort schwer hätte.

Wie sehr Spiel das Leben in diesen fünf Wochen in der alten Heimat genossen habe, gehe aus der *Rückkehr nach Wien* nur in geringem Maße hervor, bemerkt Ingrid Schramm. In ihrer Autobiografie schreibt Spiel, dass sie, zermürbt von Krieg und Lebensmittelrationierung, nach Vergnügungen förmlich ausgehungert gewesen sei. »Ist das schlimm von mir?« Am Ende der *Rückkehr nach Wien* heißt es: »Ich werde nach England zurückkehren und neuerlich den Kontinent besuchen und wieder erproben müssen, wo ich wahrhaft zuhause bin.«

Anfang des Jahres 1962, Spiel lebt nach zwei aufregenden journalistischen Jahren in Berlin als Theaterkritikerin seit 1950 wieder in London, meistens unglücklich, erscheint ein großes Buch von ihr mit dem Titel *Fanny von Arnstein oder Die Emanzipation*. Hilde Spiel hielt das Buch für ihr Hauptwerk.

Dass sie sich angesichts ihrer großen Distanz zum Judentum, von der hier ausführlich die Rede war, ausgerechnet einer Jüdin des josephinischen Zeitalters annimmt, überrascht: »Ein Frauenleben an der Zeitenwende«, wie der Untertitel lautet. Der Widerspruch selbst nötigt zur Deutung. Er verweist auf einen Zwiespalt im Leben Spiels. Zeitlebens, oder zumindest seit ihrer Flucht nach London, ist ihr die Heimat abhandengekommen. Sie führt ein Leben zwischen London und Wien, mal hier, mal dort, worunter sie leidet und woraus sie die kreative Kraft ihres journalistischen wie literarischen Werks schöpft, womöglich die kreative Kraft ihrer Existenz.

Fanny Arnstein (1758–1818), die Heldin des Buches, hat der Nachwelt nichts Schriftliches hinterlassen, keinen Brief, kein Zeugnis von ihrer Hand. Und doch galt sie als »die interessanteste Frau Europas«, wie die Mutter von Felix Mendelssohn nach ihrem Tod notierte. Die jüdische Preußin Franziska Arnsteiner, deren Lebensspanne von der Aufklärung über die Zeit der Französischen Revolution bis in die Anfangsjahre der Restauration reicht und die während des Wiener Kongresses in ihrem Salon führende Vertreter der europäischen Nationen versammelte, war für Hilde Spiel »nicht so sehr eine Persönlichkeit, sondern eine wahre Leit-, Signal-, und Symbolfigur der jüdischen, wie der weiblichen Emanzipation«, wie sie am 21. September 1987 an Marion Berghahn schreibt. Aber natürlich geht es um die Emanzipationsgeschichte einer Jüdin aus Mitteleuropa; mit den Ostjuden hat Spiel auch fürderhin nichts am Hut.

In Spiels Exposé an den Verlag gibt es Hinweise darauf, warum ihr diese Frau so wichtig war: »Mit Fanny, der Berlinerin, beginnt die Geschichte der Emanzipation in Österreich, aber auch die Geschichte jener jüdischen Gesellschaft von hoher Kultur und Geistigkeit, der im Wien der Jahrhundertwende Schnitzler, Hofmannsthal, Beer-Hofmann und so viele andere entsprangen und die im Jahr 1938 ihr Ende fand.« Nun also hält sie doch die Emanzipationsgeschichte der Juden durch Hitler für beendet. Aber sie schreibt eben nicht über den Untergang, sondern über die hoffnungsvolle Epoche der jüdischen Emanzipation.

Im Vorwort heißt es: »Fanny war sich bewusst, aus welchem Volk, in welcher Zeit und an welchem Ort sie geboren war, und sie füllte ihren Platz in der Geschichte mit Anmut, Geist und Würde.« In ihr, so Spiel weiter, hätten die Großen der Erde »ein gleichberechtigtes Wesen erkannt«: »In ihr ehren sie, was seit Jahrtausenden verachtet worden war.«

Spiel beginnt ihre Darstellung im Jahr 1776 mit der Reise des jungvermählten Paares Nathan Adam und Franziska Arnstein, geborene Itzig, von Berlin, wo Fannys Vater als Fabrikant und Hofbankier Friedrichs des Großen ein wohlhabender und angesehener Mann war, in das Wien Maria Theresias. Die seit achtzig Jahren in Wien ansässige Familie des Bräutigams hatte einen ähnlich raschen wirtschaftlichen Aufstieg erlebt wie Fannys Familie in Berlin. Aufgrund dieser familiären Konstellation, so die Germanistin Waltraud Strickhausen, habe sich Fanny als historische Figur angeboten, anhand derer die Geschichte der Juden in Preußen und Österreich kontrastierend vorgestellt werden konnte.

Und dann entfaltet Spiel auf über fünfhundert Seiten das Bild einer emanzipierten Frau, die durch Bildung, Geist und Selbstverständnis die Herrscher und Mächtigen, Dichter und Philosophen um sich scharte: im Salon, jenem Ort, den gerade die jüdischen Frauen (Rahel Varnhagen, Henriette Herz) zum Raum freier Geselligkeit zu machen wussten. Spiel lobt Fannys »unbeirrten Willen zur Versöhnung in allumfassendem Sinne, im Geist und in der Realität«. Am leidenschaftlichsten habe diese hochgewachsene Frau mit den schönen Augen für die Emanzipation ihrer Glaubensbrüder gekämpft. Dank ihrer gesellschaftlichen Stellung, ihres Mutes und ihrer Anziehungskraft sei es Fanny Arnstein gelungen, die Gleichberechtigung der Juden auch außerhalb der Stadtmauern durchzusetzen.

In Fanny Arnstein sah Spiel »das Symbol einer dritten Lösung« der sogenannten Judenfrage jenseits der vollkommenen Anpassung an die christliche Gesellschaft durch die Taufe – also der Aufgabe der Prägung durch Totalassimilation – und des Zionismus, »der Errichtung eines neuen Nationalstaates auf uraltem Boden«, eine Form des Nationalismus, wenn man so will. Damit ist Fannys Lebensweg eine Alternative zu dem jener jungen Burschen aus Südosteuropa, die sie 1946 in den DP-Lagern angetroffen hat, die keine Alternative kannten zur Auswanderung nach Palästina.

Auf verschlungenem Weg wird nun auch Hilde Spiel zur Vorkämpferin der Gleichberechtigung. Bei Fanny Arnstein, dieser aufgeklärt-emanzipierten Frau, geht es um die Gleichberechtigung zwischen Frau und Mann – und zugleich um die Gleichberechtigung der Juden in einer christlich dominierten Welt. Ist es nicht merkwürdig und großartig, dass Spiel, die von sich behauptete, sich für das Judentum nicht zu interessieren, ihr Hauptwerk nicht ohne Pathos und Optimismus über eine große europäische Jüdin schreibt?

Fanny Arnstein, wie gesagt, ist eben nicht nur eine Identifikationsgestalt gelungener jüdischer Emanzipation, sondern – was gerne übersehen wird – nicht minder ein Modell der Frauenemanzipation. Eine gebildete Frau, *femme de lettres*, als Haupt des Salons, in dem sie das vorwiegend männliche Wirtschafts-, Bildungs- und politische Bürgertum nebst dem Hochadel versammelt. Auch politisch war Arnstein in hohem Maß engagiert: Zusammen mit ihrem Mann unterstützte sie den Volksaufstand der Tiroler gegen Napoleon. Und zugleich ist Fanny auch Ehefrau, Mutter und Herrscherin eines großen Hauses. Ihre Tochter Henriette von Pereira-Arnstein, eine Pianistin, machte sich in Wien in ihrer Nachfolge einen Namen als Gastgeberin eines Salons.

Fanny Arnstein ist schließlich wohl auch Rollenvorbild für Spiel selbst: Weibliche Emanzipation erreicht man nicht durch Selbstthematisierung des Frauseins, durch Opferdiskurse oder Absetzungsattacken auf das Patriarchat. Emanzipation muss man einfach machen, würde Hilde Spiel sagen.

Seit 1962 war Spiel wieder zurück auf dem Kontinent. Die FAZ hatte ihr das Angebot gemacht, als Kulturberichterstatterin über und aus Wien zu schreiben. Das Fixum, das man der ständigen freien Mitarbeiterin und Korrespondentin bezahlte, lag bei 3000 Mark, was für die Zeit um 1960 ein verhältnismäßig gutes Einkommen war. Es beruhigte sie, dass sie zum ersten Mal im Leben ein sicheres journalistisches Standbein hatte. Immerhin war sie da bereits zweiundfünfzig Jahre alt.

Spätestens in diesen späten Jahren wird auch Spiel zur »Grande Dame der österreichischen Literatur«, wie sie von der *Neuen Zürcher Zeitung* genannt wird, oder überbietend die »Grande Dame der deutschsprachigen Literatur«, zu der sie Marcel Reich-Ranicki in einer Rede zu ihrem siebzigsten Geburtstag adelte. Was Letzteren freilich nicht von seinem übergriffigen Ton abhielt, unter dem alle Frauen bei der FAZ litten. Der Chef des Frankfurter Literaturblattes sprach seine Kolleginnen nicht nur mit »Liebchen« oder »Liebste« an, sondern pflegte auch sonst einen ungewöhnlich despektierlichen Umgangston. Als er der Wien-Korrespondentin 1975 zu einem Nachruf gratulierte – ein Auftrag, den sie offenbar zunächst nicht hatte übernehmen wollen –, war in seinem Brief zu lesen: »Ihr Neumann-Nachruf war von allen, die ich gelesen habe, der weitaus beste. Ich freue mich, dass ich Sie zu dieser Arbeit sanft gezwungen habe. Sie gehören offenbar zu den Damen, die vergewaltigt werden wollen. Mir soll es recht sein.« Die Historikerin Roxanne Narz lässt in ihrer Dissertation über das Feuilleton der FAZ keinen Zweifel, dass dieser Brief alles andere als ein einmaliger Ausrutscher war. Ob Spiel darauf reagierte, wissen wir nicht.

Spiel, die alle kannte, die im Wiener Kulturleben wichtig waren oder die wichtig waren, wenn Spiel sie kannte, blieb als Journalistin notorisch unzufrieden. »Eingebettet und vergraben in, überflutet und zugedeckt von, zur Erschlaffung der Geisteskraft getrieben durch Kleinkram, Windspruch, Tagesgestammel, schreibe ich heimlich und unsichtbar, des Nachts, am frühen Morgen, in leeren Sekunden zwischen dem Aufspüren eines Wortes und dessen Gestaltannahme auf dem weißen Papier mittels Tastendruck auf die elektrische Report de Luxe.« So beginnt ein mit »Preisgabe« überschriebener Text, abgedruckt in dem Sammelband *Kleine Schritte* von 1976, über ihre Arbeit an dem Roman *Anna und Anna*. Sie hat den Eindruck, ihr »eigentliches« Schreiben müsse sie des Nachts und am frühen Morgen der journalistischen Alltagsarbeit abtrotzen. Man werde festgelegt auf das, was man am sichtbarsten ist, beklagt sie sich und meint den Beruf der Journalistin, den sie als »Brotberuf« entwertet: »Der Respekt, der dem Schriftsteller gezollt wird, der nichts anderes tut als dichterische Hervorbringungen oder sogar Lyrik zu publizieren, dieser Respekt wird einem vorenthalten, wenn man ein allzu häufiger Tagesschreiber ist.«

Spiel hat recht in dem, was sie über ihren Brotberuf schreibt. Zugleich fällt sie ein eklatantes Fehlurteil. Denn ihre journalistische Tagesarbeit ist häufig beste literarische Prosa, präzise, ohne Schnörkel. Weder prunkend noch kryptisch und schon gar nicht einschüchternd seien alle diese Hilde-Spiel-Sätze, schreibt Marko Martin. Ihre lebenslang gespaltene Existenz zwischen England und Österreich/Deutschland gab ihr jene stilistische Stärke, »quasi von der Seitenlinie« zu schreiben: mit einer respektvoll-emphatischen Dezenz, die das Brüchige, Fragile, Tapfere und mitunter auch Inkohärente des Lebens in eindringlicher Sanftheit skizziert.

6

Meisterin der Schweigespirale

Elisabeth Noelle-Neumann (1916–2010)

»Als ich zum *Reich* kam, 1943, war die Noelle noch ein junges Mädchen, doch als Hochbegabte schon Legende.« So erinnert sich meine verlässliche Historiografin, die vier Jahre jüngere Kollegin Christa Rotzoll, in ihren Porträtskizzen *Frauen und Zeiten* an Elisabeth Noelle. Ob eine Frau mit sechsundzwanzig Jahren noch ein junges Mädchen ist, darüber wird man geteilter Meinung sein können. Aber dass diese junge Frau hochbegabt und eine Legende war, darüber waren sich die meisten einig.

Elisabeth Noelle hatte eine Zeit als »Schriftleiterin in Ausbildung« hinter sich, eine Art verkürztes Volontariat, bevor sie im Oktober 1940 beim neu gegründeten *Reich* anheuerte, wo sie zunächst zuständig war für die Rubrik »Briefe aus dem Reich«, dann als Nachfolgerin ihres späteren Manns Erich Peter Neumann als Leiterin des Ressorts »Innenpolitik«.

Noelle wurde schnell zum Star. In den knapp zweieinhalb Jahren bis zu ihrem Wechsel zur *Frankfurter Zeitung* verstand sie es, sich mit Fleiß, Selbstbewusstsein und Ellenbogen einen Namen zu machen. »Manche fanden sie über-ehrgeizig«, so erinnert sich Rotzoll: »Die redet über eine

Reportage, als ob sie ein Kind bekommen sollte.« Das sagt viel: Das Schreiben stand für diese Frauen an erster Stelle, selbst wenn sie eigene Kinder hatten. Noelle blieb in ihren zwei Ehen mit Peter Erich Neumann und Heinz Maier-Leibnitz kinderlos. Das Recherchieren, Schreiben und Forschen verlangten ihren ganzen Einsatz. »Ich stehe früh auf und beginne nahezu sofort zu arbeiten«, bekannte sie noch im Alter von neunundachtzig Jahren in einem Interview mit dem Magazin *Stern*. Unglaublich kreativ und willensstark sei sie gewesen, aber auch »eine sehr kapriziöse Frau«, so charakterisiert sie Renate Köcher, ihre Nachfolgerin als Direktorin des Instituts für Meinungsforschung in Allensbach.

Um sich in der Männerwelt – Journalisten, Politiker, Akademiker – durchzusetzen, muss man hart arbeiten und früh aufstehen. In diesem Verständnis von Arbeitsdisziplin, fragte man sie, wären sich alle Frauen dieser Zeit einig. Ob sie angesichts dieser Pionierarbeit im Dienste der Frauenemanzipation denn nie in Versuchung gekommen sei, sich als Feministin zu bezeichnen, fragt Elisabeth Noelle in ihren *Erinnerungen* und gibt sich sogleich selbst die Antwort: »Ich sage dann immer, das habe meine Großtante Adeline Rittershaus schon für mich besorgt.« Die Großtante, »eine großartige, hochbegabte, selbstbewusste Frau«, war nach dem Abitur in die Schweiz gegangen, da Frauen im Kaiserreich nicht studieren durften, und wurde als erste Frau an der Universität Zürich promoviert. Später habilitierte sie dort. »Man kann sich heute kaum noch vorstellen, mit welchen Schwierigkeiten eine Frau damals zu kämpfen hatte, wenn sie so wie meine Großtante ein selbstbestimmtes Leben führen wollte.« Will sagen, wer so eine Frau als Großtante hat, braucht selbst nicht mehr zur Feministin werden.

»Meine Eltern wussten nicht, was sie mit mir anfangen sollten, weil ich so intelligent war.« So steht es gleich zu Anfang ihrer Autobiografie. Man sollte die Selbstcharakterisierung nicht mit Ironie verwechseln; Ironie war ihr fremd. Noelle beschreibt sich in diesen 2006 erschienen Erinnerungen als von Kindheit an frech-aufmüpfig, arrogant-elitär, trotzig-pubertär, anti-autoritär – und außerdem ziemlich faul. Letzteres ist ihr besonders wichtig, weil es der höheren Ehre dient: Während andere viel pauken müssen, um im Leben erfolgreich zu werden, flog Noelle immer alles zu. Eine von der Sonne verwöhnte und vom Glück verfolgte Frau. Unter anderem auch deshalb wuchs zeitlebens die Zahl ihrer Gegner, ja Feinde, beständig. Noelle schenkte ihnen nichts, verfolgte sie mit Spott, Polemik, Wut und gerne auch mit Hilfe von Gerichten, um sie zu zwingen, Unwahrheiten nicht weiter in die Welt zu setzen. Fast immer ging es dabei um ihre politische und ideologische Haltung als junge Journalistin in der Nazizeit.

Diese Frau – Journalistin, Publizistin, Demoskopin, Professorin – war nicht nur ehrgeizig, sondern auch kreativ und extrem erfolgreich: Als »Pythia vom Bodensee« war sie in der frühen Bundesrepublik die autoritative Interpretin des Meinungsklimas. Mit dem von ihr 1947 in Allensbach am Bodensee gegründeten Institut für Demoskopie wurde sie zur Pionierin der empirischen Meinungsforschung in Deutschland, eine Methode der Sozialforschung, die sie in den USA kennengelernt hatte, die es vorher in Deutschland nicht gab. Die Wettbewerber (forsa, infas, infratest dimap und wie sie heißen) kamen erst später.

Noelle-Neumann kommt in meiner Gruppe journalistischer Pionierinnen nicht nur wegen ihrer Prominenz, sondern erst recht wegen ihrer Ambivalenz vor. Sie war wie kaum eine andere geprägt von der Kindheit und Jugend in Nationalsozialismus und Krieg und verkörpert wie kaum eine andere in ihrem Berufs- wie öffentlichen Leben jene »Liberalisierung als Lernprozess« (Ulrich Herbert), welche zur Signatur der Bundesrepublik zwischen 1945 und 1980 gehört. An diesem Begriff sind beide Teile wichtig: Deutschland fand – eigentlich zum ersten Mal in seiner Geschichte – Anschluss an die liberal-demokratischen Werte des Westens. Doch dieser Wertewandel vollzog sich nicht auf einen Schlag, sondern dauerte.

Noelle macht – wie Margret Boveri und Marion Dönhoff – in jungen Jahren prägende und zugleich ambivalente Erfahrungen in den USA, wo sie mit einem Stipendium der Nazis Journalismus studiert. Sie teilt diese Ambivalenzerfahrung mit allen deutschen Amerikareisenden, fast könnte man sagen bis heute. Es ist die Faszination von der Weite des Landes und der Offenheit der Menschen, verbunden mit dem alteuropäischen Dünkel angesichts einer »Oberflächlichkeit« und intellektuellen Dürftigkeit der USA: Antikapitalismus, Antikonsumismus und Antisemitismus, so lautete die Trias des Ressentiments; zumindest deren erste beiden Ismen werden auch von Noelle geteilt. Wie weit es auch Antisemitismus gab, ist umstritten; einiges deutet darauf hin, dass es den gab.

Trotz ihres zeittypischen Ressentiments gegen die Vermassung wird Noelle nach dem Krieg zur Pionierin der Analyse der öffentlichen Meinung. Demoskopie, empirische Meinungsforschung durch mündliche Umfragen, kann als urdemokratische Methode zur Erstellung von Transparenz und natürlich auch Manipulation gesellschaftlicher Einstellungen beschrieben werden. Zugleich kann empirische Meinungsforschung als Fortsetzung des Journalismus mit anderen, womöglich besseren Mitteln verstanden werden. Was der Reporter als individuelle Geschichte aus dem Feld in seine Redaktion nach Hause bringt (subjektiv, womöglich verzerrt von eigenen politischen Neigungen), »objektiviert« die Meinungsforschung auf einer quantitativ gesicherten Basis der Befragung repräsentativer Samples. Heute, im digitalen Zeitalter, nennt man so etwas Datenjournalismus. Darin ist Noelle-Neumann absolut modern, nicht nur die amerikanische Sozialforschung hierzulande nachholend, sondern auch ihrer Zeit voraus – eben als Protagonistin einer Vorform eines quantitativ arbeitenden Datenjournalismus.

Noelle weigert sich ein Leben lang hartnäckig, ja, aggressiv, ihr eigenes Leben als liberalen Lernprozess zu beschreiben, was bedeuten würde, Fehleinschätzungen, geistige Umwege, Verführungen und intellektuelle Verirrungen in den ersten dreißig Jahren ihres Lebens sich und der Öffentlichkeit gegenüber einzugestehen. Stattdessen stilisierte sie sich zwar nicht bis zur Widerstandskämpferin, aber doch als Naziopponentin. Wer anderes behauptet, den verfolgte sie als böswilligen Menschen.

Hier soll keine Biografie der Elisabeth Noelle-Neumann versucht werden. Diese harrt immer noch einer Autorin oder eines Autors – anders als die Gräfin Dönhoff, die sich vor Biografen nicht retten kann. Fokussieren wir uns auf drei Stationen ihres Lebens: ihren Journalismus in den vierziger Jahren, die Zeit des Übergangs unmittelbar nach der deutschen Kapitulation im Mai 1945 und schließlich auf ihr Hauptwerk, *Die Schweigespirale* aus dem Jahr 1980, eine Theorie der öffentlichen Meinung. Quellen sind ihre Texte aus den vierziger Jahren, ihre Autobiografie und – ganz besonders – ihr im Jahr 2021 veröffentlichter, sehr intensiver

Briefwechsel mit dem Schriftsteller Fred von Hoerschelmann, ihrem Jugendfreund, dem sie Jahrzehnte die Treue hielt. Zeigen lässt sich, wie extrem modern und aktuell diese Journalistin war, insofern sie – fast contre cœur – einen liberalen Wertewandel der Deutschen dokumentierte und beförderte, indem sie sich für den Erfolg der bundesrepublikanischen Demokratie und der sozialen Marktwirtschaft einsetzte. Es ist ein Leben in Ambivalenzen, welche anzuerkennen sie beständig verweigerte.

Elisabeth Noelle war zwanzig und Studentin in München, als sie im Juni 1937 mit Kommilitoninnen einen Ausflug in die Berge unternahm und dabei auch den Obersalzberg besichtigte. »Plötzlich stand Hitler vor seinem Berghof und grüßte die abwärts wandernden Menschenschlangen«, so erzählt sie es fast siebzig Jahre später. Ein Adjutant Hitlers sei zu den Mädchen gekommen und habe gerufen, Hitler wolle sie begrüßen. »Wir scherten aus der Menschenschlange aus und folgten ihm zum Berghof. Da stand auch schon Hitler und begrüßte uns mit Handschlag.«

Hitler lud zu Tee und Kuchen, die Mädchen fanden das aufregend. Er habe sie direkt angesprochen und gesagt: »Ich frage mich oft, ob es mir so gehen wird wie Mose, der das gelobte Land sah, aber nicht selbst erreichte.« Man habe sich an den Tisch gesetzt. Noelle: »Ich selbst saß direkt neben Hitler.« Unaufgeregt und heiter sei die Unterhaltung gewesen, habe zwei Stunden gedauert, das Gespräch sei so spannend gewesen, dass man sogar den Kuchen vergessen habe.

Auch diese Erinnerung an das Zusammentreffen mit Hitler atmet viel Ambivalenz. Die neunzigjährige berühmte Frau unterdrückt nicht die Faszination, die »der Führer« auf sie und ihre Freundinnen ausübte. Alles andere wäre kaum plausibel gewesen. Was die Faszination ausmachte, bleibt vage. Was ihr in der späten Erzählung wichtig zu sein scheint, ist der Zufall. Die Initiative geht von Hitler aus. Die Mädchen befanden sich arglos auf einer Bergtour, nichts zu suchen, war ihr Sinn, schon gar nicht Adolf Hitler.

So einen Zufall hat die Forschung inzwischen als unwahrscheinlich, wenn nicht gänzlich unmöglich ausgeschlossen. »Ab Sommer 1936 empfängt Hitler nur noch Abordnungen organisierter Formationen wie HJ oder BDM«, so heißt es in Darstellungen über Hitlers Berghof. Der Aufmarsch von täglich rund 5000 NS-Wallfahrern am Berghof, der »quasi-religiöse Hitler-Verehrungstourismus« wurde bis ins kleinste Detail geplant – was man am Drehbuch des Films *Besuch beim Führer auf dem Obersalzberg* habe nachvollziehen können.

Noelle hingegen fragt sich später, ob sie als Studentin in Hitler »etwas vom Teufel« hätte erkennen können oder ihn – wie alle anderen – als »ganz genialen Mann mit stärkster Ausstrahlung und sogar freundlich« gesehen habe. Sie entschließt sich, darin das »Phänomen der Janusköpfigkeit« zu erkennen (ob zeitgleich oder später, bleibt offen). Wichtig für dieses Urteil ist die Distanz. Hätte sie gesehen, oder sehen wollen, Teil einer Inszenierung zu sein, wäre nicht das Phänomen der Janusköpfigkeit, sondern das der Verführung und Verführbarkeit ins Zentrum der Erinnerung gekommen. Doch als verführt wollte sich diese Frau nie sehen, die auf ihre Dickköpfigkeit und ihren Eigensinn stolz war. Man könnte noch weiter gehen und mutmaßen: Sie hat in der späten Erzählung die eigene Ambivalenz auf Hitlers angebliche Janusköpfigkeit projiziert.

Ein Jahr später fährt Noelle mit einem DAAD-Stipendium in die USA. Auch hier legt sie großen Wert darauf, das

Stipendium sei ihr aufgrund ihrer Leistung und nicht wegen ihrer Mitgliedschaft in der Arbeitsgemeinschaft National-sozialistischer Studentinnen (ANSt) zugesprochen worden. Hieran hegt die Forschung abermals Zweifel: Im autoritär-totalitären Regime wurden solche Reisen gezielt geplant, die Stipendiatinnen wurden ideologisch vorbereitet. Vom Herbst 1937 bis zum Sommer 1938 studierte sie Journalis-tik an der School of Journalism der Universität von Missouri in Columbia. Dort hörte sie Vorlesungen eines deutsch-stämmigen Historikers, der die Annexion Österreichs pries, die auch die junge USA-Besucherin als »historisch notwen-digen, zentralisierenden Prozess in Europa« billigte.

Wie viele Deutsche wundert Elisabeth Noelle sich über den »unglaublichen Konformismus« der Amerikaner, macht zugleich aber Bekanntschaft mit George Gallup, dem Be-gründer der empirischen Umfrageforschung, dessen Metho-den sie später zur Grundlage ihrer Arbeit in Allensbach machen sollte. Ihr Professor Emil Dovifat, Doyen der Zei-tungswissenschaft genannt, hatte ihr die Frage »Was tun amerikanische Zeitungen, um Frauen als Leserinnen zu ge-winnen?« als Thema für eine Dissertation mit auf den Weg gegeben. Nach dem USA-Aufenthalt entschied sie sich, über die Bedeutung von Meinungs- und Massenumfragen (im Anschluss an Gallup) zu promovieren. Hier schon ist die Modernität auffallend: Mag sein, dass Noelle sich selbst eli-tär von der Masse distanzierte. Zugleich war sie davon über-zeugt, man müsse die Meinung der vielen kennen, um die Gesellschaft zu verstehen. Journalismus hatte für sie stets eine doppelte Aufgabe: Reportagen und Berichte recherchie-ren und schreiben und zugleich die Bedingungen des Jour-nalismus (Wie erreicht man Frauen? Wie erfährt man in Umfragen etwas über die Welt?) methodisch zu reflektieren.

Man könnte sagen, Elisabeth Noelle habe beide Seiten dieser Medaille immer im Blick gehabt, zugleich aber auf ihr Berufsleben hälftig aufgeteilt: Bis 1946 machte sie »praktischen« Journalismus, anschließend machte sie »theoretischen« Journalismus (und bildete Journalisten aus). So etwas ist in Deutschland ohne Beispiel.

Der erste Artikel, den Noelle am 21. Juli 1940 im *Reich* schrieb, trug die Überschrift »Amerikanischer Sonntag«. Darin reflektiert und kommentiert sie ihre Erfahrungen aus dem USA-Aufenthalt des Jahres 1937. Jörg Becker, ihr schärfster und auf weiten Strecken einseitig und unfair urteilender Kritiker, bescheinigt ihr eine »feine Beobachtungsgabe für Details, jugendlichen Elan, Begeisterung, Lebenslust und eine Begabung für Ironie«. Wie viele Amerikabesucher ist sie fasziniert von der Weite des Landes: »Das Land, das weite Land des Horizonts, von keinem Schornstein, keinem freundlichen Dächergewirr unterbrochen, der Himmel und die kahlen Telegrafenmasten sind die Wirklichkeit.« Insgesamt, so Becker, zeichne Noelle ein »staunend-neugieriges USA-Bild«. Auf der anderen Seite verspottet sie das ignorante Geschichtsbild der Amerikaner, ihre Neigung zur Oberflächlichkeit. Franklin D. Roosevelt ist ein »kurzlebigen Meinungen ausgelieferter Mann des Mittelmaßes«. Und erwartbar wird der Kriegseintritt der USA als Wunsch des Finanzkapitals (J. P. Morgan) dargestellt. Kurzum: Elisabeth Noelle zeichnet ein Amerikabild, das alle Amerika-Stereotypen bedient, welche die Alteuropäer, besonders die Deutschen, immer schon transatlantisch zu entdecken glaubten, erst recht in den Jahren zwischen 1933 und 1945, was sie aber nicht davon abbrachte, mit größter Neugier und Faszination Amerika zu bereisen.

Insgesamt schrieb Noelle in ihrer Zeit beim *Reich* fünfundzwanzig größere Artikel. Tatsächlich zeichnen sie sich durch eine stilistische Meisterschaft aus, die verblüfft, weil wir es hier mit einer vierundzwanzigjährigen Autorin mit geringer journalistischer Erfahrung und kürzesten Ausbildungszeiten zu tun haben – ein Naturtalent. Neben Artikeln über Amerika schreibt sie Sozialreportagen, die sich – sogar von ihrem Kritiker Jörg Becker positiv bemerkt – durch »strahlende Warmherzigkeit und Anteilnahme« auszeichnen. So schreibt sie zum Beispiel über im Krieg in der Fabrik arbeitende Frauen: »Viele hundert andere Gesichter ziehen vorbei: das angespannte Gesicht einer Spitzenakkordarbeiterin, das wache Gesicht einer Frau, der man einen Messapparat anvertraut hat, das hübsche braungebrannte Gesicht einer munteren Berlinerin, der man nicht glauben möchte, dass sie schon zwei Kinder hat, das Gesicht einer werdenden Mutter.« Die Reporterin schaut hin und versteht etwas von literarischer Formgebung einer Reportage.

Wenn Becker kritisiert, der Artikel über die Fabrikarbeiterinnen lasse auch Noelles Bejahung der NS-Kriegspolitik erkennen, und dieses Urteil belegt mit folgendem Satz des Artikels: »Diese Frauen haben ihre ganze Kraft unmittelbar in den Dienst des Krieges gestellt«, so wird man widersprechen müssen. Hat die Reporterin nicht recht? Die Männer sind an der Front, die Frauen arbeiten in der Fabrik und damit, ob sie es wünschen oder nicht, »im Dienst des Krieges«. Kriegstreiberei kann man der Reportage jedenfalls nicht vorwerfen. Herauslesen kann man indes, dass wir es bereits mit einer sehr professionellen jungen Reporterin zu tun haben, die ihr Handwerk versteht. Dass man, wie sie und viele ihrer Kolleginnen immer wieder nach dem Krieg beteuern, auch »die feinsten Zeichen« der Distanz zum System in ihren Texten »entschlüsseln« könne, bleibt Behauptung ihrer selbstrechtfertigenden Hermeneutik im Nachhinein, ebenso unbewiesen wie der Vorwurf der Überidentifikation mit den Kriegszielen der Nazis.

Neben den USA-Stücken und den Sozialreportagen gibt es noch eine dritte Gruppe von Artikeln Noelles aus den Kriegsjahren, die die Forschung unter »Propaganda« subsummiert. Darin schildert die Autorin zutreffend, wenn man es gut mit ihr meint, wie erfolgreich das Nazisystem seine Macht auf einem modernen Propagandaapparat (Volksempfänger, Film) aufbaut, der seinen Eliten Akzeptanz und Gefolgschaft beim »Volk« sichert. Meint man es weniger gut mit ihr, so lässt sich zumindest hinzufügen, dass es nirgends einen Hinweis innerer Distanz der Autorin zu diesem System zu sehen gibt. Die Faszination hingegen bemerkt man schon.

Lässt man heute, achtzig Jahre nach Erscheinen dieser Artikel, den Nazijägergestus hinter sich, dann muss man Elisabeth Noelle einen hellsichtigen Blick der Zeitgenossin für die technische Modernität des Nationalsozialismus zubilligen, den die Forschung erst viel später gesehen hat – weil sie lange dachte, dass böse Mächte auch technisch rückständig zu sein hätten. Noelle hingegen erkennt die Wichtigkeit von Massenkommunikation im technischen Zeitalter, ein Thema, das ihr Lebensthema werden wird und das sie als Reporterin aus der wachen Recherche heraus entwickelt hat. Abermals gehen praktischer Journalismus und theoretische Reflexion Hand in Hand.

Nach einem Artikel über Franklin D. Roosevelt Ende 1942, der aus Goebbels' Sicht zu positiv ausgefallen war, erhält sie beim *Reich* die Kündigung. Unterschlupf findet sie bei der *Frankfurter Zeitung* (FZ). Erich Welter, Redakteur der FZ und später Gründungsherausgeber der FAZ, bietet ihr einen Platz in der Redaktionskonferenz an mit dem Satz: »Sie sind die erste Frau, die an diesem Tisch Platz nimmt.« Darauf Noelle patzig: »Das interessiert mich nicht.« Das passt. Zu Noelle. Und zu allen Frauen dieses Buches. Doch dann vergisst Noelle nicht zu erwähnen, dass »die große Margret Boveri« lediglich »am Rande des Konferenzzimmers der FZ einen Stuhl zugewiesen bekam«. Das passt nun auch: Boveri habe »den Eindruck gewinnen müssen, dass ich machen könne, was ich wolle, mir fiele doch alles in den Schoß, wonach andere vergeblich strebten«.

Nach einem Artikel über Eleanor Roosevelt, »Porträt einer Amerikanerin«, in der FZ im April 1943 erschienen, spricht das Reichspropagandaministerium ein Schreibverbot aus, da sie »jegliches politisches Fingerspitzengefühl vermissen« lasse. Noelle berichtet darüber in ihrer Autobiografie, zitiert auch Quellen. Doch scheint das Verbot nicht so rigoros gewesen zu sein oder wurde womöglich auch wieder kassiert: Jedenfalls veröffentlichte die FZ anschließend noch weitere Artikel von ihr. Am 31. August 1943 erschien dann die endgültig letzte Ausgabe der *Frankfurter Zeitung*.

Verlassen wir also die Journalistin der Kriegszeit und fragen uns in einer Nahaufnahme, wie aus der Reporterin Elisabeth Noelle die Demoskopin Elisabeth Noelle-Neumann werden konnte. Seit dem Verbot der *Frankfurter Zeitung* durch Hitler im Mai 1943 hatte Noelle keine feste Anstellung mehr, verfasste aber weiter journalistische Texte. Nach dem Ende des Dritten Reichs schrieb sie weiter, vorwiegend mit feuilletonistischen Themen befasst. Der in dieser Zeit besonders lebendige Briefwechsel mit ihrem Freund Fred von Hoerschelmann spiegelt die fluiden Tage der Anarchie. Noelle landet in Tübingen und macht 1946 einen Traum wahr, den sie mit ihrem damaligen Partner und späteren Ehemann Erich Peter Neumann schon 1940 geträumt haben will: »Wenn der Krieg vorüber ist, leben wir in einem Haus am Bodensee.«

Nach wie vor versteht sie sich als Journalistin. Ihre neue Heimat am Bodensee, schreibt sie an Hoerschelmann, »hätte man gut für die Außenredaktion einer Zeitung halten können«. Sie arbeitet an einem Artikel über den amerikanischen Roman und verrät dem Brieffreund, dass sie vor allem Pflaumen und Apfelmus koche. Für die Nachgeborenen immer wieder merkwürdig wirkt, dass es in allen Briefen aus dieser unmittelbaren Nachkriegszeit keine einzige Reflexion oder zumindest Verwunderung über die verbrecherische Zeit der Nazis gibt, die man gerade zwölf Jahre lang durchlebt und aktiv mitgestaltet hat. Ob Selbstschutz, Verdrängung, Notwendigkeit des Weiter- und Überlebens oder etwas ganz anderes, das muss hier nicht entschieden werden.

Tatsächlich war es dann die »Clique« der Kollegen aus dem *Reich*, welcher sie ihre neue Bestimmung verdankt. Jürgen Schüddekopf, der umtriebige Ex-Feuilletonchef des *Reichs*, war bei der unter der Lizenz der Amerikaner neu gegründeten *Welt* gelandet und hatte Noelle gebeten, für die Zeitung einen Fragebogen zu entwerfen, den die Leserinnen und Leser ausfüllen und zurückschicken sollten. Das erinnerte sie an die Gallup-Methode, die sie aus den USA kannte, die freilich statt methodisch zweifelhafter schriftlicher Verfahren eine mündlich-persönliche Befragung durch die Interviewer vorschrieb. Zeitgleich erhielt Noelle im Herbst 1946 von den französischen Besatzern im Südwesten den Auftrag, eine Umfrage durchzuführen über die Einstellungen der deutschen Jugend zur Demokratie. »Das war der

Beginn des Instituts für Demoskopie in Allensbach«, schreibt sie in ihren Erinnerungen.

Am 8. Mai 1947 geht es los. Neumann und Noelle entwickelten die ersten Fragebögen, stellten die ersten Mitarbeiter ein. Was von Weitem wie ein Bruch und Wechsel des Berufs aussieht, empfand Noelle ganz und gar nicht so. »Ernst Peter Neumann meint ja, meine größte Fähigkeit bestände darin, Fragen stellen zu können, und so sei es nur natürlich, dass ich von der Gallup-Methode magisch angezogen worden wäre«, schreibt sie an den Briefpartner Hoerschelmann. Man wird ihr recht geben müssen: Zu fragen – sagen wir: richtig zu fragen –, ist eine der zentralen Anforderungen an Journalisten, nicht nur im Interview, auch in der Reportage und letztlich bei jeder Recherche. Die Voraussetzung dafür ist professionelle Neugier. All dies wird man gleichermaßen über die Demoskopie und die empirische Soziologie behaupten können, die ja ihre gemeinsamen Wurzeln auf die Chicago School of Sociology um 1900 (Robert E. Park) zurückführen. Insofern ist Meinungsforschung eine Form des Journalismus mit anderen – womöglich empirisch besser zu kontrollierenden – Mitteln.

Konsequenterweise schreibt Noelle in ihren Erinnerungen: »Zu meinem seit langem gehegten Wunsch, Journalistin zu werden, sah ich keinen Widerspruch.« Noch viele Jahre nach der Gründung des Allensbacher Instituts habe sie sich als Journalistin gefühlt –, »bis sich ganz allmählich die Erkenntnis durchsetzte, dass ich eigentlich in erster Linie Wissenschaftlerin war.«

Wie sehr die Erhebung der öffentlichen Meinung Journalismus mit anderen Mitteln war und wie sehr Noelle damit Avantgarde der Liberalisierung im Nachkriegsdeutschland wurde, soll an zwei Themen gezeigt werden: Der Persistenz des Nationalsozialismus nach 1945 und der veränderten Haltung zur Sexualität unter den Nachkriegsdeutschen.

Schon im Herbst 1948 erhielt Noelle-Neumann, wie sie jetzt hieß, den Auftrag zu einer quantitativ-qualitativen Pilotstudie über die Einstellung der Deutschen zum Dritten Reich. Auf die Frage »Halten Sie den Nationalsozialismus für eine gute Idee, die schlecht ausgeführt wurde?«, antworteten 57 Prozent mit Ja, 28 Prozent mit Nein, während 15 Prozent unentschieden waren. Noelle und ihr Ehemann schrieben dazu unter der Überschrift »Eine Studie über die Nachwirkungen des Nationalsozialismus« im April 1949 in ihrem Bericht: »Der Majorität dieses Volkes ist die geistige Kriminalität des Systems, das den Opportunismus zur Ideologie erhob, nie klar geworden. Trotz aller enthüllenden Literatur hat die Fassade des ›sozialen Staates‹, hinter der die präziseste Ausbeutung stattfand, nichts an Reiz verloren.« Außerdem weisen die Autoren darauf hin, dass der Großteil der Befragten nicht nur die Weimarer Republik negativ beurteile, sondern die parlamentarische Staatsform ganz generell ablehne. Wohlgemerkt: Das war 1949 im Jahr der Gründung der Bundesrepublik Deutschland als parlamentarische Demokratie.

Das ist nicht alles. In derselben Befragung machen Noelle und Neumann darauf aufmerksam, wie die Deutschen es anzustellen vermochten, sich von einer Verantwortung am Massenmord an den Juden freizusprechen – nämlich durch begriffliche Entdramatisierung und Distanzierung. Zitieren wir noch einmal den Bericht im Original: »Es ist vielleicht die tiefstgreifende Nachwirkung des Nationalsozialismus, dass er die Massen lehrte, die Grausamkeit hinter einer ordentlichen Titulatur zu verbergen. Von dieser Bequemlichkeit machen alle Versuchspersonen Gebrauch. Sie reden von: Judenverfolgung, Judenfrage, radikalem Vorgehen gegen die Juden, Judensache, Judenliquidierung. Keiner wagt, von Mord und Tötung zu sprechen, keiner wagt, auch nur ungefähr den Umfang dieser Massenvernichtung anzudeuten. Von diesen Gräueln will man sich nicht verfolgen lassen, und man will nicht daran erinnert werden: es ist der klassische Fall einer Verdrängung großen Stils.«

Diesen Text muss man meines Erachtens tatsächlich als »Journalismus at its best« im Sinne seines aufklärerischen Auftrags einordnen. Die Analyse ist messerscharf, sie »sagt, was ist« (Rudolf Augstein), hat den Beweis für die Behauptung empirisch auf ihrer Seite und beschreibt die »Verdrängung großen Stils«, lange bevor diese öffentlich zum Thema wurde – in den Frankfurter Auschwitzprozessen 1963 und der Ausstrahlung der Serie *Holocaust* im Jahr 1979. Nicht nur methodisch ist der Bericht seiner Zeit weit voraus. Weder bei Dönhoff noch bei Boveri gibt es zu den Naziverbrechen in dieser Zeit etwas zu lesen. Im Gegenteil: Dönhoff und Boveri widmen sich der Entschuldung von Nazigrößen wie Ernst von Weizsäcker. »Dass zu einem solch frühen Zeitpunkt nach dem Krieg eine solche Untersuchung durchgeführt wurde, widersprach allen verbreiteten Annahmen, wonach sich damals niemand mit diesem Thema habe auseinandersetzen wollen«, schreibt Noelle-Neumann in den Erinnerungen. Sie hat recht.

Ein zweites, sehr anderes Beispiel (entnommen dem vorzüglichen Kommentar des Briefwechsels mit Hoerschelmann): Im Auftrag der Zeitschrift *Wochenend: Bilderzeitung zur Erholung im Alltag*, die von 1948 bis 1966 im Nürnberger Olympia Verlag erschien und mit einer Auflage von 700 000 Exemplaren sowie einer Leserschaft von zwei Millionen damals die größte deutsche Unterhaltungszeitschrift war, führte das Allensbacher Institut im August und September 1949 eine »Umfrage im Bereich der Intimsphäre« durch. Liselotte Krakauer, die Chefredakteurin der Zeitschrift (und später der Jugendzeitschrift *Bravo* von 1959 bis 1972), hatte sich von der berühmten amerikanischen Kinsey-Studie für das Thema inspirieren lassen.

Zwischen 1949 und 1950 veröffentlichte die *Wochenend* in fünfzehn Folgen ganzseitig die Ergebnisse der »großen deutschen Sexual-Analyse« aus Allensbach. Der Titel der Serie lautete »Die Urmacht der Liebe in unserer Zeit«. Zwar spiegeln die Ergebnisse einerseits eine positive Einstellung zu den hergebrachten Werten von Ehe und Familie – 85 Prozent der Verheirateten zeigten sich mit ihrer Ehe zufrieden, 79 Prozent auch in sexueller Hinsicht. Doch die Frage, ob die Ehe die Voraussetzung für ein wirklich glückliches Leben sei, bejahten nur noch 49 Prozent der Befragten, während sich 69 Prozent Lebensglück nicht ohne sexuelle Beziehungen vorstellen konnten. Die Allensbacher Studie folgerte daraus, »Glück steht also mit den sexuellen Beziehungen in einem engeren Zusammenhang als mit der Institution der Ehe.«

So viel zum Wertewandel in der frühen Nachkriegszeit – Allensbach zufolge ist dieser auch bedingt durch den kriegsbedingten »Frauenüberschuss« –, einen Wertewandel, den es nach allgemeiner Einstellung bis heute damals überhaupt noch nicht gegeben haben dürfte, weil dafür doch die sexuelle Revolution der Achtundsechziger das Patent in der Hand zu halten beansprucht. Abermals zeigt sich hier, dass das Klischee von den spießig-verklemmten fünfziger Jahren eben ein Klischee ist. Dass diese Zeit »miefig« und »reaktionär« gewesen sei, bestreitet Noelle-Neumann. »Allerdings war es eine Zeit, in der sich gesellschaftliche

Erschütterungen ankündigten, die die westdeutsche Gesellschaft noch Jahrzehnte später prägen sollten«, schreibt sie in ihren Erinnerungen. Besonders verfehlt ist die Beschreibung der Zeit als sexuell verklemmt. Das Gegenteil dürfte eher zutreffen: Nach Krieg, Not und Elend wollten die Menschen ihre Lust ausleben.

»Die fünfziger Jahre waren für mich wie für viele andere Menschen eine wunderbare Zeit, geprägt von Aufbruchstimmung und dem scheinbar unaufhaltsam steigenden Wohlstand, der als Folge von Ludwig Erhards sozialer Marktwirtschaft das ganze Land erfasste«, schreibt Elisabeth Noelle-Neumann. Tatsächlich hatte es die von den amerikanischen Besatzern durchgesetzte Marktwirtschaft hierzulande nicht leicht, akzeptiert zu werden. Zum Durchbruch verhalfen ihr die praktischen Erfolge – wachsender Wohlstand –, aber auch die flankierende demoskopische Forschung des Allensbacher Instituts. Früh war Noelle-Neumann mit Ludwig Erhard bekannt geworden, hatte ihn dabei unterstützt, ein Verständnis für die Marktwirtschaft bei der Bevölkerung zu wecken. Selbst in weiten Teilen der CDU (Ahlener Programm) waren damals Sympathien mit der Planwirtschaft verbreitet. Dass Noelle-Neumann auch zu Konrad Adenauer ein positives Verhältnis hatte, regelmäßig in der FAZ Artikel über das Meinungsklima in Deutschland schrieb, dass sie eine auch wirtschaftlich erfolgreiche Unternehmerin wurde, zugleich verbunden mit einem Lehrstuhl für Publizistik an der Universität Mainz, all das trug nicht nur zu ihrer Ausnahmestellung im Nachkriegsdeutschland bei, sondern auch dazu, dass sie den linksintellektuellen Eliten des Landes bis heute zutiefst suspekt geblieben ist.

Dies gilt auch für ihr Hauptwerk *Die Schweigespirale*. In

den Wahlkämpfen der siebziger Jahre entwickelt, 1980 veröffentlicht, hat das Buch seither viele Neuauflagen erfahren, begleitet von bissiger Kritik. »Mehr Demagogie als Demoskopie« warf ihr der Fernsehjournalist Franz Alt im Juni 1980 in einer Besprechung im *Spiegel* vor. Die These des Buches, knapp zusammengefasst, lautet: Es ist ein menschliches Grundbedürfnis, nicht von seinen Mitmenschen isoliert zu sein. Deshalb ist der Einzelne ständig besorgt, er könnte sich durch seine Meinungsäußerungen oder sein Verhalten bei anderen unbeliebt machen – erst recht dann, wenn seine Meinungen nicht der Mehrheitsmeinung entsprechen. Isolationsdrohungen gegen Abweichler bedingen eine Isolationsfurcht, welche die Spirale antreibt: Immer mehr Menschen verschweigen opportunistisch ihre eigene Meinung, wenn sie Isolation befürchten. Diejenigen dagegen, die öffentliche Unterstützung für ihre Position spüren, sagen ihre Meinung laut und deutlich.

Noelle-Neumann ließ keinen Zweifel daran, dass diese Spirale auch durch Massenmedien (damals war es das Fernsehen) zusätzlich an Fahrt gewinnt. Das war es, was Franz Alt dermaßen erzürnte, weil er – damals Moderator des »kritischen« Magazins *Panorama* – sich selbstredend für neutral und objektiv hielt.

Die Kämpfe der siebziger und achtziger Jahre gegen die Theorie der Schweigespirale sind inzwischen Geschichte. Heute zeigt sich, wie weitsichtig Noelle-Neumann damals war und wie überraschend aktuell ihre Theorie heute ist. Identitätspolitik und Cancel Culture – bis hinein in die Kreise jener, die behaupten, so etwas gäbe es gar nicht – sind der beste Beleg für die ungebrochene Wirksamkeit der Schweigespirale. Nach wie vor spielen die klassischen Medien (insbesondere die öffentlich-rechtlichen) eine zentrale

Rolle bei der Zuweisung, was als Mehrheits- und was als Minderheitsmeinung zu gelten hat. Doch inzwischen stehen die sogenannten sozialen Medien an erster Stelle in ihrer Beeinflussung des Meinungsklimas. Dass diese neue Schweigespirale zur Radikalisierung des öffentlichen Diskurses beiträgt – zur Rechts- wie zur Linksradikalisierung –, scheint evident zu sein. Unter dem Stichwort »Bestätigungskaskade« und »Loyalitätsfalle« wird sie von der neueren verhaltensökonomischen Forschung vielfach bestätigt.

Dass Elisabeth Noelle-Neumann mit ihrer Theorie zugleich ihr eigenes Verhalten als Journalistin in der Nazizeit beschreibt, dafür war sie selbst blind, soweit ich sehe. Die Isolationsfurcht – in einer Diktatur bedeutet eine abweichende Meinung freilich größere Gefahr, als einfach nur mundtot gemacht zu werden – führte zur sich verstärkenden Dominanz der Nazi-Ideologie und zum Schweigen der Andersdenkenden. Dass Noelle-Neumann für sich selbst die Gültigkeit des von ihr aufgedeckten Mechanismus der Schweigespirale verweigert, gehört zur ironischen Prägung dieser Existenz. Das berühmte »ihr müsst zwischen den Zeilen lesen« soll ja heißen: Wir haben in Wirklichkeit nicht geschwiegen und damit – mindestens – Schlimmeres verhütet. »Schlimmeres verhüten? Was wäre noch schlimmer gewesen als diese Naziverbrechen?«, pflegte Nürnberg-Ankläger Robert Kempner zu entgegnen.

Man könnte pathetisch schließen: Elisabeth Noelle-Neumann, diese große Journalistin, war in ihrem Schreiben ihrem Leben weit voraus. Am Lernprozess der Liberalisierung der Bundesrepublik kommt ihr ein entscheidender Anteil zu.

7

Störenfried im Bonner Treibhaus

Inge Deutschkron (1922–2022)

»Es kommt mir komisch vor, aber erst in Bonn, Jahre nach
dem Ende des Dritten Reichs, lernte ich in der Wolle gefärb-
te Nazis kennen. Während der Nazizeit hatte ich als Jüdin
weder Gelegenheit noch das Bedürfnis gehabt, ihre nähere
Bekanntschaft zu machen.«

Die Paradoxie dieser Erfahrung zieht sich durch das
Leben der Inge Deutschkron. Das Zwischenfazit, das sie in
ihren 1992 veröffentlichten Erinnerungen *Mein Leben nach
dem Überleben* notiert, klingt bitter: »In der Bundesrepublik
hat es keinen radikalen Bruch mit der Nazivergangenheit
und damit auch keinen vollkommenen Neuanfang gegeben.« Deutschkron hat dieses Urteil auch später nie korrigiert.

Inge Deutschkron wird 1922 in Finsterwalde als einziges
Kind ihrer Eltern geboren. Sie wächst in Berlin auf, wohin
ihr Vater als Oberstudienrat versetzt wurde. 1933 wird
Dr. Martin Deutschkron – Sozialdemokrat und Jude – aus
dem Schuldienst entlassen, entkommt im April 1939 nach
England, kann aber seine Frau Ella und die Tochter nicht
nachholen, da mit dem Beginn des Krieges die Ausreise ins
feindliche Ausland verboten ist. Tochter Inge – »ohne Reli-

gion groß geworden« – erfährt erst jetzt, dass sie Jüdin ist. Sie findet Arbeit in einer Blindenwerkstatt. In der Zeit von 1942 bis 1945 leben und überleben Mutter und Tochter auf der Flucht vor der drohenden Deportation mit Hilfe mutiger Berliner Freunde in verschiedenen Verstecken. In den achtundzwanzig Monaten ihres Untertauchens habe sie in insgesamt zehn Verstecken gehaust, hat Inge Deutschkron nach dem Krieg zusammengezählt; mindestens zwanzig Menschen haben zu ihrem Überleben beigetragen und sich dabei »wegen staatsfeindlicher Judenbegünstigung« selbst in Gefahr gebracht. 1946 gelingt Deutschkron mit Mühe zusammen mit der Mutter die Ausreise nach England.

Über ihre Zeit im Versteck hat sie – »erst« – 1978 geschrieben: Das Buch *Ich trug den gelben Stern* machte Deutschkron berühmt, unterstützt noch durch die Bühnenadaptation *Ab heute heißt du Sara*, die am GRIPS Theater in Berlin über dreihundertmal aufgeführt wurde. Bereits kurz nach der Premiere im Dezember 1988 wurde Deutschkron in Schulen eingeladen, um dort ihre Geschichte zu erzählen. Es sollte nach Kindheit, Nazizeit und Nachkriegsjahren in Deutschland und Israel ihr »viertes Leben« werden als unermüdliche Mahnerin, die Vergangenheit nicht zu vergessen. Sie erfuhr viel Zuspruch und Respekt – man kann sich im Netz Videos anschauen, wie sie geduldig die Fragen heutiger Schüler über die ihnen so ferne Zeit beantwortet und aufklärt. Ihr Erinnerungsbuch gibt es heute an vielen Schulen im Klassensatz.

Durch eine Welle rechtsextremer Gewalttaten Anfang der neunziger Jahre sei Deutschkron bewusst geworden, wie brüchig und fragil alles Erreichte war, so die Historikerin Beate Kosmala. Deutschkron zog in Erwägung, Berlin endgültig den Rücken zu kehren, nachdem sie früher schon

zeitweise in Israel gelebt hatte. Als ihre Auswanderungs-
absichten publik wurden, brachte eine Flut von Zuschriften,
insbesondere von Kindern, sie von der Emigration ab. Fast
schon trotzig habe sie entschieden zu bleiben, so Kosmala.

Am 30. Januar 2013 hielt Inge Deutschkron im Alter von
neunzig Jahren im Deutschen Bundestag eine bewegende
Rede zum Tag des Gedenkens an die Opfer des Nationalsozialismus. Am 9. März 2022, wenige Monate vor ihrem
hundertsten Geburtstag, ist sie in Berlin gestorben.

Nur wenige wissen, dass Deutschkron mindestens dreißig Jahre ihres Lebens als Journalistin gearbeitet hat, zunächst bis 1972 in Deutschland, anschließend in Israel.
Kaum jemand hat so präzise wie sie jenes »kommunikative
Beschweigen« (Hermann Lübbe) der Nazizeit in den Jahren
nach 1945 erzählt. Es waren bittere und befremdliche Erfahrungen in Bonn, die sie zu ihrem harten Urteil gelangen
ließen, Nachkriegsdeutschland habe sich von Nazideutschland nie distanziert. Nicht die Nazis waren in Bonn uner-
wünscht, wie Deutschkron eigentlich erwartet hätte, sondern eine Jüdin, mit der man nicht mehr gerechnet hatte.
Wenn man so will, ist Deutschkrons Anklage die Steigerung
der Erfahrung, von der Hilde Spiel bei ihrer Rückkehr
nach Wien berichtet: Die Täter, Mitläufer oder einfach nur
Dagebliebenen fühlten sich als Opfer. Diejenigen, die im
Exil der Ermordung in den Vernichtungslagern entkommen
waren, wollte man nicht wahrnehmen. Deutschland sollte
»judenfrei« bleiben. Alles andere hätte die kritische Auseinandersetzung mit dem eigenen Leben bedeutet.

Nachdem Inge Deutschkron 1946 zusammen mit ihrer
Mutter nach England übergesiedelt war, studierte sie Fremd-
sprachen und arbeitete als Sekretärin des Generalsekretärs
der Sozialistischen Internationale. Gleichwohl fühlt sie sich

in England immer nur als »geduldete Ausländerin«, als Bürgerin zweiter Klasse.

Auf Einladung der Sozialistischen Parteien reist sie 1954 für ein Jahr durch Indien, Burma, Nepal und Israel. »Bereichert« kehrt sie nach Europa zurück, überzeugt davon, es sei ihre Mission, für Indien zu werben und dafür, dass der reiche Westen aus Gründen der Menschlichkeit und aus politischer Notwendigkeit alles tun müsse, um dem indischen Volk zu einem menschenwürdigen Dasein zu verhelfen. »Diese Mission wurde mein Beruf. Ich begann zu schreiben«, so Inge Deutschkron.

Gleichwohl war der Journalismus für sie immer auch eine Verlegenheitslösung, der Notwendigkeit des »Broterwerbs« geschuldet. »Ich konnte ja während der Nazizeit nichts Richtiges lernen«, hat sie einmal in einem *Spiegel*-Interview erzählt. Als Journalistin habe sie nicht nur Geld verdient – »das gab mir auch Halt«. Es war damals offenkundig nicht sonderlich schwer, als Frau im Journalismus Fuß zu fassen. Niemand hat ihr das streitig gemacht. Ähnlich wie Clara Menck hat sie diesen Beruf aus dem Nichts, ohne jegliche Ausbildung ergriffen, eisern und diszipliniert gearbeitet: ein journalistisches Naturtalent. Freilich – zumindest in den fünfziger und sechziger Jahren – stilistisch deutlich weniger brillant als Clara Menck. Das ändert sich erst mit den spät geschriebenen beiden Bänden der Autobiografie, in denen Deutschkron anschaulich, reflektiert und spannend zu erzählen versteht. Ob sie jemanden hatte, der ihr beim Einüben des journalistischen Schreibens half? Darauf gibt es keine Hinweise. Vermutlich war sie Autodidaktin.

Aus England zurück in das Nachkriegsberlin zu ziehen, in diese gefährdete »Frontstadt« des Kalten Krieges, davor warnen die Eltern die Tochter Inge. Der Kompromiss:

Deutschkron lässt sich 1955, dreiunddreißigjährig, in Bonn nieder, der neuen Bundeshauptstadt am Rhein. Sie kommt hierher in der Hoffnung, am Aufbau des neuen Deutschlands mitwirken zu können, und in der Gewissheit, dass man an einer Frau mit ihrer Geschichte Interesse haben müsste. Beide Erwartungen werden enttäuscht.

Bonn kommt Deutschkron provinziell vor. Das war es auch – nicht nur in den fünfziger Jahren. So blieb es eigentlich bis zum Ende der Bonner Republik. Es ist das Bonn, das Felix Keetenheuve, Protagonist in Wolfgang Köppens 1953 erschienenen Roman *Das Treibhaus*, erlebt: Keetenheuve, Journalist in der Weimarer Zeit und im Londoner Exil und nun für die SPD im deutschen Bundestag, kommt in eine Stadt, wo die alten Eliten aus der Weimarer Republik und der Nazizeit wieder nach der Macht greifen. Ex-Nazis (der dadurch berühmt gewordene Herr Globke) und Mitläufer sitzen an den entscheidenden Positionen, die ins Exil Vertriebenen und in Bonn Gestrandeten bleiben Außenseiter. So wie Inge Deutschkron.

Als provinziell und pedantisch deutet Deutschkron es, dass die Beamtin des Bonner Passamtes den ihr von den Nazis hinzugefügten Namen »Sara« in den neuen Pass eintragen will, weil es im Jahr 1938 genau so, samt Hakenkreuz, in ihrer Geburtsurkunde vermerkt worden war. Als Deutschkron der Beamtin erklärt, dass dies nach einem Nazigesetz so erfolgt sei, damals alle Jüdinnen den Zweitnamen Sara tragen mussten, dies aber jetzt keine Gültigkeit mehr habe, reagiert die Beamtin schroff, das gehe sie nichts an. Die Frau im Passamt lässt sich auch nicht durch den Hinweis davon abbringen, dass die deutsche konsularische Vertretung in London ihren ersten Pass 1953 ohne diesen Zweitnamen ausgestellt hat. »Der Zusatzname ist auf Ihrer

Geburtsurkunde eingetragen, folglich ist es Ihr Vorname, und ich werde ihn in Ihrem Pass vermerken.« Dass sie es am Ende doch nicht tut, hält Inge Deutschkron ihrer heftigen Reaktion zugute.

Die Episode beim Passamt steht beispielhaft für die Sprachlosigkeit zwischen Juden und Nichtjuden nach dem Krieg. Niemand der in diesem Buch vorgestellten Journalistinnen, Hilde Spiel nicht und auch nicht die große Clara Menck, hat diese Sprachlosigkeit so präzise nachgezeichnet wie Deutschkron. Es soll das Thema dieser biografischen Skizze werden. Ignorant für das Schicksal einer jungen deutschen Jüdin und ihre Überlebensgeschichte, unfähig, sich mit den Verbrechen der allerjüngsten Vergangenheit auseinanderzusetzen, verhärtet auf das eigene vermeintlich ausschließliche Opferschicksal nach Krieg und Zerstörung pochend – so erlebt Deutschkron die Bonner Republik.

Der zweite Teil von Deutschkrons Autobiografie – nach *Ich trug den gelben Stern* –, 1992 unter dem Titel *Unbequem. Mein Leben nach dem Überleben* erschienen, fußt auf vielen ihrer Zeitungsartikel und quillt geradezu über von vergleichbaren Geschichten der Fremdheit, der Aggressivität, des Schweigens und der Diskriminierung. Sie habe erwartet, dass eine von den Nazis verfolgte Jüdin, »die mit ihrer Rückkehr doch auch Vertrauen in einen Neubeginn bekundete«, mit Freude empfangen werde: »Das Gegenteil war der Fall«, erinnert sie sich in dem erwähnten Interview mit dem *Spiegel* aus dem Jahr 2006. Niemand habe sich für ihr Schicksal im Dritten Reich interessiert. Man habe möglichst schnell zur Tagesordnung übergehen wollen: »Da war ich als Überlebende des Naziterrors so etwas wie ein Störenfried.«

Ein »Störenfried« – kein anderes Wort fasst die durchgehenden Erfahrungen ihres Lebens in Deutschland besser zusammen. Auch ihre Londoner Freunde aus der sozialistischen Internationale, die ihr Hilfe zugesagt hatten, wandten sich von ihr ab, als es ernst wurde: »Als ich dann in Bonn vor ihrer Tür stand, gaben sie mir eher das Gefühl, ständig vor mir auf der Flucht zu sein.«

Besonders bitter erlebt Deutschkron die Instrumentalisierung des Antisemitismus in ihren Liebesbeziehungen. Ein Lebensgefährte, sie nennt keinen Namen, mit dem sie immerhin sieben Jahre lang zusammenwohnte, habe ihr eines Tages eröffnet, sie könne nicht mehr mitkommen zu seinen Eltern, da ihr der neuerdings massiv gewordene Antisemitismus der Mutter nicht zuzumuten sei. Er werde künftig allein zur Mutter gehen. Erst später stellte sich heraus: Das war eine böse Ausrede. Der Mann wollte Zeit für eine neue Geliebte herausschinden. Dafür kam ihm die Erfindung der antisemitischen Mutter gerade recht.

So etwas ist Deutschkron nicht nur einmal passiert. Ein anderes Mal gestand ihr Liebhaber, er sei NSDAP-Mitglied gewesen und könne deshalb nicht mehr mit ihr befreundet sein: »Wenn er gesagt hätte, mein Charakter oder meine Berliner Schnauze passten ihm nicht – aber auf diese Art eine Jüdin loswerden zu wollen, pfui Teufel.«

Auf jeder Seite ihres *Lebens nach dem Überleben* finden sich vergleichbare Erfahrungen. Eine besonders widerliche Mischung aus Antisemitismus und sexueller Belästigung offenbart eine Begegnung mit dem CSU-Politiker Hermann Höcherl. Deutschkron begegnete Höcherl, der damals Landwirtschaftsminister war, auf der Grünen Woche in Berlin, offenkundig schon »voll des süßen Weines«. »Er sah mich, drückte mich schnurstracks an seine Brust und rief anscheinend ohne Hemmungen – ›Ihr Juden, was seid ihr doch für intelligente Menschen.‹ Mich wie einen Dudelsack zum wiederholten Male an sich pressend, führte er mich zum Sektstand, und während er mich animierte, mit ihm aus einem Glas zu trinken, fügte er lauthals hinzu: ›Es wär' ja gar nicht auszudenken, wenn es noch mehr von euch gäbe! Niemand anders hätte dann eine Chance.‹« Schließlich offenbarte Höcherl ihr noch, dass den Ministern im Kabinett unweigerlich die Tränen kämen, wenn über Juden gesprochen werde. »›Glauben Sie mir das‹, sprachs beschwörend, küsste mich auf den Mund und ging mit seinem Tross von dannen.«

Man muss sich diese Erlebnisse so konkret von Deutschkron vor Augen führen lassen, um zu spüren, was Antisemitismus, ein abstrakter Begriff, in der Nachkriegszeit bedeutet hat. Ohne Scham, besser noch: Schamlos und unberührt von der unmittelbar zurückliegenden Verbrechens- und Vernichtungspolitik haben sich Nazijargon und Naziemotionalität fortgepflanzt. Das Reeducation-Programm der Alliierten hat offenkundig kaum oder keine Spuren hinterlassen.

1959 nimmt Deutschkron ein Angebot der in Tel Aviv erscheinenden israelischen Abendzeitung *Ma'ariv* an und wird feste Deutschlandkorrespondentin dieser Zeitung. *Ma'ariv* ist bis heute eine der meistgelesenen israelischen Tageszeitungen. 1948 von dem aus Leipzig stammenden Journalisten Ezriel Carlebach gegründet, der bis zu seinem Tod 1956 auch die Chefredaktion innehatte, versteht sich das Blatt als politisch ungebunden und überparteilich. Die Kommentare nehmen zumeist eine gemäßigt konservative Position ein, die Überschriften sind berühmt für ihre Emotionalisierung. Einer der prominenten Journalisten der Zeitung war der Satiriker Ephraim Kishon (*Der Blaumilch-*

kanal). Deutschkron hatte zunächst gezögert, eine Verpflichtung einzugehen, die sie im Büro festzunageln drohte und sie zwingen würde, ihre Artikel für und über die Dritte Welt einzuschränken, die ihr seit dem Asienjahr 1954 sehr wichtig waren. Bis dahin hatte sie auf Englisch geschriebene Beiträge für indische Zeitungen verfasst. Auch für *Ma'ariv* konnte sie weiter auf Englisch schreiben; die Artikel wurden anschließend in Tel Aviv ins Hebräische übersetzt. An der Korrespondententätigkeit lockte das geregelte Einkommen einer festen Anstellung. »Als ich schließlich die Anfrage annahm, ahnte ich noch nicht, dass sie mein Leben verändern würde.«

Das ist nicht übertrieben. Denn Deutschkrons Blick wurde nun doppelt geschärft. Die Aufgabe einer Korrespondentin ist es nicht nur, ein möglichst »objektives« Bild des Landes zu vermitteln, in welches man entsandt wurde, sondern zugleich den Lesern der »Heimat« das »Gastland« zu erklären. Das ist im Fall von Inge Deutschkron mehrfach kompliziert. Denn ihre »Heimat« war ja Deutschland (und allenfalls noch England), aber nicht Israel, wo sie vorher bis auf einen einzigen Besuch am Ende ihrer Weltreise noch nie gelebt hatte. Zugleich war Israel das rettende Ziel vieler von den Nazis verfolgter oder überlebender Juden, mit denen sie das Schicksal teilte und mit denen sie sich identifizierte und solidarisierte. Deutschkrons Texte müssen deshalb schon anders ausfallen als jene, die Marion Dönhoff für die *Zeit* oder Clara Menck für die *FAZ* schrieb: Sie haben – kollektiv – andere Adressaten. Umgekehrt bekamen Leser in Deutschland ihre Texte nie zu lesen.

Deutschkrons Aufgabe war es – wie die jedes Korrespondenten –, nicht nur über die politische Situation Deutschlands in den fünfziger und sechziger Jahren zu berichten, sondern auch über Kultur, Gesellschaft oder Sport: »So kam es, dass ich Sportberichte verfasste, mich als Kunstkritikerin versuchte, soweit das in meinen Kenntnissen lag, mit Polizeidienststellen in engem Kontakt stand, denn Verbrechen israelischer Bürger im Ausland und besonders in Deutschland erregten die Gemüter unserer Leser sehr.« Unerschrocken recherchiert sie im Frankfurter Bahnhofsmilieu, in dem viele sogenannte DPs, Displaced Persons aus den Auffanglagern für Flüchtlinge und KZ-Überlebende, zu Geld gekommen waren. »Karate-Joschi« zum Beispiel, ein in den sechziger Jahren aus Israel nach Frankfurt gekommener schillernder Haudegen, hatte eines Tages die Bardame Betty in seiner Spelunke Hedi's Bierbar ermordet. Weil Betty ihn in einem Eifersuchtsanfall als »Scheißjude« und »Dreckjude« beschimpft hatte und dann auch noch nachschob, Hitler habe vergessen, »dich zu vergasen«, hatte Karate-Joschi – eigentlich Yossef Ezra Levy – zugeschlagen. Man hat den Eindruck, Inge Deutschkron hatte zumindest journalistisch ihr Vergnügen an der Geschichte und an Karate-Joschi, den das Frankfurter Schwurgericht am Ende zu fünfzehn Jahren Gefängnis verurteilte: »Mein Gespräch mit ihm, einem Mörder, gehörte zu den angenehmeren Seiten meiner Arbeit als Korrespondentin für *Ma'ariv*«, gibt die Reporterin unumwunden zu.

Gewiss zu den schwersten Monaten ihrer Arbeit gehörten die Berichte über den Frankfurter Auschwitzprozess, der vom 20. Dezember 1963 bis zum 25. August 1965 stattfand. Es war das erste von insgesamt drei Verfahren gegen Angehörige des Personals des Vernichtungslagers unter der amtlichen Bezeichnung »Strafsache gegen Mulka und andere«. Dass der Prozess zustande kam, ist maßgeblich dem Frankfurter Oberstaatsanwalt Fritz Bauer zu verdanken.

Deutschkron reiste nicht nur zur Eröffnung des Prozesses an, sie fuhr auch zum Ortstermin in Auschwitz im Dezember 1964 mit, war natürlich bei der Urteilsverkündung anwesend und nahm zumindest im Jahr 1964 als ständige Korrespondentin kontinuierlich am Prozessgeschehen teil. Solange die Verhandlungen im Römer stattfanden, dem Frankfurter Rathaus, hatte die Post im Keller der Paulskirche für die Presseleute eine Telefonanlage und Fernschreiber installiert; nach dem Umzug in das Bürgerhaus Gallus im April 1964, in dem mehr Zuhörer Platz fanden, stand unmittelbar neben der Pressetribüne ein spartanischer Nachrichtenraum mit Telefon und Fernschreiber zur Verfügung. Es gibt Fotos, da teilen sich Axel Eggebrecht, der für den NDR berichtete, und Deutschkron mit ihren mechanischen Reiseschreibmaschinen ein kleines Tischchen, auf dem auch noch Platz für einen Aschenbecher sein musste: Eggebrecht rauchte Pfeife, Deutschkron Zigaretten.

Soweit ich sehe, ist Deutschkron die einzige Frau, die über den Prozess berichtete. Neben den regelmäßigen Artikeln für *Ma'ariv* schrieb Deutschkron zwischendurch auch größere, zusammenfassende Stücke über den Prozessverlauf für die deutschsprachige israelische Zeitung *Jedioth Chadashot*. Die Berliner Stiftung Gedenkstätte Stille Helden in der Gedenkstätte Deutscher Widerstand hat Deutschkrons Berichte vom Auschwitzprozess gesammelt, ins Deutsche übersetzt und 2018 im Metropol Verlag veröffentlicht. Deutschkron, damals sechsundneunzig, schrieb das Vorwort.

Für die Leser von *Ma'ariv* in Israel berichtete Deutschkron insbesondere über die und aus der Perspektive der Opfer. Das unter anderem macht ihre Texte einzigartig. Die Opfer waren als Zeugen geladen. »Sie will den Opfern, die als Zeugen auch für die Ermordeten sprechen, eine Stimme geben, ihre unfassbaren Leiden, die noch immer nicht vergangen waren und aus denen es keinen Ausweg gab, vergegenwärtigen«, schreibt die Historikerin Beate Kosmala, die die Edition von Deutschkrons Auschwitz-Artikeln verantwortet hat.

Die Konfrontation mit den Grausamkeiten ist das eine. Das andere ist die bereits erwähnte Sprach- und Verständigungsschwierigkeit zwischen Opfern und dem deutschen Gericht, was nicht an fehlenden Dolmetschern lag. »Was wurde aus Ihrer Frau und den Kindern?«, fragte der Gerichtsvorsitzende, Landgerichtsdirektor Hans Hofmeyer, am 31. Juli, dem 72. Verhandlungstag, den Zeugen David Schmidt, der als Zeuge der Anklage gegen Oswald Kaduk geladen war. So lesen wir es in einem von Deutschkrons Berichten. »Was aus ihnen wurde?« David Schmidt (korrekt in den gedruckten Protokollen: »Szmidt«), ein einfacher Mann, guckte verständnislos in die Runde: »Sie wurden umgebracht«, sagte er zögernd, als ob er den Eindruck hätte, man wolle ihn hier auf den Arm nehmen. »Woher wissen Sie das?«, fragte der Vorsitzende. »Aber sie sind doch nicht mehr da«, rief Schmidt verzweifelt aus, der nicht begriff, dass seine Aussage für das Gericht wertlos war, wenn er nicht lückenlos nachweisen konnte, dass Kaduk seine Angehörigen eigenhändig ermordet oder sie eigenhändig in die Gaskammern geführt hatte.

Wüsste man nichts über seine Entstehung, könnte man sich diesen Dialog als einen Sketch von Karl Valentin vorstellen. Da reden zwei Männer aneinander vorbei. Und wir können die Logik des Nichtverstehens nachvollziehen. Es ist die Logik der Zeugenvernehmung aufseiten des Richters. Und es ist die Logik des evidenten Schicksals aufseiten des Zeugen, der in seiner verblüffend einfachen Sprache das ganze Grauen in den einen Satz fasst: »Aber sie sind doch nicht mehr da.« Was braucht es da noch für Beweise?

Es geht noch weiter. Deutschkron referiert die Dialoge. »Das verstehe ich nicht. Ich, ein Jud, verwandt mit dem Angeklagten? Er ist ein Volksdeutscher, ich ein Jud«, antwortet der Zeuge Schmidt auf die stereotype Frage des Richters, ob der Zeuge mit dem Angeklagten verwandt oder verschwägert sei. Der Vorsitzende überhört die Bemerkung. Er belehrt den Zeugen, dass er vor Gericht »die Wahrheit, nur die reine Wahrheit sagen« müsse. »Was kann ich hier Falsches aussagen …«, wundert sich Schmidt. Der Vorsitzende überhört auch diese Bemerkung und bittet den Zeugen zu berichten, aus welchem Grunde er nach Auschwitz kam. »Das ist eine Frage …«, begann Schmidt. »Warum sind alle Juden verhaftet worden? Waren sie schuldig?«

Abermals: Was für den Richter das von der Strafprozessordnung vorgegebene routinierte Eingangsritual der Zeugenbefragung ist, nimmt der Zeuge wortwörtlich. Wie kann ein Jude mit einem Nazimörder verwandt sein? Meint der Richter denn mit seiner Frage, er sei freiwillig nach Auschwitz gekommen oder habe sich etwas zuschulden kommen lassen? Es ist eine mehr an Karl Valentins Sprachphilosophie als an Samuel Becketts Tragikomik gemahnende Dialogsituation, und es ist eine Sprache, die an Georg Büchners *Woyzeck* erinnert. Deutschkron hat das in ihrem Bericht nicht etwa literarisch verdichtet. Sie protokolliert lediglich nüchtern. Man kann den Dialog im Internet auf den Tonbandmitschnitten des Fritz Bauer Instituts nachhören oder ihn sich auf YouTube anschauen.

Noch einmal zu den Berichten der Deutschkron, und nun tatsächlich kaum mehr erträglich: Schmidt berichtet, Kaduk habe einmal in der Mittagspause dreihundert Mann heraustreten lassen, um sie ins Krematorium zu führen. Auch da fragt der Richter völlig rollenkonform nach, wer die dreihundert Mann ins Gas brachte. Darauf Schmidt: »Woher soll ich denn das wissen? Wenn ich es gesehen hätte, wäre ich heute nicht hier.« Auch sein Vetter Gottfried Leiser sei unter den dreihundert Mann gewesen, ergänzt Schmidt. Abermals will der Richter dafür Beweise haben, die er auch kriegt: »Aber er ist doch nicht mehr da.«

Das sind wie in Stein gemeißelte Sätze, die niemand mehr vergisst, der sie gelesen oder gehört hat. Deutschkron belässt es nicht dabei, sie zu protokollieren. Sie macht an ihnen ihre grundsätzliche Kritik am Auschwitzprozess fest. Die Verteilung der Beweislast, wonach dem Angeklagten die Schuld nachzuweisen ist, hält sie für absurd. »In diesen Todeslagern, die zu nichts anderem bestimmt waren als zur Vernichtung von Menschen, musste jeder schuldig werden, der dort Dienst tat.« Das damals gültige Strafrecht sei daher für diese Art von Verbrechen untauglich gewesen, beklagt sie: »Nur ein Strafrecht, nach dem jene, die in Massenvernichtungslagern dienten, ihre Unschuld nachzuweisen hatten, hätte die Schuldigen einer gerechten Strafe zuführen können«, fordert die Journalistin.

Es überrascht nicht, dass Inge Deutschkron in ihren abschließenden »Beobachtungen zur Urteilsverkündung« für die Zeitung *Jedioth Chadashot* keinen Zweifel daran lässt, dass aus ihrer Perspektive und aus der Perspektive der Opfer das damals gesprochene Recht dem dort verhandelten Unrecht und Verbrechen nicht gerecht wurde. Und zwar nicht, weil der Richter seinen Auftrag nicht erfüllt hätte, sondern weil die Institution der Strafprozessordnung vor dem Verbrechen der Vernichtung von Millionen Juden zwangsläufig habe versagen müssen. Deutschkron vermerkt, dass der

Prozess keine Auswirkungen hatte auf die Beschäftigung hochrangiger Nationalsozialisten in Führungsfunktionen der Adenauer-Regierung – etwa auf den Posten von Staatssekretär Globke, der den maßgeblichen Kommentar zu den Nürnberger Rassengesetzen geschrieben hatte. Und sie kritisiert, dass die »Herren Angeklagten«, diejenigen im Lager Auschwitz, die mit einer Handbewegung Tausende in die Gaskammer geschickt hatten, mit leichten Strafen davongekommen seien und »bald wieder Teil der deutschen Gesellschaft sein würden«. Das Strafmaß für die Taten umfasste sechs lebenslange Zuchthausstrafen (einer der Verurteilten wurde schon nach zehn Jahren begnadigt) und zehn Freiheitsstrafen zwischen dreieinhalb und vierzehn Jahren.

Fassungslos beschreibt Deutschkron den Zynismus der zu schweren Strafen Verurteilten. Wilhelm Boger, genannt die »Bestie von Auschwitz«, habe keinen Zweifel daran aufkommen lassen, dass er sich auch heute noch sicher war, damals das Richtige getan zu haben. Als ihm einmal seine »Behandlung« von Häftlingen vorgeworfen wurde – die sogenannte Boger-Schaukel, eine perfide Folterung, bei der die Gefolterten mit den Kniekehlen an einer Stange aufgehängt werden – brachte Boger seine Überzeugung zum Ausdruck, »die heutige Jugend wäre besser, wenn man sie etwas härter behandeln würde«. Um sich nach der Urteilsverkündung bei seinem Verteidiger zu bedanken, prostete er diesem, mangels etwas Besserem in der Untersuchungshaft, lächelnd mit einer Coca-Cola-Flasche zu.

Es geht hier nicht um den Auschwitzprozess an sich. Dieser ist längst wissenschaftlich bestens erforscht und beschrieben. Es geht um die einzigartige Leistung der Inge Deutschkron in der frühen Bundesrepublik. Um den Preis des Außenseitertums, positiver: des Störenfrieds, verdanken wir ihr Erkenntnisse, die der Mainstream-Journalismus dieser Zeit so nicht geliefert hat. Die opake Abschottung gegen die Wahrheit hat kaum jemand so nüchtern und präzise beschrieben wie sie. Das Diktum Adenauers, man könne nicht ein ganzes Volk auswechseln, hätte sie ihm nicht durchgehen lassen. Zugleich hat sie keinen Blick für Adenauers Balanceakt, der schon 1946 gesehen hatte, dass sich das ganze Volk nach 1933 hatte gleichschalten lassen. Für die Ambivalenzen und Ambiguitäten dieses Lernprozesses hatte Inge Deutschkron wenig Sinn, konnte sie womöglich auch nicht haben.

Auch die Linke, der sie sich zeitlebens zurechnete, hat Deutschkron enttäuscht. Zwar setzte sie zunächst auf die Achtundsechziger-Protestbewegung, der sie abnahm, als erste Nachkriegsgeneration die richtigen Fragen an ihre Eltern zu stellen. Doch dann verbündete sich der Antikapitalismus der Protestbewegung mit dem Antisemitismus, ein Bündnis, das nicht neu war: Nun aber wurden alle Freunde Israels von vielen Linken des Philosemitismus bezichtigt, also einer übertriebenen, »zionistischen« Verherrlichung des jungen, 1948 gegründeten Staates. Nach der Logik der Ideologie der neuen Linken sei Israel ein Ableger Amerikas, ergo ein Vorposten des Imperialismus im Nahen Osten, dem keine Gnade gewährt werden dürfe. Das ist der Weg, der Teile der Linken in den Terrorismus führte. Deutschkron sind diese Ab- und Irrwege nicht entgangen. »Man braucht wahrlich nicht Zionist zu sein, um sich nun mit Israel verbunden zu fühlen«, bekannte sie. Allein die Tatsache, dass die von der Linken verhasste »Springer-Presse« in Deutschland und Franz Josef Strauß, »ein bei den Jungen ganz und gar unbeliebter Politiker«, zu Israel hielten, genüge der Linken als Beweis für die Richtigkeit ihrer

Ablehnung des jüdischen Staates, schrieb Deutschkron. Ja, so war es.

Am Ende wäre Inge Deutschkron als Journalistin und »Zeitbeobachterin« isoliert und resigniert geblieben, hätte es nicht ihr viertes Leben als »Zeitzeugin« gegeben, das sie versöhnte, wenngleich spät, und das es ihr erlaubte, den liberalen Lernprozess unter den Deutschen anerkennend wahrzunehmen. »Ich habe mit meinen Veranstaltungen große Erfolge bei meinen jungen Zuhörern. Die hören sehr genau zu. Das macht mir Freude. Auf diese jungen Leute setze ich.«

8

Entschlossen für die Marktwirtschaft

Julia Dingwort-Nusseck (* 1921)
und Fides Krause-Brewer (1919–2018)

Der Tag nach dem Ende der Zwangsbewirtschaftung in Deutschland – der staatlichen Kontrolle von Waren und Preisen – war der 20. Juni 1948. An diesem 20. Juni hatten die Alliierten den von ihnen eingesetzten Direktor der Verwaltung für Wirtschaft, den Nationalökonomen Ludwig Erhard, in ihr Hauptquartier nach Frankfurt zitiert. Lucius D. Clay, der amerikanische Militärgouverneur, herrschte Erhard an, was ihm eingefallen sei, die Besatzungsvorschriften zu missachten. Wie er diese habe eigenmächtig abändern können? Erhard antwortete spitz: »Herr General, ich habe die Vorschriften nicht abgeändert, ich habe sie abgeschafft.«

Die Episode ist oft erzählt worden, nicht zuletzt von Erhard selbst. Auch die Journalistin Julia Dingwort-Nusseck kommt darauf zu sprechen in einem biografischen Gespräch mit dem Bayerischen Rundfunk aus dem Jahr 1999: »Ohne Erhards mutige Entscheidungen damals wäre das Vertrauen in das neue Geld nicht so schnell entstanden.« Damals, das meint ebenjenes Jahr 1948, in dem die Alliierten die Währungsreform verfügten, wonach die D-Mark zum alleinigen Zahlungsmittel wurde. Jeder Deutsche erhielt ein Kopfgeld von vierzig D-Mark, später noch einmal zwanzig Mark. Was die Journalistin Julia Dingwort-Nusseck mit Erhards mutigen Entscheidungen meinte, war die sofortige Freigabe (fast) aller Preise und das Ende der staatlichen Zwangsbewirtschaftung – mithin die Einführung der freien Marktwirtschaft als »Schocktherapie«, wie man das später nannte.

Die Freigabe der Preise hatte zur Folge, dass die Deutschen sich für das neue Geld auch etwas kaufen konnten. Schaufenster und Regale waren am Montag nach jenem 20. Juni mit Waren gefüllt, die es zuvor allenfalls auf dem Schwarzmarkt zu überteuerten Preisen gegeben hatte. »Ansonsten hätten wir noch lange mitgeschleppt, was uns das Leben davor so schwer gemacht hat«, so fährt Dingewort-Nusseck fort: Mangelwirtschaft, Schlangestehen, Schwarzmarkthandel und vieles mehr. Konsequent hatte Erhard in den Wochen zuvor für diese radikal marktwirtschaftliche Lösung geworben. Diese nach landläufiger Auffassung harte Lösung »ist nach meiner festen Überzeugung zugleich die sozialste«, so Erhard. Das »Votum des Marktes« sei in Wahrheit »die Stimme des Volkes«.

Ohne Erhards mutige Entscheidung hätte es das deutsche Wirtschaftswunder nicht gegeben. Ohne die Einführung der Marktwirtschaft – freie Märkte mit freien Preisen – gäbe es auch unseren heutigen Wohlstand nicht. Längst wissen die Wirtschaftshistoriker, dass die Abschaffung der Zwangsbewirtschaftung viel entscheidender war als der Marshallplan, jenes Wirtschaftsförderungsprogramm, mit dem die USA Deutschland zwischen 1948 und 1952 mit immerhin 13 Milliarden Dollar auf die Beine zu helfen suchten.

Die Marktwirtschaft war in den späten vierziger Jahren

bei den Deutschen alles andere als beliebt. Sie war es eigentlich nie. Sie ist es im Grunde auch heute noch nicht, obwohl wir alle von ihr profitieren. »Wohlstand für alle« hieß Erhards Versprechen, also eben nicht nur für eine kleine Klasse von Vermögenden. Dass die Marktwirtschaft letztlich Akzeptanz fand, lag nicht daran, dass die Deutschen sich vom wohlstandsfördernden Konzept des Wettbewerbs hätten überzeugen lassen, sondern es lag an den praktischen Erfolgen der Marktwirtschaft: Nach der »schweren Zeit« gab es wieder etwas zu kaufen, anzuziehen und zu essen. Und es gab Arbeit für viele, bald sogar Vollbeschäftigung.

Selbstverständlich war das alles nicht. Nicht nur die SPD, von den Kommunisten ganz zu schweigen, sondern auch die CDU (Ahlener Programm) träumte damals von einer zentral gesteuerten Planwirtschaft oder zumindest einer »gemischten Wirtschaft«. Es hielt sich das Narrativ, »der Kapitalismus« trüge eine Mitverantwortung für den Nationalsozialismus. Dass sich am Ende die »soziale Marktwirtschaft« durchgesetzt hat, ist zuvörderst den Amerikanern zu verdanken. Und die Marktwirtschaft ist dann maßgeblich Ludwig Erhards Erfolg, der später CDU-Abgeordneter, Wirtschaftsminister im Kabinett Konrad Adenauers und Parteivorsitzender war, jedoch mutmaßlich nie CDU-Mitglied gewesen ist.

Der Erfolg der Marktwirtschaft ist aber – zumindest auch – zwei jungen Radio- und später Fernsehjournalistinnen zu verdanken, die es sich zur Aufgabe gemacht hatten, unermüdlich für sie zu werben und ihren Wirkmechanismus zu vermitteln – und zwar in verständlicher Sprache: Julia Dingwort-Nusseck und Fides Krause-Brewer.

Während Inge Deutschkron in der Bonner Republik außen vor blieb, waren Dingwort-Nusseck und Krause-Brewer mittendrin, mitten in der Bonner Republik. Deutschkron hatte keine Macht. Die beiden Fernsehfrauen hatten Macht. Wer in der Politik gehört und gesehen werden wollte, kam an ihnen nicht vorbei. Es waren starke Frauen.

Ist es Zufall, dass es Frauen waren? Wahrscheinlich schon. Indes: Vielleicht konnten sich Frauen dieser Herausforderung leichter stellen, weil » – und pardon, nun sage ich etwas Männerfeindliches – sie nicht ganz so viel Angst hatten, ihr Prestige zu verlieren, wenn sie drei Minuten lang auch einmal ohne Fachworte ausgekommen sind«, so Julia Dingwort-Nusseck in dem schon zitierten Rundfunkgespräch. Gleichwohl bleibt es überraschend, dass es gerade Journalistinnen waren, die im Wirtschaftsressort reüssierten, weil sie sich von Anfang an nicht auf Mode, Kinder, Familie in ihren Redaktionen reduzieren ließen. Bis heute sind Wirtschaftsjournalistinnen mit klarem Bekenntnis für Markt und Wettbewerb rar.

Julia Nusseck wird 1921 in Hamburg geboren. Sie stammt aus einem mittelständischen Handwerkerbetrieb, der Vater ist Malermeister. 1940 mitten im Krieg macht sie das »Turbo-Abitur«, das eingeführt wurde, damit die jungen Männer schneller an die Front kamen. Sie will Jura studieren, doch der Vater rät ab, weil, so erzählt sie es, sie dann das Recht eines Unrechtsstaates hätte erlernen und vertreten müssen. Um die Zeit bis in freiere Jahre zu überbrücken, entscheidet sich die junge Frau für Nationalökonomie in Hamburg und Tübingen, findet dann rasch so viel Gefallen an dem Fach, dass sie ihm ein Leben lang treu bleibt – am Ende als Präsidentin der Landeszentralbank von Niedersachsen. Zuvor macht Julia Nusseck als erste Frau Karriere bei Radio und Fernsehen, wird dort Chefredakteurin und bleibt stets präsent als erfolgreiche Kommentatorin, die nüchtern und unerschrocken den Bürgern am Bildschirm die Marktwirtschaft erklärt, was beim Westdeutschen Rundfunk nicht erst in den späten sechziger Jahren keine leichte Übung war.

Fides Krause-Brewer, knapp zwei Jahre älter als Julia Nusseck, stammt aus einer großbürgerlichen Familie; es gibt ein Haus im vornehmen Berliner Grunewald. Die Eltern sind beide Journalisten. Die Tochter studiert im Krieg erst Chemie, zusammen mit Hildegard Hamm-Brücher, und wechselt dann zur Volkswirtschaftslehre, zunächst in München, wo sie unter anderem Elisabeth Noelle begegnet. Sie geht nach Freiburg, hört Vorlesungen bei Walter Eucken, dem Vater der Freiburger Schule der sozialen Marktwirtschaft: »Mit dem, was ich dort lernte, legte ich den Grundstein für meinen späteren Job als wirtschaftspolitische Redakteurin im ZDF«, erzählt Fides Krause-Brewer in ihrer Autobiografie *Journalistin ist man immer* aus dem Jahr 2011.

Marietta Slomka, ein halbes Jahrhundert jünger als Fides Krause-Brewer und seit vielen Jahren selbstbewusste Moderatorin des *heute journals*, von Haus aus Ökonomin und Wirtschaftsjournalistin, erinnert an Fides Krause-Brewer als bekanntes Gesicht des neu gegründeten ZDF in den sechziger und siebziger Jahren – »nicht als Ansagefräulein, sondern als Bonner Korrespondentin im Fachressort Wirtschafts- und Sozialpolitik«. Damit, so Slomka, wurde Krause-Brewer nicht nur zur »Grande Dame des deutschen Wirtschaftsjournalismus« (schon wieder eine Grande Dame), sondern auch zum Vorbild und Rollenmodell für ihre, Slomkas, Generation: »Sie bereitete den Weg für uns Journalistinnen, die wir heute in den Fußstapfen von Fides Krause-Brewer unterwegs sind.« Mein wirtschaftsjournalistisches Vorbild, der Ökonom Hans D. Barbier, in den sechziger und siebziger

Jahren Wirtschaftskorrespondent in Bonn für die FAZ und die *Süddeutsche Zeitung*, sprach stets mit höchstem Respekt, ja, Bewunderung von »der Fides«, wie sie von allen genannt wurde: Barbier schätzte ihre fachliche Souveränität, ihre Gabe, Kompliziertes einfach und verständlich darzulegen und vielleicht auch die Tatsache, dass das Fernsehen mit Berichten und Kommentaren ein Massenpublikum erreichte, was den überregionalen Zeitungen auch in den guten Zeiten nicht vergönnt war.

Fides Krause-Brewer und Julia Dingwort-Nusseck, zwei Ökonominnen in der öffentlich-rechtlichen Männerwelt der Bonner Republik, nüchtern, selbstbewusst, hart im Nehmen und im Austeilen, haben eine derart parallele Biografie – und beide ein waches langes Leben –, dass es sich anbietet, sie hier gemeinsam in einem Kapitel zu behandeln.

Beginnen wir mit der Jüngeren, mit Julia Nusseck. »Wenn ich es ganz zynisch sagen darf, dann war ich eigentlich Kriegsgewinnlerin«, bekennt sie. Zynisch ist das überhaupt nicht, es ist die Wahrheit, die für die allermeisten jener Frauen gilt, von denen dieses Buch erzählt. Und zwar gleich auf mehrfache Weise: Diese jungen Frauen waren im Krieg in den Redaktionen willkommen, weil die Männer an die Front mussten – oder als Juden entlassen worden waren. Sie waren nach dem Krieg willkommen, weil die Männer in Gefangenschaft waren, versehrt zurückkamen – und, wenn es allzu offenkundig war, wegen ihrer Nazivergangenheit in den von den Alliierten überwachten Redaktionen als belastet nicht mehr tragbar waren.

Nusseck begann als freie Mitarbeiterin beim Nordwestdeutschen Rundfunk – ohne schreiberische Vorerfahrung oder gar formelle journalistische Ausbildung, aber mit wirtschaftswissenschaftlicher Promotion. Beim Rundfunk wurde Personal gesucht zum Aufbau einer demokratischen Presse. 1946 bekam sie eine Stelle als Redakteurin. Schon ein Jahr später, mit sechsundzwanzig Jahren, wurde Nusseck Leiterin der Wirtschaftsredaktion. Der damalige Chefredakteur hatte seine SS-Mitgliedschaft verschwiegen, wurde gefeuert, als die Sache ruchbar wurde. Nussecks direkter Vorgesetzter wurde dessen Nachfolger: »Und ich rückte einfach nach«, so Nusseck.

Vorbild des Senders war die von allen bewunderte BBC in Großbritannien. Nusseck wurde 1947 für einige Monate an den European Service der BBC ausgeliehen und hat sich in dieser kurzen Zeit lebenslang vom liberalen Geist des britischen Vorbilds prägen lassen, wie sie sagt. Was sie damit meint? Hugh Carleton Greene, den obersten Kontrolloffizier des deutschen Rundfunks, habe sie einmal gefragt, welche politische Couleur eigentlich sein Chefredakteur habe. Seine Antwort: »Ich weiß es nicht, aber er ist ein guter Journalist. Das zählt.«

Dingwort-Nusseck hat beim Öffentlich-Rechtlichen, der früh nach dem Muster »zwei links, eins rechts« funktionierte, ohne explizite Parteienpräferenz lange durchgehalten. 1970, ausgerechnet nach der Wahl Willy Brandts zum Bundeskanzler einer sozialliberalen Koalition, trat sie in die CDU ein: nicht wegen dessen Ostpolitik, die sie ausdrücklich unterstützte, sondern wegen der expansiven und interventionistischen Wirtschafts- und Sozialpolitik seiner Regierung, die sie verheerend gefunden habe. Es ist nicht ausgeschlossen, dass der Parteieintritt ihrer Beförderung zur WDR-Chefredakteurin im Jahr 1973 dienlich und erst recht die Voraussetzung war für ihre Ernennung als Direktorin der niedersächsischen Landeszentralbank. Besonders engagiert in der Partei hat sie sich nie; nachdem sie Helmut Kohl einmal auf den Schlips getreten war, hat der sie fortan geschnitten. Mit Kohl hatte sie auch aus ökonomischen Gründen ihre Schwierigkeiten. Sie nahm ihm seine »Euro-Gläubigkeit« übel, blieb auch im hohen Alter eine Gegnerin des Euros als vermeintliche »Lokomotive« der europäischen Integration.

Julia Nusseck, die seit 1951 mit dem Hamburger Verleger Carl-Wolfgang Dingwort verheiratet war und nun Dingwort-Nusseck hieß (Dingwort hanseatisch wie »Dink« gesprochen), erzählt, lange Zeit seien ihre Beiträge von einem Mann gesprochen worden. Die Hörer hätten sie für einen Mann gehalten, weil der Name im Radio schnell gelesen wie Julian Usseck geklungen habe, »der« dann auch tatsächlich Liebesbriefe von Hörerinnen erhalten habe. Erst, als der Sprecher wegen einer Krankheit ausgefallen war, begann die Autorin, ihre Beiträge selbst zu sprechen. Ein Kollege – der Gründer der Fernsehzeitschrift *Hörzu* – kommentierte: »Nicht einmal die taufrische Jungmädchenstimme schwächte die starke politische Wirkung des Kommentars.«

Julia Dingwort-Nusseck bekommt früh Kinder, setzt jeweils nur kurze Zeit aus, leidet unter der Selbst- und Fremdbeschuldigung als »Rabenmutter«. Ohne eine ganztägige Haushaltshilfe wäre es nicht zu machen gewesen, erzählt sie.

Unermüdlich ficht Dingwort-Nusseck in diesen frühen Jahren nicht nur für die Marktwirtschaft, sondern auch für die Eingliederung Deutschlands in die Weltwirtschaft – Vorform der heute sogenannten Globalisierung. »Nach den Jahren der Abschottung war das etwas völlig Neues.« Zumal die Marktöffnung nicht nur von links bekämpft wurde, sondern auch von rechts, von den Deutschnationalen, von denen damals viele in der FDP waren. Julia Dingwort-Nusseck bleibt treu und unentwegt an der Seite von Ludwig Erhard und streitet für die Sache des Marktes. »Erhard als Person war bei uns im hohen Norden eigentlich ein Anti-Typ: Sein fränkischer Dialekt mit all seinen grammatikalischen Eigenheiten war uns Norddeutschen fremd.« Und telegen sei er gemessen an heutigen Maßstäben auch nicht gewesen. »Trotzdem hatte dieser Mann eine solche Überzeugungskraft und besaß eine solche Mischung aus Mut, Kompetenz und Glaubwürdigkeit, dass er bei den Leuten auch wirklich ankam.«

Dingwort-Nusseck legt Wert auf die Feststellung, dass sie Erhard nicht unkritisch gegenüberstand – und mit ihren kritischen Fragen meistens ein Zuwenig und nicht ein Zuviel an Marktwirtschaft monierte. Damals hätte man ihre Haltung als »neoliberal« beschrieben, was freilich kein Schimpfwort und mitnichten das Plädoyer für eine Ellenbogengesellschaft war, sondern die Überzeugung des Ordoliberalismus der Freiburger Schule: Angebot und Nachfrage entfalten sich frei im Wettbewerb – der Staat setzt die Rahmenbedingungen, zu denen auch gehört, Kartelle der Konzerne zu unterbinden. Es war ein langer Kampf, bis der Bundestag 1957 das Gesetz gegen Wettbewerbsbeschränkungen beschloss, das nach den Worten von Ludwig Erhard einen ungehinderten, vielgestaltigen und funktionierenden Wettbewerb ermöglichen sollte – im Sinne des größtmöglichen Nutzens für die Verbraucher. Erhard hatte nicht viele mediale Mitstreiter an seiner Seite: Neben couragierten Frauen im öffentlich-rechtlichen Rundfunk wie Julia Dingwort-Nusseck und Fides Krause-Brewer war es die »neoliberale« Wirtschaftsredaktion der FAZ. Gegner der Wettbewerbsfreiheit und Anhänger des deutschen Korporatismus kamen mehr noch als von den Gewerkschaften aus dem

Lager der Unternehmer und des Bundesverbands der Deutschen Industrie, die den Kanzler Konrad Adenauer und den Wirtschaftsflügel der CDU auf ihrer Seite wussten.

Dingwort-Nusseck bedauert am Ende, dass Erhard sich in vielen Feldern letztlich nicht durchgesetzt habe. »Sie müssen nur daran denken, dass er ein Ladenschlussgesetz hat akzeptieren müssen, das nun weiß Gott nichts mit Marktwirtschaft zu tun hat.« Es dauerte dann bis in die neunziger Jahre, bis das Ladenschlussgesetz fiel und weitere Gütermärkte (Post, Telekommunikation) dereguliert wurden.

Raffen wir die folgenden Jahre im Schnelldurchgang: Dingwort-Nusseck wechselt in den frühen siebziger Jahren ganz vom Hörfunk zum Fernsehen, sie – »die erste Frau auf der Kommentatorenliste« – wird eine Institution als Kommentatorin des wirtschaftspolitischen Geschehens. Häufig ist sie bei Werner Höfers *Internationalem Frühschoppen* zu Gast, Talkshows gab es damals noch nicht. Es waren nur wenige ARD-Journalisten, die das Privileg genossen, im Fernsehen ihre Meinung sprechen zu dürfen. Ihr macht es Spaß. Sie ist sich auch nicht zu schade, bei der populären Fernsehsendung des holländischen »Showmasters« (wie das damals hieß) Rudi Carrell als Gast und mit frechen Bemerkungen aufzutreten.

Man muss sich ohnehin klarmachen, dass Frauen im Fernsehen damals viel seltener waren als in den Zeitungsredaktionen zur selben Zeit. Eine intensive Suche kommt auf fünf Journalistinnen: Franca Magnani in Rom, Ingeborg Wurster (die erste Moderatorin des ZDF *heute journals*), Wiebke Bruhns, Nachrichtensprecherin und *Stern*-Reporterin, die nicht zuletzt durch hartnäckig sich haltende Gerüchte einer Affäre mit Willy Brand im Dauergespräch blieb. Zu denken wäre noch an Carmen Thomas, die erste

Moderatorin des *aktuellen sportstudios*, der ihr Versprecher »Schalke 05« bis heute nachhängt. Und schließlich Anne-Rose Neumann, die ihren ersten Fernsehauftritt 1963 vor der *Aktuellen Kamera* der DDR hatte und wohl die allererste Frau im Fernsehjournalismus war.

1973 wird Dingwort-Nusseck Chefredakteurin des WDR in einer Redaktion, die damals zu einem großen Teil von Achtundsechzigern geprägt war. »Bei den Zuschauern war ich beliebter als bei den Kollegen«, betont sie mehrfach in einem großen Fernsehporträt, ausgestrahlt im Jahr 2020, ein knappes Jahr vor ihrem hundertsten Geburtstag (und in der Mediathek greifbar). In Kreisen der Redaktion – »eine linke Clique« – habe es viel Sympathie für die RAF gegeben.

Fest steht: Die Hamburgerin Dingwort-Nusseck ist in Köln nie so richtig angekommen. Insofern wird es ihr entgegengekommen sein, dass sie 1976 vom damaligen niedersächsischen Ministerpräsidenten Ernst Albrecht und auf Vorschlag seines Finanzministers Walter Leisler Kiep, mit dem sie befreundet war, einen Ruf nach Hannover als Präsidentin der dortigen Landeszentralbank bekam. In der Zeit vor der europäischen Gemeinschaftswährung waren Landeszentralbanken wichtig, nicht zuletzt weil die Präsidenten automatisch Mitglied im Zentralbankrat der Deutschen Bundesbank in Frankfurt waren, der über die Geld- und Zinspolitik entschied, eben auch über die Frage der Auf- und Abwertung der D-Mark. Nachdem es nun schon über zwanzig Jahre den Euro gibt, ist der Mythos der D-Mark mittlerweile etwas verblasst. Damals kursierte das dem EU-Kommissionspräsidenten Jacques Delors zugeschriebene Bonmot, wonach zwar nicht alle Deutschen an Gott, aber alle an die Bundesbank glaubten.

Im Vorfeld der Berufung Dingwort-Nussecks kam es zu

einer politischen Auseinandersetzung, die – immerhin in der zweiten Hälfte der siebziger Jahre – deutlich frauenfeindliche Züge hatte. Im ausschließlich mit Männern besetzten Zentralbankrat, der zwar kein Mitbestimmungsrecht bei der Bestellung hatte, aber gehört werden musste, gab es eine Mehrheit gegen Dingwort-Nusseck. Als »Argumente« wurden ihre fehlende fachliche Qualifikation genannt – »keine ausgewiesene Geldpolitikerin« –, verbunden mit der Mutmaßung, eine Journalistin könne nicht neutral und unabhängig sein. Dabei hatte sich Dingwort-Nusseck in ihrer Zeit beim Fernsehen in politischen Konflikten stets kundig und differenziert auf die Seite der Bundesbank geschlagen – besonders profiliert während der ersten Ölpreiskrise 1973, als viele (wie heute auch wieder) dafür plädierten, mit einer großzügigen Geldpolitik die Folgen der Inflation zu lindern. Dingwort-Nusseck votierte für eine straffe Zinspolitik, die schließlich dafür sorgte, dass, anders als in vielen anderen Ländern, Deutschland sich relativ rasch vom Ölpreisschock wieder erholen konnte.

Die Widerständler gegen die Berufung munitionierten einen Artikel im *Spiegel*, der mit »Warum ausgerechnet die?« überschrieben war, und, so berichtet es zumindest Dingwort-Nusseck, von einer Redakteurin geschrieben worden war (damals waren die Artikel im *Spiegel* noch nicht namentlich gezeichnet). Diese mutmaßt, der »Kreis der exzellenten Währungsfachleute« im Zentralbankrat werde mit Dingwort-Nusseck kleiner. Sie wird als »telegene Wirtschaftsjournalistin« – andernorts auch gerne als »die schöne Julia« – beschrieben, die manchmal in den Spätnachrichten mit »starrem Blick und sanfter Stimme über Ökonomie plaudert, als wärs ein Kochrezept von ihr.« Und die schon lange als »beförderungsbedürftig« gegolten habe.

Das war heftig. »Telegen« und »sanft« bestreitet die fachliche Qualifikation, »beförderungsbedürftig« verweist auf das »Vitamin B« der CDU-Seilschaften, und die Erwähnung des Kochrezepts heißt im Klartext: Frauen sollen über Kochen und Küche reden, das ist ihr Ding, aber nicht über Geldpolitik. Als Chefredakteurin des WDR sei Dingwort-Nusseck ohne Fortüne geblieben, fügt der Artikel hinzu. Das stimmt, hat in diesem Zusammenhang den Zweck, der »Beförderungsbedürftigkeit« Nachdruck zu verleihen. Ihre Charakterisierung als »christdemokratische TV-Dame« lässt die politische Haltung der *Spiegel*-Autorin durchscheinen: Wenn die ganze politische Richtung nicht passt, kommt Frauenfeindlichkeit auch im *Spiegel* und auch noch 1976 gerade recht, um Personen zu desavouieren. Dass übrigens wenig später der ehemalige Journalist Karl Otto Pöhl zum Bundesbankpräsidenten ernannt wurde, führte zu keiner vergleichbaren Debatte um fachliche Qualifikation und Unabhängigkeit.

Julia Dingwort-Nusseck, die schwer getroffen war, hat es als Genugtuung empfunden, dass es bei der geheimen Abstimmung für eine zweite Amtszeit im Zentralbankrat zu einem einstimmigen positiven Votum kam. Erst einmal akzeptiert in der Männerwelt, bekam sie ganz andere Probleme: »Ich war nicht nur gleichberechtigt, ich war überprivilegiert.« Sie habe den Männern in der Bundesbank erst mal »das Kavalierhafte« abgewöhnen müssen, eine andere Art der Herablassung, mit denen Sitzungen eröffnet wurden: »Frau Dingwort-Nusseck, meine Herren«. So werden Frauen zu Exotinnen, indem man sie beim Namen nennt, was wertschätzend nur klingt, es aber nicht ist.

Dingwort-Nusseck kommentiert dieses Exotentum nüchtern-sarkastisch: »Wenn es in dem bisherigen Tempo weiter-

geht, werden wir im Jahr 2230 den Zustand der Gleichberechtigung von Mann und Frau erreicht haben.« Dagegen
hülfe nur, das Selbstbewusstsein der Männer zu stärken.
»Denn selbstbewusste Männer haben keine Angst vor
emanzipierten Frauen.« Später klang sie optimistischer:
Man werde nicht umhinkommen, gute Stellen mit gut aus-
gebildeten Frauen zu besetzen, »auch ohne Quote«, sagte
sie in einem Interview mit der *Financial Times Deutschland*
im Jahr 2012.

Kämpferin für die Emanzipation, aber keine Feministin: So
hätte sich auch Fides Krause-Brewer beschreiben lassen.
Was sie ihren Kolleginnen heute rate, wurde sie, hochbetagt, in einem Radiogespräch gefragt: »Sie sollen hart,
tough sein und sich durchsetzen.« Sie finde es eine Gemeinheit zu sagen, dass Frauen immer ein wenig besser
sein müssten als Männer: »Es reicht doch schon, wenn sie
gut sind.«

Hart, tough und sich durchsetzen – das hätten alle Pionierinnen nicht nur als Berufsanweisung, sondern auch als
Beschreibung ihres Berufslebens unterschrieben. Ähnlich
wie Dingwort-Nusseck hat Fides Krause-Brewer sich den
Journalismus autodidaktisch angeeignet, was vielleicht in
ihrem Fall weniger schwierig war, nachdem auch schon
beide Eltern als Journalisten arbeiteten.

1945 bekommt Krause-Brewer eine Tochter. Man lebt in
einem kleinen Haus am Starnberger See. Der Mann kommt
ein Jahr später aus der Kriegsgefangenschaft zurück. Krause-
Brewer ist Hausfrau und Mutter, wie so viele Frauen der
Nachkriegszeit, die wieder in die traditionelle Frauenrolle
schlüpfen. Gleichzeitig schreibt sie journalistische Artikel,
die in Zeitungen gedruckt werden. Das motiviert. Der Mann

bekommt eine Stelle bei der deutschen Shell AG, die schickt ihn 1949, dem Gründungsjahr der Bundesrepublik Deutschland, nach Bonn.

Dort beginnt das öffentliche Leben der Fides Krause-Brewer als »Hauptstadtjournalistin«. Um gegen die damals schon wieder starke Konkurrenz der männlichen Kollegen zu bestehen, besinnt sie sich des Rates ihres Großvaters – er war 1919 Reichsfinanzminister und Vizekanzler im Kabinett Scheidemann: »Mein Kind, spezialisiere dich.«

»Und so erschloss ich mir ein Feld, das am Anfang in Bonn völlig unbeackert war: die Sache der Frauen.« Auch das ist sehr typisch für diese Generation der jungen Nachkriegsjournalistinnen. Man wies ihnen in den Redaktionen Themen wie Frauen, Familie, Mode zu. Und sie profilierten sich gerade dadurch, dass sie die konventionellen Erwartungen gerade nicht erfüllten. Sondern mit ihrem eigenen Blick und ihrer eigenen Feder die Welt erschlossen.

Krause-Brewer liest das Grundgesetz, wonach nach Artikel 3 Männer und Frauen gleichberechtigt sind, sieht sich um im geltenden Recht und bemerkt: Hier gibt es noch viel zu tun, nicht zuletzt wenn es um die Gleichberechtigung in Ehe und Familie geht und die Frage, wem die Kinder zu folgen haben. Ihre vierzehntägigen Berichte aus Bonn – zum Beispiel über die einzige Frau im Innenministerium – werden beachtet und im »Frauenfunk« vieler Anstalten gesendet, für dreißig Mark pro Bericht.

Frauenpolitik, das hieß damals vor allem Familienrecht. Es ging um die Frage, was die Frauen in der Ehe zu melden hatten. Stichwort »Stichentscheid«, auf den wir in diesem Buch schon mehrfach gestoßen sind, weshalb ich mich hier kurzfassen kann.

Krause-Brewer berichtet ausführlich über die Debatten

im Deutschen Bundestag. Die CDU-Abgeordnete Helene Weber – als Politikerin hat Krause-Brewer sie bewundert, auch wenn sie ihre Meinungen selten teilte – war der Ansicht, »in einer Welt der Sünde und des Zerfalls« müsse im Streitfall einer das Sagen haben, nämlich der Mann. Zudem, so die Argumentation der Union, sei die Entscheidung des Mannes mehr »Pflicht« als Privileg und besonders sinnvoll im Sinne von Artikel 6 des Grundgesetzes, der den Schutz von Ehe und Familie durch den Staat gewährleistet. Krause-Brewer schlägt sich in ihren Kommentaren auf die Seite der mutigen FDP-Abgeordneten Marie-Elisabeth Lüders und ihren Kampf für die Abschaffung des Stichentscheids. »Kann dieses Gesetz irgendwie vermittelnd wirken, wenn der eine Elternteil vom anderen weiß, dass er unter allen Umständen letztlich recht hat?«, fragt Lüders in einer aufgeregten Bundestagsdebatte.

Wie gespalten das Land in der Frage des Stichentscheids war, zeigte sich im weiteren Verlauf der Debatte. Elisabeth Schwarzhaupt, die spätere CDU-Familienministerin, votierte entgegen der mehrheitlichen Meinung in ihrer Fraktion für eine Streichung des Stichentscheids. Jedoch argumentierte sie geschickt im Sinne einer christlichen Ethik: Sie sei prinzipiell zwar für eine vorgeordnete Stellung des Mannes, »weil es aus einer Ordnung kommt, die tiefer begründet ist als das staatliche Recht«. Trotzdem sei die Bestimmung des Stichentscheids entbehrlich. Denn schließlich verpflichteten sich beide Ehepartner gemeinsam in der Lebensgemeinschaft. Darin regele sich dann das Zusammenleben – dazu bräuchte es keine gesonderte Entscheidung des Mannes.

Die Mehrheit des Bundestags entschied sich schließlich für das »Prinzip der christlichen Ehe«, wie das damals hieß, in der der Mann letztendlich zu entscheiden hat. So stand es dann im Bundesfamiliengesetz von 1957, gegen das Journalistinnen so lange anschrieben und ankommentierten, bis es 1959 vom Verfassungsgericht gekippt wurde.

Parallel erweitert Krause-Brewer ihr publizistisches Geschäftsmodell, wie man heute sagen würde: Steuern, Bundeshaushalt, Währungspolitik, Rezession und Aufwertung, Stabilitätspolitik und Staatsverschuldung. Von der Familien- und Sozialpolitik kommt sie zur Wirtschaftspolitik, mischt sich stärker ein in die traditionell männerdominierten Ressorts – und ergreift zugleich, wie Julia Dingwort-Nusseck, Partei für Ludwig Erhard, die freie Marktwirtschaft und gegen Konrad Adenauer.

Adenauer, dem das Wohlwollen der Industrie im Hinblick auf die Finanzierung seines Wahlkampfes am Herzen lag, ließ sich 1956 vom damals noch mächtigen Bundesverband der Deutschen Industrie (BDI) in Dienst nehmen gegen die Anhebung des Diskontsatzes durch die Zentralbank, die von Erhard vehement unterstützt wurde. Adenauers Kritik an seinem Wirtschaftsminister bei einer BDI-Veranstaltung im Kölner Gürzenich wurde öffentlich und war heftig: »Es ist der deutschen Konjunktur ein schwerer Schlag versetzt worden und das Fallbeil trifft die kleine Industrie und Landwirtschaft. Und deshalb bin ich sehr betrübt darüber.« In der folgenden Kabinettssitzung legte Adenauer nach und forderte die notwendige Unterstützung seines Wahlkampfes durch die Wirtschaft ein: »Wer soll denn dat Jeld jeben, wenn die Industrie es nicht tut? Können Sie dat vielleicht bezahlen, Herr Erhard?« Das nennt man Pragmatismus, heute wäre es ein Fall für den Strafrichter wegen Aufforderung zu unerlaubter Parteienfinanzierung.

Krause-Brewer unterstützte im Konflikt Erhards mit Adenauer und der Industrie nachdrücklich den Wirtschaftsminister, der das wohlwollend registrierte mit der Bemerkung: »Bleiben Sie mir gewogen.« Diesen Wunsch zu erfüllen, sei ihr im Lauf ihrer Arbeit als Wirtschaftskorrespondentin des ZDF leichtgefallen, bekennt die Journalistin: »Schließlich war ich als Studentin zu Füßen des Volkswirtschaftsprofessors und neoliberalen Papstes Walter Eucken völlig auf die freie Marktwirtschaft programmiert worden.« Der Konflikt macht im Übrigen sichtbar, dass das Engagement für die Marktwirtschaft gerade nicht identisch ist mit dem Einsatz für die partikularen Interessen der Unternehmen – also die kleinen und großen Kapitalisten, die ihr eigenes Weh laut beklagen, aber nicht das Wohl des Volkes im Blick haben und sich nur in Sonntagsreden zur Marktwirtschaft bekennen. Zwischen »Pro Market« (Erhard) und »Pro Business« (Adenauer) liegen Welten. Die beiden großen Nachkriegsjournalistinnen Krause-Brewer und Dingwort-Nusseck standen auf der Seite Erhards und der Marktwirtschaft, aber nicht aufseiten der Industriellen und Kapitalisten.

Krause-Brewer bleibt sich treu. Sie warnte schon 1957 – gegen Adenauer – vor den Gefahren der dynamischen Rente, die die Altersleistungen an die Lohnentwicklung koppelt. Sie sei dafür, die Marktwirtschaft sozial abzufedern: »Das ist auch im Überfluss geschehen, was jetzt unsere Misere ist.« Früh hätte man sehen müssen, schreibt sie in ihrer 2011 erschienenen Autobiografie, wohin das führe: Dass immer mehr Alte von immer weniger Jungen alimentiert werden müssten. In den Jahren der Babyboomer konnte man sich das eben noch nicht vorstellen, weil ständig mehr junge Deutsche nachwuchsen, während die Alten von Krieg, Hunger, Krankheit und Gefangenschaft dezimiert waren.

Krause-Brewer erlebt das rasche Wachstum des 1961 gegründeten ZDF. Bald zieht man in Bonn in ein neues, ziemlich protziges Gebäude um. Sie genießt die öffentliche Präsenz, kümmert sich eigenhändig um das Hintergrundbild zu ihren Kommentaren, macht sich über sich selbst lustig, dass es immer die gleichen Fotos und Illustrationen seien (»Rentner auf der Bank sitzend«, der »Pleitegeier auf dem Staatssäckel hockend«, eine »Waage, auf der Geldsäcke schwanken«). Und freut sich, dass diese wiedererkennbaren Symbole im Gedächtnis der Zuschauer besser haften blieben als die Kommentare ihrer in den Zeitungen schreibenden Kollegen. Sie achtet auf ihre äußere Erscheinung, nimmt die Maske ernst: Frauen würden von Zuschauern viel kritischer beobachtet als Männer, glaubt sie – »vor allem, was die Frisur betrifft«.

Die große Koalition 1966 bis 1969 sieht Krause-Brewer kritisch, weil der Wohlfahrtsstaat dabei war, sich zu überfordern. Die Wirtschaftspolitik von SPD-Finanzminister und später »Superminister« Karl Schiller findet sie hingegen gut. Zusammen mit Schiller erhält sie 1979 den Ludwig-Erhard-Preis. Die Laudatio hält der Ökonomie-Nobelpreisträger Friedrich A. von Hayek. Schiller sei fortan weniger kühl ihr gegenüber gewesen, berichtet sie. Schillers Aufruf »Leute, lasst die Tassen im Schrank« unterstützt sie mit Nachdruck: Es geht gegen die Ausgabenlust der sozialdemokratischen Minister. Als Schiller sich mit seiner Mahnung zur Ausgabendisziplin nicht durchsetzen kann, wirft er das Handtuch. Krause-Brewer besucht ihn am Tag seiner Demission in seinem Büro im Ministerium, trifft auf einen niedergeschlagenen Mann vor einem Glas Wein. Er hatte erwartet, dass Willy Brandt sein Rücktrittsgesuch zurückweisen würde – und sich verkalkuliert.

Bis 1986 bleibt Krause-Brewer beim ZDF, insgesamt

immerhin vierundzwanzig Jahre. Karriere in der Hierarchie macht sie keine, will sie keine machen. Sie ist Korrespondentin mit Leib und Seele, bekannt durch ihre profilierten marktwirtschaftlichen Kommentare und – wie Julia Dingwort-Nusseck – Stammgast in Werner Höfers *Internationalem Frühschoppen*, dem Vorläufer des heutigen Presseclubs.

Am Ende kämpfte sie noch einmal für Gleichberechtigung in eigener Sache. Der Tarifvertrag beim ZDF sah vor, dass Frauen mit sechzig Jahren in Rente gehen müssen. »Ich fiel aus allen Wolken. Damit hatte ich nicht gerechnet.« Nach Ruhestand sei ihr gar nicht zumute gewesen. Die Vorgesetzten in Mainz waren ob ihrer Aufsässigkeit konsterniert und pochten auf den Tarifvertrag. Krause-Brewer pochte – wie damals in den fünfziger Jahren – auf die vom Grundgesetz garantierte Gleichberechtigung und drohte, sie werde sich »beim Bundesverfassungsgericht beschweren«, wenn die Herren es wünschten. Sie hat sich durchgesetzt.

9

Feministin unter Machos

Maria Frisé (1926–2022)

Erbarmen mit den Männern – dies ist der Titel eines schmalen Taschenbuchs, das 1983 bei rororo erschien. Maria Frisé versammelt darin, teilweise erweitert und aktualisiert, Leitartikel und Essays, die sie in den fünfzehn Jahren zuvor in der FAZ veröffentlicht hatte. In diesen Jahren habe sich im Verhältnis von Männern und Frauen erstaunlich viel verändert, schreibt sie: Das Gespräch über Gleichberechtigung – »sowohl für Frauen wie auch für Männer« – sei jedoch noch lange nicht zu Ende.

»Feminismus«, der Begriff fällt bei Maria Frisé nicht. Sie spricht von der »Frauenbewegung als Wortführerin einer breiten Emanzipationsbestrebung«. Und sie spricht, wie so viele ihrer Kolleginnen, mit Nachdruck von Gleichberechtigung. Gleichberechtigung meint Geschlechtergleichheit. Gleichberechtigung durchzusetzen, war das politische Ziel all dieser Frauen seit den fünfziger Jahren, das war ihr Feminismus. Artikel 3 des Grundgesetzes definiert, dass Männer und Frauen gleichberechtigt sind. Aber das immer noch geltende Familienrecht negierte dieses Grundrecht – noch bis in die Neunziger, als eines der letzten gesetzlichen Privilegien fiel: das Namensrecht. Bis 1991 musste die Frau bei der Hochzeit den Namen des Mannes annehmen, sofern die Partner sich nicht auf einen gemeinsamen Namen einigen konnten.

Das anhaltende »Gespräch über Gleichberechtigung« habe bewirkt, dass sich jeder und jede mit der Stellung der Frau in unserer Industriegesellschaft auseinandersetzen müsse, schreibt Frisé. Und dies wiederum habe dazu geführt, dass die Männer inzwischen derart verunsichert seien, dass sie einem schon leidtun könnten. So kam es zum Titel der Sammlung und seines zentralen Essays – eben »Erbarmen mit den Männern« –, der anspielt auf den heute längst vergessenen französischen Aristokraten Henry de Montherlant, dessen Buch damals vielen noch geläufig war. Montherlant hatte 1937 in seinem Roman *Erbarmen mit den Frauen* aus großer überheblicher Distanz geheuchelt. Er verstand es, die Frauen verächtlich zu machen und sich zugleich daran zu ergötzen.

Frisés Erbarmen ist ein ironisches »Verständnis« für die Männer, die aus ihrer jahrhundertelang erprobten Rolle gefallen waren: »Was aus Adams Rippe entstanden sein soll, erwies sich dem ersten Menschen in mancher Hinsicht sogar überlegen und – weiß es nun.« Ihr Erbarmen bezieht Frisé aber auch auf die geschlossene Männergesellschaft in den oberen Etagen der Wirtschaft, die montags früh an den Flughäfen mit angestrengten Gesichtern die grauen Rolltreppen hochfahren, sichtlich darunter leidend, »aus dem Paradies und einem Zustand der Unschuld vertrieben worden zu sein«. Ja, so fragt sich die Autorin, »ob die grauen Montagmorgenmänner sich überhaupt noch nach einem paradiesischen Zustand sehnen können?« So gesehen müssten die Männer der »Frauenbewegung« eigentlich dankbar sein, findet Frisé.

Frisé hat in ihren Texten eine »Haltung«, wie man heute sagen würde. Doch alles Verbissene oder gar Missionarische ist ihr fremd. Sie kämpft, aber sie kämpft mit Ironie, die schon mal in Frechheit umschlagen kann, wenn ihr danach ist.

Ihre eigene »Frauengeschichte« hat Maria Frisé später häufig erzählt, zuletzt in dem Erinnerungsfilm *Meine drei Leben* von Sylvia Strasser. Als Maria von Loesch wurde sie 1926 in eine »sehr inzüchtige, sehr preußische Familie« in Schlesien hineingeboren. Die Polen waren als Bedienstete gelitten. Und als Zwangsarbeiter. Hennersdorf, Schloss Lorzendorf – überall Schlösser und Güter, man hat irgendwie immer in die eigene Familie eingeheiratet. Und überall gibt es Pferde, von früher Jugend an. Maria Frisé sitzt eigentlich immer auf dem Pferd; reiten wird sie bis ins hohe Alter. Als sie, schon hochbetagt, einmal vom Pferd stürzt, wochenlang mit starken Schmerzen im Krankenhaus liegt, darf man nicht sagen, sie sei vom Pferd gefallen. So etwas passiert einer schlesischen Adligen nicht. »Am Steigbügel hängen geblieben«, wird als korrekte Beschreibung von ihr angeordnet.

Der Vater deutschnational. »Stahlhelmer«. Es ging um Härte und Opferbereitschaft und die Anerkennung der Leistung der Frontsoldaten im Krieg. »Ich kannte meinen Vater eigentlich nur in Uniform.« Bei Beginn des neuen Kriegs am 1. September 1939 war der Vater gleich wieder mit dabei. Vom 3. September an galt er als vermisst, für immer. »Da war meine Kindheit zu Ende«, sagt Frisé.

1944, gerade achtzehn geworden, verlobte sie sich mit Hans-Conrad Stahlberg, einem Vetter. Am 18. Januar 1945 sollte die Hochzeit sein – »als gäbe es nichts Wichtigeres, egal, ob ringsherum die Welt unterginge«. Gottesdienst in der Schlosskirche, der Rehrücken war angerichtet, »innen rosa«. Der Großvater sprach einen Toast aus auf die Hohenzollern und auf den Kaiser. Dann löste sich die Hochzeitsgesellschaft auf. Die rote Armee war nahe; der Bahnhofsvorsteher wollte für die Gruppe den Zug nach Breslau anhalten. Auf das Dessert musste man verzichten.

Es folgt eine verschlungene Fluchtgeschichte. »Als Flüchtlinge waren wir Ausgestoßene«, sagt sie. Auf die Erfahrung der Flucht ist Frisé immer wieder zu sprechen gekommen, gesprächsweise, ausführlich in ihrer Autobiografie *Eine schlesische Kindheit*, zuletzt dann in einem großen FAZ-Artikel im April 2020, fünfundsiebzig Jahre danach: »Mein Mann, der auch als schwer Kriegsverletzter noch Soldat war, hatte mir bei unserem letzten Treffen Messtischblätter aus Wehrmachtsbeständen mitgegeben – Karten, auf denen selbst schmale Feldwege noch verzeichnet waren. Wir wollten uns auf einem Bauernhof in der Nähe von Lübeck treffen.«

Auf dem Gutshof einer Tante wurde eilig ein Fluchtwagen hergerichtet, mit dem sie deren zwei Jahre alte Tochter samt Kinderfrau in Sicherheit bringen sollte. Die Tante würde bleiben. Fliehen war Einheimischen verboten. Der Bürgermeister, das letzte Mal in brauner Uniform, hatte allen Hof- und Hausbesitzern mit seiner Pistole gedroht. Drei Pferde wurden vor einen Wagen gespannt, der mit Lebensmitteln, aber auch Bettzeug, Silber, Teppichen und Kostbarkeiten wie Cognac, Zigarren und Rotwein beladen war. Außer einem französischen Kriegsgefangenen, einem zarten Uhrmacher, wollte niemand vom Gutshof mit ihr kommen.

Flucht zu Pferde aus dem Osten am Ende dieses grausamen Krieges. Davon erzählen viele Nachkriegsjournalistinnen, immer wieder: Marion Dönhoff, Helene Rahms, Maria Frisé, also Maria von Loesch. Nach vier Tagen erreicht der

Treck Ratzeburg. »Vor Müdigkeit konnte ich nur noch hinter den erschöpften Pferden herschlurfen.« Aber am nächsten Morgen sieht sie sich mit Plünderungen konfrontiert. Rechtlose Zeiten waren angebrochen, Wolfszeit eben: »Ein Volk auf der Flucht, auf der Suche nach einer Bleibe.« Und nicht zu vergessen, es ist immer noch Krieg in diesen Tagen im April 1945, Hitler lebt noch.

»Waren wir nun frei?«, fragt sich die Autorin im Rückblick auf den 8. Mai, den Tag der »bedingungslosen Kapitulation«. Freude sei nicht aufgekommen, eher die bittere Einsicht in die totale Niederlage, deren Folgen man noch lange zu spüren haben werde.

»Versuchen Sie sich eine Welt vorzustellen, in der es keine Institutionen gibt«, so beginnt der britische Historiker Keith Lowe seine Erzählung *Der wilde Kontinent* über Europa in den Jahren 1943 bis 1950: Menschen durchstreifen das grenzenlose Land auf der Suche nach Gemeinschaften, die nicht mehr existieren. Die Menschen haben keinerlei Zugang zu Informationen. Es gibt keine Schulen, keine Universitäten, keine Kinos, keine Theater. Das Radio funktioniert gelegentlich, aber das Signal ist schwach. Recht und Ordnung existieren praktisch nicht mehr. Es sind Zeiten vollkommener Anarchie, der materiellen und moralischen Verwüstungen, welche die Nazijahre hinterlassen haben.

Die Fluchterfahrung ist die biografische Urszene – nicht nur für Maria Frisé. Die Erfahrung der Entwurzelung einer Heimatvertriebenen, ein Wort, das nach 1945 in Misskredit kam. Die Suche nach Heimat wird eine Antriebsfeder im Leben der späteren Journalistin sein. Auch die Suche nach Zugehörigkeit. Als sie spät erst fest angestellte Redakteurin wird, lindert das die Angst der Flucht- und Armutserfahrung, die sie gleichwohl ihr Leben lang nicht verlassen sollte.

Sie hat nicht studiert, Krieg, Vertreibung, frühe Eheschließung hatten das verhindert. Die Ehe war von Anfang an ein
Unglück für sie. Der Mann, ein Lebemann, er in Hamburg,
sie auf dem Land, sie sehen sich oft tage- und wochenlang
nicht. Es gibt drei Söhne. 1958 lernt sie auf einem Karne-
valsfest Adolf Frisé kennen, einen Journalisten, der als Herausgeber der Werke Robert Musils bekannt wurde. Sie
verlieben sich, *coup de foudre*. »Eine ernste junge Frau. Aus-
geglichen, nachdenklich«, so gibt Adolf Frisé in seinen postum erschienenen Lebenserinnerungen *Wir leben immer
mehrere Leben* den ersten Eindruck wieder. Man verabredet
sich für den übernächsten Tag.

Maria trennte sich bald von der Familie, eine grauenhafte
Zeit, wie Maria und Adolf immer wieder und bis ins hohe
Alter betonen: ein Lebenstrauma bleibender Schuld für
Maria Frisé, bis zum Tod 2022. »Scheidung aus Verschul-
den« bedeutete damals: Ihr wurden die Kinder entzogen.
Der Kontakt blieb in der ersten Zeit auf vierzehn Tage im
Sommer beschränkt; später dann wurde er gelockert.

Jahrelang hat sie ihren Kindern Tag für Tag lange hand-
schriftliche Briefe geschrieben. Die Söhne hat sie damit
unendlich gelangweilt, wie einer von ihnen ausgerechnet in
seiner Trauerrede zum Besten gab und hinzufügte, in Wirklichkeit sei es gar nicht um die Kinder gegangen, sondern
um Übungen im Schreiben als Vorbereitung für den Beruf
der Journalistin.

Adolf Frisé, siebzehn Jahre älter als Maria, wurde ihr
Privatlehrer. Aufgewachsen in Viersen am Niederrhein, war
er nach einem Studium in Berlin und Heidelberg in den
frühen dreißiger Jahren Kulturjournalist in Berlin geworden.
Dort kam es zu vielen Begegnungen mit Künstlern und Ver-
legern: Gottfried Benn, Peter Suhrkamp, Joseph Roth, ein

einziges Mal auch mit Robert Musil, dem er als Herausgeber von *Mann ohne Eigenschaften* nach dem Krieg unermüdlich seine ganze freie Zeit und viele Nächte widmete; sein Geld verdiente er beim Hessischen Rundfunk als Chef der Abteilung »Kulturelles Wort«. Das Radio als geistige Erziehungsanstalt hatte in den fünfziger und sechziger Jahren eine viel größere Bedeutung als heute. Adorno & Co. waren bei Frisé regelmäßig zu Gast und verlasen vor dem Studiomikrofon komplizierte Essays.

Frisé, der Universalgebildete, verordnete Maria den Kanon der Weltliteratur. Sie arbeitete ihn ab. Herr Frisé zeigte ihr die Welt. Sie war schüchtern, neugierig, kokett, bildungshungrig. Und: eine schöne Frau. Als sie genug hatte vom Schülerinnensein, emanzipierte sie sich von ihrem Lehrer – der bis zu seinem Tod ihr geliebter Mann bleiben sollte. Ihre Texte haben sie einander fortan nicht mehr zum Gegenlesen gegeben. »Wir haben uns geschont.«

Als Maria von Loesch hatte Frisé 1958 einen Bericht über einen Elternbesuchstag in der Schule ihres ältesten Sohnes geschrieben und ihn an die FAZ gesandt. Der Artikel erschien am darauffolgenden Samstag in der damals schon angesehenen Wochenendbeilage »Bilder und Zeiten«: »Es war mein erster und ganz und gar selbstständiger Schritt als Journalistin«, so Maria Frisé. Helene Rahms, die die Seite »Die Frau« verantwortete, bestellte sogleich weitere Beiträge bei ihr. Maria Frisé war stolz. Zehn Jahre blieb sie freie Mitarbeiterin der FAZ. Erst 1968 wurde sie dann feste Redakteurin, bald danach und bis zur Pensionierung zuständig für die »Beilage«, wie der Tiefdruckteil intern hieß. Maria Frisé und Helene Rahms, sie verdanken einander viel, Freundinnen wurden sie nicht. Rahms habe ihr vorgeworfen, sie wolle sie in den Hintergrund drängen, erzählte Frisé.

»Als ich 1968 Redaktionsmitglied wurde, waren Frauen außerhalb des Feuilletons rar«, schreibt sie in einem Artikel mit der Überschrift »Zehn von 152. Als Frau in der Männerdomäne« anlässlich des 50. Geburtstags der FAZ. Auslandsposten seien unter den Redakteurinnen besonders beliebt gewesen, raus aus dem nicht immer frauenfreundlichen Betrieb. In den Konferenzen seien weibliche Stimmen selten zu hören gewesen. »Auch meine Wortmeldungen blieben manchmal unbeachtet, was mich stets aufs Neue kränkte.« Um das zu ändern – davon war bereits in der Einleitung die Rede –, beschloss sie, sich in den dienstäglichen großen Redaktionskonferenzen jedes Mal den Herausgebern direkt gegenüberzusetzen – »unübersehbar also, noch dazu meistens in einem roten oder sonst wie farbenfrohen Kleid«.

Da es so wenige Frauen gegeben habe, »die den Mund aufmachten«, wurde Frisé als Einzige in den Betriebsrat und den Redaktionsbeirat gewählt. »Wir durften unsere Meinung sagen, bewirkt haben wir wenig.« Vergeblich habe sie versucht, Halbtagsarbeit für Frauen durchzusetzen. Redakteurinnen mit Kindern hätten in anderen Medien familienfreundlichere Bedingungen vorgefunden, klagt sie.

Frauennetzwerke wollte sie nicht. Dass Frauen Frauen fördern sollten, wäre ihr eine fremde Vorstellung gewesen. Sie habe vor allem das Gespräch mit Männern anregend gefunden, bekennt sie. Ob sie ihre Härte erst bei der Zeitung gefunden hat, als eine Art Panzer in dieser Männerwelt? Oder ob das zum schlesischen Adel dazugehört? Ich habe sie nie gefragt. Im Alter wurde sie weicher.

Maria Frisé musste sich – wie fast alle diese Journalistinnen in den Nachkriegsjahrzehnten – ihre Themen in der Zeitung selbst suchen. Sie bekam keinen Auftrag. »Warum wollen Sie eigentlich Redakteurin werden?«, fragte sie der FAZ-Herausgeber Jürgen Tern: »Sie können sich doch auch bei den editorischen Arbeiten Ihres Mannes nützlich machen.« Die Männergesellschaft brauchte Frauen als Journalistinnen nicht. Sie waren überflüssig – zumindest als Kolleginnen. Und genau das war ihr Glück. »Ich suchte mir Themen, die keinen in der Zeitung interessierten«, erzählt sie. Was denn? Familie, Kinder, die beginnende sexuelle Befreiung (Oswalt Kolle), Frauen, Gleichberechtigung, das »Soziale« im weiten Sinn, die Mode. »Gesellschaft« würde man zusammenfassend sagen. All das, was in Politik, Wirtschaft, Sport oder Feuilleton nicht vorkam. Der Historiker Peter Hoeres, der 2019 eine *Geschichte der FAZ* veröffentlichte und dafür die Protokolle der wöchentlichen Herausgebersitzungen (bestehend aus fünf Männern) einsehen konnte, stellte fest, dass die Journalistinnen und die von ihnen betreuten Ressorts fast nie Thema der Sitzungen gewesen waren. Man hat sie nicht wichtig genommen.

Sie selbst ist sich ihrer Rolle bewusst. Von Anfang an habe sie sich Themen gesucht, die ihren ureigenen Interessen entsprachen, sagt Frisé: »Emanzipation, Familienpolitik, die Reform des Ehe- und Kinderrechts, des Jugendstrafvollzugs – es wurde so vieles reformiert, was Journalisten kommentierend begleiten mussten.« Diese Themen seien ihr wichtiger gewesen als der Protest der Demonstranten auf der Straße. Letzteres stimmt gewiss, Ersteres verkleinert die Rolle dieser Pionierinnen: Mit ihren Berichten und Reportagen haben sie alle das, was reformiert wurde, nicht nur kommentiert, sondern auch vorwegnehmend forciert. Wegbereiterinnen einer Liberalisierung des Rechts und der Gesellschaft.

Man könnte auch sagen: Die männlichen Kollegen haben die gesellschaftsverändernde Relevanz ihrer Themen verkannt. Sie mussten ja Leitartikel schreiben, solche Sachen. Hätten die Männer den Braten gerochen, hätten sie die Themen der Frauen den Frauen gewiss entzogen. Aus der Not die Tugend machen, das war der Trick der Frauen. »Innerhalb der Zeitung hatte ich keine Konkurrenz«, sagt Maria Frisé – eben weil die Männer sie gar nicht im Blick hatten. »Ich konnte meine Beiträge auch im politischen Teil veröffentlichen, obwohl viele Kollegen dort meine Ansichten nicht teilten.« Relevanzgewinn im Windschatten, so könnte man das auf den Begriff zu bringen versuchen. »Wenn ich mich lustig machte über politische Rückständigkeit, haben mir meine Texte bei den Lesern viel Zustimmung, aber auch viel Ablehnung gebracht«, so Frisé.

Die Medien haben (damals zumindest hatten sie noch) einen »Exklusivitätsanspruch auf Realitätskonstruktion« (Niklas Luhmann). Die Stimme von Frauen wie Maria Frisé erweiterte die Realität und korrigierte sie zugleich. Das ist ihr Beitrag für die Geschichte der Bundesrepublik. Und für die Liberalisierungsgeschichte des Landes in den sechziger und siebziger Jahren.

Machen wir es konkret. 1970 hatte die Stadt Hamburg auf dem Gelände des ehemaligen Konzentrationslagers Neuengamme die Jugendstrafanstalt Vierlande errichtet. Direktorin wurde im Jahr 1973 kein Jurist, sondern die Psychologin Eva Rühmkorf. Sie ist die Frau des Schriftstellers Peter Rühmkorf; Ende der achtziger Jahre sollte sie für kurze Zeit Bildungsministerin in Schleswig-Holstein werden. Rühmkorf hatte sich schnell den Ruf erworben, aus Neuengamme »das liberalste Jugendgefängnis Deutschlands« gemacht zu haben.

Schon allein die Tatsache, dass eine Psychologin und keine Juristin Gefängnisdirektorin wurde, kam einer kleinen Revolution gleich. Darin spiegelt sich der – einer großen Revolution ähnelnde – Paradigmenwechsel im Strafrecht und Strafvollzug: Ziel eines Gerichtsurteils sollte fortan nicht mehr die Bestrafung, sondern die Resozialisierung sein. Das entspricht der damals »fortschrittlichen« Auffassung, nicht der Täter, sondern die Umstände (Milieu, System) trügen Schuld daran, dass einer zum Verbrecher wird. Das entlastet die Täter und belastet die Gesellschaft. Rühmkorf verstand ihren Auftrag nicht darin, Jugendliche wegzusperren, sondern sie für die Rückkehr in das Leben zu rüsten. Sie sagte über einen Halbwüchsigen, der zum Mörder geworden war: »Der braucht eine ›Ich-Prothese‹, auf die gestützt er rausgeht und lernt, draußen neu Fuß zu fassen, damit er nicht wieder in eine solche Situation gerät, wie die, die zu dem Mord geführt hat.«

Frisé fährt zweimal nach Neuengamme, 1975 und 1978, und lässt sich von Rühmkorf durch das Gelände führen. Zwei große Reportagen erscheinen in »Bilder und Zeiten«, mit Fotos von Barbara Klemm. Bei solchen Reportagen kommt die Stärke Klemms besonders zur Geltung: Sie versteht es, sich unsichtbar zu machen. Die Leute vergessen, dass sie im Raum ist; einerlei, ob Breschnew und Willy Brandt oder die jugendlichen Straftäter in Neuengamme. In Klemms Schwarz-Weiß-Reportagen, inzwischen fast weltberühmt, sieht man die Welt, wie sie ist. »Zeigen, was ist«, ergänzt das »Sagen, was ist« von Rudolf Augstein. Nicht ganz. »Man kommt immer eine Millisekunde zu spät«, hat Barbara Klemm einmal über ihre Arbeit als Fotografin gesagt. Das ist die Zeit, die nötig ist, um auf den Auslöser zu drücken.

»Hinter Gittern Freiheit lernen«, ist die zweite Reportage

von Maria Frisé aus Neuengamme überschrieben. Das Ziel des Strafvollzugs stehe fest, berichtet Frisé: »Lernen für das Leben draußen.« Die Reporterin gibt dem Leser Beobachtungen und Daten an die Hand, die ihn das Resozialisierungsziel teilen lassen: 80 Prozent der Jugendlichen in der Anstalt haben keinen Hauptschulabschluss, obwohl ihr Intelligenzquotient nicht niedriger ist als bei den Gleichaltrigen draußen. Das heißt: Nicht ihre Faulheit, mangelnde Begabung oder genetische Ausstattung hat sie zu Kriminellen gemacht, sondern die Gesellschaft.

»Die Mehrzahl der Beamten würde lieber betreuen als bewachen«, heißt es in Frisés Reportage. Sie spiegelt damit die Wende in der Ausbildung des Personals im Vollzugsdienst: Für sie wurden seit Mitte der sechziger Jahre von professionellen Psychologen und Sozialtherapeuten zunehmend Fortbildungen für Gefängnispersonal angeboten, bei denen diese Doppelrolle erlernt werden sollte. Konkret ging es in dem Unterrichtsprogramm um das »Erlernen von Verfahren der systematischen Verhaltensänderung bei Strafgefangenen« und das »Erlernen von nicht aggressionsförderndem Verhalten« in Konfliktsituationen des Strafvollzugs, schreibt die Historikerin Annelie Ramsbrock in einem Aufsatz mit dem sprechenden Titel »Vom Schlagstock zur Sozialtherapie«. Dies alles mündete 1976 in das erste bundesdeutsche Strafvollzugsgesetz. In dessen Zentrum stand: die Resozialisierung. Den Boden für den Paradigmenwechsel bereiteten Reportagen wie die von Maria Frisé.

Einmal habe ich Maria Frisé gefragt, ob sie sich eigentlich als Feministin verstehe oder verstanden habe. »Nie«, antwortet sie ohne Nachdenken. »Vielleicht galt ich in der Redaktion als gemäßigte Feministin«, vermutet sie: In der damaligen Männerwelt klang schon die Bezeichnung ziemlich vernichtend. Aber für sich selbst will sie sie nicht verwenden. »Ich war ja auch nie männerfeindlich«, fügt sie hinzu. Und mit dem Genderstern könne sie nun gar nichts anfangen – »dafür bin ich dann doch zu sehr Feministin«, ergänzt sie in der ihr eigenen Dialektik. Aber eben, Simone de Beauvoirs *Das andere Geschlecht* sei ein großartiges Buch. Wir unterhalten uns darüber, warum Beauvoir auch noch im heutigen Postfeminismus eine Heldin sei, während sich für Sartre allenfalls das akademische Oberseminar interessiere.

Sie sinniert über die MeToo-Bewegung, findet, dass da vieles hochgespielt werde, und macht sich über den Bademantel als männliches Verführungsrequisit lustig. Die einstige Modejournalistin Frisé hätte den Männern wohl geraten, sich kleidungsmäßig lieber an Don Juan ein Vorbild zu nehmen. Frisé jedenfalls, die sich immer als schüchtern bis verklemmt bezeichnet hätte, kann sich über die neue Prüderie der heutigen Frauenbewegung nur wundern.

Ich will wissen, wie es in den sechziger und siebziger Jahren in der FAZ-Redaktion zugegangen sei. Vor allem Karl Korn, langjähriger für das Feuilleton zuständiger Herausgeber, den sie »Papa Korn« nennen, gilt als eine durch und durch ambivalente Figur. Maria Frisé lässt nichts auf ihn kommen. Niemand habe Frauen so sehr gefördert wie Karl Korn und sie gegen seine Herausgeberkollegen (vor allem Jürgen Tern) verteidigt. Andere Frauen reden nicht so gut über ihn, nennen ihn einen berüchtigten Womanizer. So unterschiedlich geht Erinnerung.

Aber Maria Frisé bestätigt auch die sexuelle Libertinage in der Zeitung seit den fünfziger Jahren. »Man musste einen Liebhaber haben«, sonst habe man nichts gegolten. Und die Liebhaber mussten etwas darstellen. Man achtete intellektuelle Frauen, warb um tolle Männer und verachtete die Hausfrau: als schlicht, bescheiden, hässlich. Fast hört es sich so an, als hätten diese Journalistinnen die gewöhnlichen Frauen mehr verachtet als die Männer. Über die hat man sich allenfalls lustig gemacht, wenn sie langweilig waren: Erbarmen mit den Männern.

»Die Frauen damals in den Redaktionen haben die sexuelle Revolution vorweggenommen«, sagt Maria Frisé. Ob sie sich selbst an dem ausgelassenen Leben beteiligt habe, will ich wissen. Nein, sagt sie. Sie habe eine Art »Berührungsangst« gehabt. Ob sie die Kolleginnen moralisch verurteilt habe? Die Frage verwirrt sie. »Ich hatte Minderwertigkeitsgefühle.« Also wohl eher ein Problem damit, nicht dazuzugehören. Mehrfach sagt sie, es gebe einen großen Unterschied zwischen der Kohorte der Frauen, die zwischen 1900 und 1910 geboren wurden und die die Nazizeit erwachsen und schon berufstätig erlebt hatten, und der Generation derer, die in den zwanziger Jahren geboren wurden wie sie selbst. »Ich hatte diese Jahre der Nazizeit verträumt.«

Heute würde vieles, was die damalige Generation der Frauen als Befreiung erlebte, als sexueller Missbrauch angeprangert. Die Wertungen haben sich geändert. Hier ein mündlicher Bericht einer Redakteurin im O-Ton, die Anfang der achtziger Jahre zur FAZ kommt, gut dreißig Jahre jünger als Maria Frisé, der sie vieles verdankt: Vor allem die Kraft, in der Männerwelt der Redaktion zu überleben.

»Der Redakteursvertrag war mir bereits zugeschickt worden, doch plötzlich erhielt ich den verstörenden Anruf eines der Herausgeber. Er sagte, er habe sich die *Neue Revue* angesehen und dort ein Foto entdeckt, von dem er glaube, dass es mich zeige. Ob das sein könne. Ich sagte, nicht dass ich wüsste, wie denn das Foto aussehe. Er erklärte, dort sei unter der Rubrik ›Das Mädchen von nebenan‹ eine gewisse ›Simone aus Esslingen‹ zu sehen. Ich fragte: Was hat dieses Mädchen denn an? Er: Sie liegt im Heu und ist fast nackt. Wie ich ihm das erklären wolle. Ich sagte: Das bin ich ganz sicher nicht. Er: Sind Sie wirklich sicher? Ich: Ganz sicher. Ich werde Ihnen ein Porträtfoto von mir schicken zum Vergleichen.

Sie können sich vorstellen, in welche Panik ich geriet. Ich fürchtete, meine Anstellung könnte an solch einer Verwechslung scheitern. Ich kaufte mir die Illustrierte und sah mir das Bild an. Die junge Frau darauf sah mir entfernt ähnlich, aber ziemlich entfernt.

Ich schickte dem Herausgeber mit der Post eine Porträtaufnahme. Außerdem rief ich bei der *Neuen Revue* an, erklärte die Situation und fragte, ob man mir eine Bestätigung schicken könne, dass ich nicht die Person auf dem Bild sei. Die Leute dort taten das nicht, sondern riefen beim Herausgeber an und sagten ihm, sie wollten über diesen Vorfall gerne berichten. Daraufhin erhielt ich einen weiteren Anruf von einem ungehaltenen Herausgeber, der sagte, ich hätte übertrieben reagiert. Aber er wolle es nun gut sein lassen.

Erst da wurde mir klar, wie voyeuristisch er mich offenbar angesehen hatte. Es war mir sehr peinlich. Ich fand es aber auch unerhört, dass mir etwas passiert war, was einem Mann niemals widerfahren wäre. Später erfuhr ich, dass der Herausgeber bis ans Ende seiner Tage geglaubt hatte, das Mädchen auf dem Foto sei ich gewesen.

Ich durfte dann trotzdem im Oktober 1981 bei der FAZ anfangen. Im ersten Gespräch, zu dem er sich aus einer Flasche MM Sekt einschenkte, empfahl mir der Herausgeber: Gehen Sie sparsam mit Ihrer Weiblichkeit um!«

In Frisés letztem Band mit Erzählungen, im Jahr 2021 erschienen unter dem Titel *Einer liebt immer mehr*, gibt es am Ende die »Geschichte einer Ehe«, literarisch einer ihrer besten Texte. Er handelt von ihrem geliebten Adolf Frisé, der, obzwar schon fast zwanzig Jahre tot, immer noch im Haus in Bad Homburg lebendig war. Es ist eine Erzählung, die kaum eine der üblichen Erwartungen an eine Liebesgeschichte erfüllt. Da werden Türen geschlagen, Kränkungen zugefügt, Konkurrenz und Eifersüchteleien ausgekostet und Marotten ausgelebt. Man kann auch sagen: Ein ehrlicher Text, in welchem die Autorin ziemlich schonungslos mit sich selbst umgeht.

Aber es ist eben doch eine Liebesgeschichte, freilich bar jeglicher Romantik. Wie die beiden sich – ausgerechnet am Rande eines Kostümfestes – ineinander verlieben, eine klassische Amour fou. Wie sie sich trennt von ihrer Familie, Urgrund eines lebenslänglich schlechten Gewissens wegen der Kinder. Und wie sie dann in Bad Homburg dieses Haus bauen, das er eigentlich gar nicht wollte, weil er es hasste, ein »Besitzbürger« zu werden. Das wird hier ohne jegliche Beschönigung erzählt.

Gleichwohl: Er bedeutet ihr alles. Sie geht bei ihm in die Lehre, wird wieder die Lesende, Lernende, später die Lehrende und eben immer schon die Liebende. Zwei Intellektuelle erschließen sich die Welt allabendlich und alltäglich. Es ist eine häusliche Totalität. Wen bräuchten sie noch. Am Ende des Abends gibt es Whiskey oder Weißwein.

Diese Gespräche waren ihr unendlich wichtig, gaben ihr Sicherheit und Halt. Das die Einheit stiftende Gehäuse dafür war die Villa in Bad Homburg, entworfen von ihr. Es muss eine Art der Symbiose gewesen sein, die keine Gesellschaft braucht, keine gemeinsamen Kinder bekommen hat und – zumindest für sie – Konkurrenten nicht ausschloss: das Pferd, die über alles geliebten Söhne aus erster Ehe, die Reisen, die große verzweigte Familie von Loesch mit Großmüttern, Tanten, Vettern und Cousinen, zu denen er kein Verhältnis finden konnte und wollte.

»Einer liebt eben immer mehr«, sagt er. Am Ende des Weges entfernen sie sich voneinander. So steht es in der Erzählung. »Plötzlich tat sich eine Kluft zwischen ihnen auf und sie fand keine Worte, um ihm wieder näher zu kommen.«

Am Ende eines schönen Gesprächs in der Reihe hr2 Doppelkopf aus dem Jahr 2004, ein Jahr nach dem Tod von Adolf Frisé, bekennt sie: »Ich bin ein selbstständiger Mensch geworden. Das ist mir gelungen« Und weiter: »Mir geht es doch sehr gut. Ich habe meinen Interessen folgen können, habe das erlebt, was ich erleben wollte. Ich bin eigentlich vielseitig. Und diese Vielseitigkeit habe ich vielleicht viel besser ausleben können, als wenn ich – was ich oft bedauert hatte – studiert hätte. Das hätte mich eingegrenzt.« So etwas nennt man Einverständnis. Zugehörigkeit, Heimat hatte sie als Journalistin und in der Vertrautheit mit ihrem Mann wiedergefunden, die sie bei Flucht und Scheidung verloren hatte. Ein »starkes Leben«, wie auf der Traueranzeige der Familie zu lesen stand.

10

Köchin im Wirtschaftswunderland

Sybil Gräfin Schönfeldt (1927–2022)

Das Haus war eine halbe Ruine, aber im Wintergarten qualmte der Kanonenofen zum Fenster hinaus, und sechs oder sieben Männer und Frauen saßen in dicken Wintermänteln um einen Gartentisch herum und überlegten, wie sie ihr Blatt nennen sollten. Vielleicht Constanze?

Die Episode muss sich irgendwann im Frühjahr 1948 im kriegszerstörten Hamburg zugetragen haben. Sybil Gräfin Schönfeldt, damals 22, hatte ihr Studium in Göttingen begonnen, war dann nach Hamburg gewechselt und hatte sich beim Akademischen Hilfswerk, kurz AkHi, um Jobs beworben, um ihren Lebensunterhalt zu finanzieren. Dort hatte man die junge Frau zur *Constanze* geschickt, einer »Illustrierten«, die damals gerade von den britischen Besatzern eine Lizenz erhalten hatte.

Die erste Frage, die der studentischen Bewerberin gestellt wurde: »Können Sie Schreibmaschine schreiben?« Schönfeldt antwortete bedrückt: »Nein.« Auf dem Gartentisch stand ein solches Gerät, vermutlich Baujahr 1920 oder 1930. »Darauf können Sie üben.«

Es dauerte dann noch eine Weile, bis aus der Germanistikstudentin eine Journalistin werden sollte, weil die

Redaktion der *Constanze* sich doch lieber bei den journalistisch erfahrenen Kriegsheimkehrern – Männern – bediente. Aber, glaubt man Schönfeldts Autobiografie *Hoffen auf das Bessere*, dann war dieses gescheiterte Studentenengagement die erste Begegnung mit einem Beruf, den sie ihr Leben lang, bis wenige Tage vor ihrem Tod im Dezember 2022, ausüben sollte: Ihre letzten Bücher, die Erinnerungen an den geliebten Mann Heinrich Schlepegrell (*Er und ich*) und der *Literarische Küchenkalender 2023*, erschienen postum. Was wäre passender als ein Küchenkalender bei dieser Frau, die den Deutschen das Kochen im Alltag beigebracht hatte.

Sybil Gräfin Schönfeldt schloss ihr Studium 1951 in Wien mit der Promotion ab, es folgte eine halbjährige Lust- und Bildungsreise durch Italien, bevor sie, im Anschluss an ein Volontariat beim *Göttinger Tageblatt*, zurück in Hamburg, als »Freie« bei verschiedenen Blättern (unter anderem bei der sozialpolitischen Monatszeitschrift *Das Fenster* und bei der Wochenzeitung *Die Zeit*) andockte.

Doch schon wenig später landete die Gräfin wieder bei der *Constanze*, die sich rasch zur wichtigsten Frauenzeitschrift der jungen Bundesrepublik entwickelt hatte. Es wurde eine lange und intensive Beziehung. Wir haben die journalistischen Anfänge der Gräfin als Zeitschriftenköchin schon im Prolog dieses Buches skizziert.

Deutschland war damals, Anfang der fünfziger Jahre, noch weit von einem Modernisierungs- und Rationalisierungsschub der Küchen entfernt: Spülmaschine, Dampfkochtopf, Kitchen Aid, Mixer, all das sollte noch etwas dauern. In den USA war man schon weiter. Sybil Schönfeldt hatte sich im Hamburger Amerikahaus (in allen größeren deutschen Städten gab es im Rahmen des Reeducation Programms diese Amerikahäuser) die US-Illustrierten ausgelie-

hen und verfolgt, wie »draußen in der reichen weiten, kriegs-
verschonten Welt die Housewives und die Career Women
in ihren Häusern lebten, mit welchen Küchengeräten ihres
technischen Parks welche Lebensmittel wie vor- und zube-
reitet wurden und mit welchen Tricks dieses Food schließlich fotografiert wurde.«

Wenn man sich heute an diese Gräfin erinnert, dann
sind es ihre Kochrezepte und dann ihre Kinderbücher (dazu später), die sie bekannt und berühmt machen sollten.
Sybil Gräfin Schönfeldt war der Küchencoach der nivellierten Mittelstandsgesellschaft. Sie sorgte dafür, dass in den
Haushalten mittags – damals gab es noch das häusliche
Mittagessen – etwas Ordentliches auf den Tisch kam, das
schmeckte, bezahlbar war und schnell ging. Und sie verhinderte, dass die Hausfrau auf Tütensuppen oder Dosen-
gerichte (Ravioli in Tomatensauce) auswich oder zumindest
vor ihrem Gewissen dies sagen konnte, obwohl sie es nicht
immer durchhielt.

Der Beitrag der *Constanze* zu diesem Modernisierungs-
prozess kann gar nicht hoch genug geschätzt werden. Die
faszinierende Geschichte dieser »Illustrierten« soll, weil sie
heute kaum noch bekannt ist und das Blatt längst nicht
mehr existiert, etwas ausführlicher erzählt werden. Gegründet von John Jahr senior und Axel Springer, wurde *Constanze*
rasch zur meistverkauften und beliebtesten Frauenzeitschrift
in Deutschland. Schon 1950 betrug die Auflage 400 000
Exemplare. Als das Blatt schließlich 1968 in der später gegründeten *Brigitte* aufging, lag die Auflage bei 550 000. Zum
Vergleich: 2022 druckte die *Brigitte* 240 000 Exemplare.

Das inhaltliche Konzept der *Constanze* stammte im
Wesentlichen von Chefredakteur Hans Huffzky, der seit
1939 für den Verleger John Jahr die Frauenzeitschrift *Die*

junge Dame geleitet hatte. Das Gerücht hielt sich hartnäckig, von der Gräfin bestätigt, dass der Verleger eigenhändig die Kanonenöfen in der Redaktion anheizte. Es ist die Gründerromantik der Nachkriegsjahre.

Constanze gelang das Kunststück, dass ihre Leserinnen sie als »Freundin« akzeptierten. Die zahlreichen Leserbriefe gingen an die »Liebe, gute Constanze«, auch an »Liebes Constanzchen«, oder an »Fräulein Constanze«. Es hatte sich wie von alleine eine Community gebildet mit enger Leser-Blatt-Bindung, etwas, was heutige Zeitungen mit viel Werbeaufwand zu wiederholen suchen (»Freunde der *Zeit*«).

Dass die *Constanze* bei so vielen Frauen den richtigen Ton traf, lag nicht etwa daran, dass dort in den verantwortlichen Positionen Frauen das Sagen hatten. Im Gegenteil: Zu Anfang gab es in der Redaktion acht Männer und zwei Frauen. Allerdings wurden die Artikel mit Kürzel gezeichnet, so dass die Leserinnen wähnen konnten, ausschließlich Journalistinnen hätten sie geschrieben. Vielleicht war das den Leserinnen aber auch egal; wir wissen es nicht. Einige Männer schrieben unter weiblichem Pseudonym. Tatsächlich hatte das Blatt auch einen beträchtlichen Anteil Männer unter den Lesern.

Die *Constanze* widerlegt abermals die hartnäckig sich haltende Einschätzung, die frühe Bundesrepublik sei eine Zeit der Restauration gewesen, wo den Frauen von den Männern autoritativ wieder ihr Platz bei Küche, Kindern und Kirche zugewiesen wurde. Eher das Gegenteil dürfte stimmen, zumindest in den frühen fünfziger Jahren. In den Frauenmagazinen der Nachkriegszeit, so die Journalistin Gerda Pelz in der »Frauenbeilage« der FAZ 1950, sei »auch der letzte Rest von rosaroter Sentimentalität, alles Bängliche und alles Lehrerinnenhafte hinweggefegt worden von

aggressivem Lebensmut.« Das spiegelt sich in deutlicher
Kritik an den Männern, die – als Verlierer geschlagen heim-
gekehrt – meinten, sie könnten nun auftrumpfen. »Die jet-
zige Frauengeneration erkennt eine grundsätzliche Überlegenheit des Mannes in keiner Form an«, so Walther von
Hollander bereits im Heft 3, 1948. Der moderne Mann
merke häufig gar nichts davon: »Er lebt noch oft in der
Typenwelt von gestern.« Hollander übrigens war später bei
der *Hörzu*, einer Radioprogrammzeitschrift, für die Rubrik
»Fragen Sie Frau Irene« zuständig.

Noch deutlicher und mit viel Selbstironie gespickt hatte
sich Gründungschefredakteur Hans Huffzky schon in der
ersten Ausgabe ausgedrückt: »Ist Ihnen noch nichts aufgefallen an uns Männern, meine Damen? Haben Sie noch
nicht gemerkt, dass wir nicht mehr die gute Vorkriegsware
sind? Wir haben auch kein Maschinengewehr mehr im Arm
und können Ihnen auch sonst keine Heldengeschichten
mehr erzählen.« Dann gibt Huffzy sich selbst kokett die
Antwort: »Natürlich ist uns das aufgefallen, höre ich Sie
jetzt rufen, natürlich! Nur zieht ihr Männer leider nicht die
Konsequenzen daraus. Ihr gebärdet euch noch immer, als
wärt ihr die Herren der Welt.« Huffzky akzeptiert den Vorwurf der Frauen und entschuldigt sich: »Wir Männer tun
nur alle noch ein bisschen so. Das ist noch so eine Art
Reflexbewegung, wissen Sie. Ich bleibe dabei: Die Männer
fühlen es mehr oder minder, dass etwas faul ist im Staate
Mann. Jeder von uns schleppt seinen eigenen Jammerlappen mit sich herum. Tief vergraben im Gewissen, dass der
schlechtesten eines ist.«

Ein starker Text, finde ich. Jammerlappen mit schlechtem
Gewissen – das Wissen, als Mann, als Krieger versagt zu
haben und wohl auch auf der falschen Seite gekämpft zu

haben, trifft auf den aggressiven Lebensmut der Frauen, angefeuert von *Constanze*. Das kann nicht (nur) gut gehen. Diese Spannung, in die hinein die *Constanze* schreibt, könnte das Geheimnis ihres Erfolgs gewesen sein. Das heißt nicht, dass die Alltagswelt der Republik dem emanzipatorischen Bild der Zeitung entspricht. Es heißt nur, dass die *Constanze* den Widerspruch zwischen dem Selbstbewusstsein der Frauen und den restaurativen Fantasien der Männer thematisiert – und sich auf die Seite der Frauen schlägt, ironischerweise geschrieben von Männern.

Constanze setzt sich vehement für das Gleichberechtigungsgebot des Grundgesetzes ein. Im Parlamentarischen Rat, der 1948/49 das Grundgesetz erarbeitet, sind vier Frauen, zwei von der SPD, zwei von der CDU. *Constanze* deckt auf, dass die Christdemokratinnen sich gegen den Gleichberechtigungssatz aussprechen – und verurteilt dies »mit tiefer Sorge«.

Man sollte es freilich nicht übertreiben. Die *Constanze* ist kein Kampf- und Erziehungsblatt für die emanzipierte Frau. Sie gebe vielmehr die »alltäglichen Befindlichkeiten von Otto Normalverbraucher in den fünfziger Jahren« wieder, so der Journalist und Sammler Jörg Bohn auf seiner Internetplattform *wirtschaftswundermuseum.de*. Sie lässt ihn, oder besser sie, teilhaben am steigenden Wohlstand mit Sonderheften in Farbe: »Das sonnige Urlaubsheft« oder »Das strahlende Osterheft.« Viele Unterhaltungsthemen werden geboten, Modeseiten, Einrichtungstipps und Lebenshilfe – durchaus im Sinne erfolgversprechender Anpassung an die klassische Rollenverteilung und Arbeitsteilung.

Regelmäßig erscheinen Tests, mit deren Hilfe die unverheiratete Frau ihre Chancen bei heiratswilligen Männern ausloten kann. Ausgesprochen viele Pluspunkte verspricht beim Thema »Sind Sie bei Männern begehrt?« die Bejahung von Fragen wie »Haben Sie hübsche, nicht zu dünne und nicht zu dicke Beine?« oder »Haben Sie Ersparnisse oder Vermögen von mindestens 10 000 Mark?« Das Erreichen der höchsten Punktezahl lässt SIE »wahrlich zum Wunschtraum in den Vorstellungen der meisten Männer unserer Tage werden«. Spätestens hier wird deutlich, dass die Hefte von Männern gemacht werden, die zwischendurch dann vergessen haben, dass ihre alte Macht, Regeln zu setzen, verblasst.

Ende der fünfziger Jahre präsentiert der *Constanze*-Titel »Der ideale Haushalt« – »Tausend neue Dinge für alle, die sich ihren Haushalt schön und praktisch einrichten wollen« und lässt die Leserinnen teilhaben an der Automatisierung und Elektrifizierung des bundesrepublikanischen Heims, zu einer Zeit, als Wasch- und Spülmaschine noch immer keine Selbstverständlichkeit sind: »Der große Mittelpunkt unserer Schau ist jedoch der Mensch, die Hausfrau. Heiter und gelassen steht sie inmitten der Hilfsmittel, die ihr der technische Fortschritt bietet«, wirbt die *Constanze*. Das »Rezeptheft« aus demselben Jahr gibt Anregungen, was die Hausfrau in ihrer modernen Küche zubereiten kann. Gerichte wie »Hawaii-Spieß«, sogar Hummer, »Modernes Rehsteak« und »Ente mit Orangen« zeigen, dass die »schlechten Zeiten zumindest materiell für viele nur noch Erinnerung sind«, so der Fünfzigerjahre-Forscher Jörg Bohn.

Am Ende der fünfziger Jahre, so die Soziologin Ulla Grum in einem Aufsatz über »Eine Frauenzeitschrift im Wandel des Jahrzehnts«, ist die »Hausfrau«, die die *Constanze* adressiert, kein unscheinbares Wesen mit gestärkter Haushaltsschürze mehr, »sondern eine modebewusste Frau mit Cocktailschürze«.

Das ist die Zeit, in der Sybil Gräfin Schönfeldt bei der

Constanze (und zeitgleich auch schon bei der *Zeit* und anderen Blättern) arbeitet. Nachdem ihre Kinder geboren wurden, hat sie als Redakteurin gekündigt, arbeitete als »feste Freie« mit zwei regelmäßigen Aufgaben: Als »Frau Barbara« bearbeitet sie mit Hilfe von Fachleuten wie Ärzten und einem Anwalt die Leserpost bei der *Constanze* (wie gesagt: Leser-Blatt-Bindung). Außerdem übernimmt sie das Romanlektorat. Noch bis in die neunziger Jahre wurden in vielen Zeitungen belletristische Neuerscheinungen in Fortsetzungen abgedruckt. Beim *Stern* war Schönfeldt später fünfundzwanzig Jahre lang für die neuen Romane zuständig. »Dienstag war mein Redaktionstag«, erzählt sie.

Bei der *Zeit* kümmerte sie sich um die die Kinder- und Jugendliteratur – »weil es keiner der anderen haben wollte«: Also schrieb sie über den gerade von der Bundesregierung gestifteten Kinderbuchpreis, rezensierte auch in Funk und Fernsehen Jugendbücher. Und veranstaltete in Hamburg regelmäßig eine Kinderbuchwoche. Umtriebig war sie immer. Wenn die Kinder schliefen, ging sie wieder an die Schreibmaschine.

Zu nachhaltiger Berühmtheit brachte sie es als Vorzeigeköchin des Wirtschaftswunders. Sie war bald eine Institution, bereitete den Boden für die Kochsendungen im Fernsehen, die sich bis heute großer Beliebtheit erfreuen. Es musste die leichte, schnelle Küche sein. Eines ihrer frühen Kochbücher trugt den Titel *Quer durchs Gemüsebeet*. Sie macht *Koche froh mit rororo* und schreibt das *Kochbuch für den dicken Mann* oder, wie sie korrigiert, in Wirklichkeit das *Kochbuch für die Frau vom dicken Mann*. »Es waren sehr einfache Gerichte, so dass es den Frauen, die ja für das Kochen noch zuständig waren, wahrscheinlich einiges erleichtert hat«, erzählt sie.

Gräfin Schönfeldt wird damit zu einer Art Parallelfigur – oder auch zur Antipodin – zu Wolfram Siebeck, der seit den sechziger Jahren eine kulinarische Kolumne im *Twen* und dann, wie die Gräfin, in der *Zeit* hat. Siebeck lernt die französische Küche – später »Nouvelle Cuisine« – in Frankreich kennen und schätzen und macht die Deutschen mit der feinen Küche vertraut, Schönfeldt bringt ihnen die Alltagsküche bei. Richtige Freunde sind die beiden nicht geworden. Sie neidet Siebeck seine Privilegien; er hat alles teuer dreimal gekocht. »Den habe ich alles andere als geliebt.« Siebeck habe für seine Kolumnen 270 Mark pro Stück bekommen, sie 170 Mark, erzählt sie. Als sie sich beschwert, erwidert der zuständige *Zeit*-Redakteur: »Siebeck muss ein Schloss finanzieren, Sie haben ja Schlep«. Schlep, damit war Schönfeldts Mann gemeint, Heinrich Schlepegrell. Das war nicht höhnisch, sondern ganz normal, fügt die Gräfin mit heute noch hörbarer Empörung hinzu. Will heißen: Frauen müssen doch gar nicht arbeiten, sie haben den Mann als Ernährer. Mit Gender-Pay-Gap hätte man diesen Männern nicht kommen brauchen. Sie hätten es vom unterschiedlichen Bedarf her gerechtfertigt. Der Mann ist der Ernährer – der *breadwinner*, wie die Engländer sagen. Wenn die Frau arbeitet, ist es Zuverdienst, Hobby, Beschäftigungstherapie, so was halt.

Holen wir rasch nach, was im Leben der Gräfin passierte, bevor sie Journalistin wurde. Geboren wird sie 1927 in Bochum. Sie stammt aus altem deutschem Adel. In ihrer Familiengeschichte *Vom langen Weg in eine neue Zeit* blickt sie zurück bis zu Hilmar, dem ersten Reichsgrafen von Schönfeldt, ihrem Urururgroßvater, Begründer der österreichischen Linie der Schönfeldts. Ihr Vater hatte, verarmt nach Erstem Weltkrieg und Revolution, Österreich verlassen, um bei den reichen Verwandten Unterschlupf zu finden. Die Mutter stirbt einundzwanzigjährig wenige Wochen nach ihrer Geburt.

Sybils Kindheit war ein Wanderleben: Erst schickte man sie nach Nassau an der Lahn, wo ihre Großtante, eine Krankenschwester, sie erzog. Dann kam sie nach Göttingen zu den Großeltern. Der Vater, mittlerweile in Berlin mit einer neuen Frau zusammen, kümmerte sich kaum, er war in der Familie wenig gelitten.

Einschneidend war ihre Einberufung zum Reichsarbeitsdienst (RAD) im Jahr 1944. Sie hat oft davon erzählt, auch im Februar 2022, als ich sie in ihrer schönen Hamburger Wohnung in einem der weißen Häuser an einem Alsterarm in Winterhude besuchte. Dort hat sie über sechzig Jahre ihres Lebens verbracht, idyllisch und herrschaftlich, die Wohnung geliebt, viel Besuch empfangen und jedem als Erstes die geliebte Rotbuche in den hinteren Gärten gezeigt.

Im Oktober 1944 begann das Abitur, doch es wurde abgebrochen. Am 9. November fuhr der Zug in Göttingen los, morgens um fünf. Den Satz, den der Großvater, der als Sechsjähriger in die Kadettenanstalt gekommen war, ihr damals mit auf den Weg gab, hat sie Mal ums Mal wieder zitiert: »Denk immer dran, dass du jetzt Uniform trägst. Ein Soldat harrt dort aus, wo die Pflicht ihn hinstellt.« Und die Großmutter fügte hinzu: »Und wenn es kalt wird, zieh dir die Wollhose an!« Im Nachhinein wundert sie sich: Keiner der Erwachsenen wehrte sich dagegen, dass ihre Kinder in einer Zeit nach Oberschlesien transportiert wurden, als dort bereits einige heimlich ihre Koffer und Planwagen zu packen begannen.

Der Arbeitsdienst war rau. »Wir lernten den Mund zu halten, Kühe zu melken, Gänse zu stopfen, Enten zu schlachten, Wasser aus dem zugefrorenen Dorfbrunnen zu schöpfen, die ersten Toten zu sehen.« Sybil, die Reichsarbeiterin, war damals gerade siebzehn Jahre alt. Als sie sich im März 1945, zwei Monate vor Kriegsende, weigerte, selbst Arbeitsdienstführerin zu werden, landete sie in einem Straflager in Österreich zwischen ukrainischen Zwangsverpflichteten und russischen Kriegsgefangenen, »die jeden Abend in den roten Himmel sangen, dass einem das Herz brechen konnte«.

Der zentrale Satz ihrer Erinnerung lautet: »Wir lernten, dass man immer mehr aushalten kann, als man glaubt, und lernten alles zu überstehen.« Über die Monate zwischen Oktober 1944 und Mai 1945 hat sie später ein Buch geschrieben: *Sonderappell*. Es wurde 1979 veröffentlicht. Sie hat, soweit das mit dem Abstand von einem Vierteljahrhundert geht, ihre Erinnerungen ungeschminkt zu Papier gebracht. Von vielen Frauen habe sie zustimmende Briefe erhalten: Genau so sei es gewesen. Andere haben ihr gedroht und sie der »Nestbeschmutzung« beschuldigt. Die Frage ist, welches Nest das sein sollte, das sie beschmutzte. Die Gräfin empört sich, dass die Maiden von damals, Führerinnen im Arbeitsdienst, nach dem Krieg alle davonkamen, weil man im RAD nicht Parteimitglied habe werden müssen, die Besatzer aber nur danach urteilten, wer PG, Parteigenosse, war. Nahtlos konnten diese Frauen nach 1945 Karriere machen, erzählt die Gräfin im Januar 2018 in einem Interview mit dem Deutschlandfunk: »Ohne mit der Wimper zu zucken sind sie in die deutsche Pädagogik hinübergegangen. Sie sind Lehrer geworden, sie haben ihrerseits wieder Heime geführt.« Die Gräfin schüttelt immer noch fassungslos den Kopf, wenn sie davon erzählt: »Sie wollten über mich einen regelrechten Prozess veranstalten. Also ein völliger Wahnsinn.«

Auf eine gewisse Weise sei *Sonderappell* ihr wichtigstes Buch, sagt die Gräfin. Das überrascht nicht. Es ist der Schlüssel nicht nur zu ihrem Leben, sondern zum Leben ihrer Generation. Die Erfahrungen im Arbeitsdienst haben diese Generation gehärtet, womöglich hätte man das früher Männlichkeit genannt. All jene Frauen, die ich noch persönlich im hohen Alter kennenlernte, hatten sich diesen Wesenszug erhalten: eine gewisse ans Militärische erinnernde Kurzangebundenheit; man machte nicht viele Worte. Höflich schon, aber nicht übertrieben zugewandt. Das Leben ist Arbeit, man muss kämpfen, jammern gilt nicht. Wer etwas erreichen und überleben will, darf sich nicht zieren. Opferdiskurse – diese Frauen hätten schon mit dem Wort nichts anfangen können. Wenn ich es ihnen übersetzte, schüttelten sie verständnislos den Kopf.

Anfang der fünfziger Jahre lernt Sybil Schönfeldt in Hamburg Heinrich Schlepegrell kennen. Er stammt nach der rassistischen Terminologie der Nazis aus einer »jüdisch versippten Familie«, gilt als »Vierteljude«. Zu den Vorfahren zählen auch die Mendelssohns, Moses, Felix, Fanny und so weiter. Eine Großmutter nimmt sich das Leben, um der Deportation nach Theresienstadt zuvorzukommen. Heinrichs Bruder Peter war vor dem Krieg nach England emigriert. Er wird eingezogen. »In unserer Generation durfte Heinrich weder Unteroffizier noch Offizier werden, weil er als Vierteljude nicht wert war, deutsche Soldaten zu befehligen«, schreibt Schönfeldt in ihren Erinnerungen *Er und ich*: »Aber Kanonenfutter durften wir sein«, habe er gesagt. Mit einer schweren Rückenverletzung, einer bleibend schmerzenden Wunde, kehrte er aus dem Krieg heim.

Sybil verliebt sich in Heinrich. Er will heiraten. Sie will sich nicht binden. »Ja, ich liebte dieses Leben.« Da ist er wieder, dieser unbändige Nachkriegslebenshunger, von dem alle Frauen berichten. »Es waren bittere Momente, aber ich war so rücksichtslos, wie man nur als junger Mensch sein kann, und schließlich war ich wieder frei«, schreibt Schönfeldt. Weder einsam noch allein sei sie gewesen, »denn ich hatte genug Freunde in den Redaktionen, genug Verleger-Freunde, genug Vettern-Freunde«.

1957 haben sie dann geheiratet, eine katholische Trauung. Heinrich blieb evangelisch. Man nannte so etwas eine Mischehe. Die Gräfin nahm den bürgerlichen Namen des Mannes an. Sie nannte ihn Schlep, er sie insgeheim Schlepe. Als Journalistin blieb sie stets Sybil Gräfin Schönfeldt.

Warum sie den Beruf der Journalistin gewählt habe? »Ich habe ihn gar nicht gewählt, sondern ich bin es geworden«, antwortet sie. Ein Leben lang war sie frei, hat sich bis auf eine kurze Zeit nie als Redakteurin fest an ein Blatt gebunden, wollte es auch nicht, weil die Festanstellung nicht mit der Erziehung der beiden Söhne vereinbar gewesen wäre. »Wenn sie ein Kind haben, geht das. Zwei Kinder sind eine Kinderstube.« Die Kehrseite ist die ständige Angst der »Freien«, das Geld werde am Ende nicht reichen. Deshalb schrieb sie über alles, nicht nur über Kochen oder Kinder, sondern auch über Mode, über Autos, übers Benehmen. Und eben alles, was so anfiel.

Später, in den siebziger Jahren, als es der *Zeit* besser ging, mehr Anzeigen kamen und also auch mehr redaktionelle Seiten zu füllen waren, beschloss man, neue Rubriken und Zeitungsbücher zu machen. »Alltagsgeschichten« waren gefragt, berichtet Schönfeldt, die dafür prädestiniert schien. Die Rubrik sollte »Die Seite für die Frau« heißen. Schönfeldt war empört. Auch die zuständige Redakteurin rebellierte. Das sei Verrat, »ein Sturz nach hinten in die Welt, die wir doch gerade verlassen wollen!« Man setzte sich durch, die Seite hieß »Modernes Leben«. Schönfeld wurde regelmäßige Mitarbeiterin, schrieb über Sticken, über Bridge, über Porzellan, sogar übers Golfspielen. Alles, was anfiel, wie gesagt.

»Mein erster Text, den ich für die *Zeit* 1954 schrieb, maß knapp zehn Zentimeter – Textlängen wurden von den Redakteuren mit dem Maßband gemessen – und beschrieb das Elend eines Kinderheims, das ausgerechnet in einem nebligen kleinen Flusstal eingerichtet worden war, so dass die Kinder an Dauerhusten litten.« Kurz nach Erscheinen des Artikels wurde das Heim geschlossen. Die Gräfin war stolz, dachte: »So ist Journalismus.« – »Nein«, erwiderte ein alter, erfahrener Redakteur, »eine solche Wirkung erlebst du, wenn überhaupt, nur ein einziges Mal im Leben.« Es war, wie bei vielen dieser Journalistinnen, auch bei Sybil Gräfin Schönfeld insbesondere die Sozialreportage, die eine neue Welt erschloss – und, wie dieses Beispiel zeigt, eine Welt veränderte, platt gesagt »zum Besseren«, selbst wenn es nur einmal im Leben glückt.

In der *Zeit* traf die Gräfin Schönfeldt auf eine andere Gräfin, die Gräfin Dönhoff. Sie verbessert: Es gab noch eine dritte Gräfin, die Gräfin Eka Merveldt, die sich ihren Adel freilich angeheiratet hatte und eigentlich Müller hieß, Eka Müller. Die wurde von allen geachtet, weil sie etwas vom Zeitungsmachen verstand, was all die neuen Schreiber ohne oder mit kurzer Ausbildung nicht draufhatten. Gräfin Merveldt verantwortete dann lange den Reiseteil der *Zeit*. Sie galt als Urgestein – mit Josef Müller-Marein, dem Chefredakteur, zu einer »verschworenen Seilschaft« zählend: »Eka wurde von uns allen, die in der Regel keine journalistische Erfahrung hatten, sehr bestaunt, weil sie die Kunst des Umbruchs verstand und damit zur technischen Herrin des Blattes wurde.« Tre Contessini habe man sie genannt, die drei Gräfinnen, berichtet Gräfin Schönfeldt stolz. Sie selbst wurde von allen »Sychen« genannt, weil »Sy« von Sybil ihr Kürzel in der Zeitung war.

Aber mit der Gräfin Dönhoff darf man es sich wohl eher schwierig vorstellen, wenngleich die Gräfin Schönfeldt dies runterspielt. Eine Kollegin, die lange bei der *Zeit* gearbeitet hat, berichtet nüchtern, Dönhoff habe sich noch nicht einmal umgedreht nach Schönfeldt. Die eine kam gerade wieder von einer Konferenz im noblen amerikanischen Aspen-Institut zurück, die andere kam aus der Versuchsküche.

Schönfeldt widerspricht. Sie sei mit Dönhoff auf einer Ebene gewesen. Diese sei mit ihr umgegangen »wie eine ostelbische Gutsherrin mit der Standesgenossin aus Österreich«. Auf Augenhöhe eben. »Wir«, damit meint sie den Adel, »sind eine Familie«. Zum Beleg erzählt sie eine Geschichte, in der es um das journalistische Ethos geht, das gebietet, etwas nicht zu schreiben, wenn man es dem Gesprächspartner versprochen habe. Dönhoff habe sich auf ihre Seite geschlagen und ihr den Rücken gestärkt. Das mag schon sein – und es wäre ungehörig, die Erinnerung Schönfeldts anzuzweifeln. So hat sie es empfunden, Adel auf Augenhöhe.

Die Gräfin Schönfeldt war ihr ganzes Leben lang ungemein produktiv. Womöglich hat unter all den Journalistinnen dieses Buches niemand ein derart dickes Œuvre hinterlassen wie sie. Mehr als zwanzig Bücher hat sie geschrieben und weit mehr als hundert übersetzt. Bei Nummer 111 habe sie aufgehört zu zählen, sagt sie kokett, wegen der schönen Zahl. Journalistische Texte, Kochbücher, Biografien, Mode, Anstandsbücher.

Zum Renner wurde das *1x1 des guten Tons*, Untertitel

Das neue Benimmbuch. Es erscheint 1987, meine antiquarisch erstandene Ausgabe stammt aus dem Herbst 1997, im
Impressum steht eine Auflage von 42 000. Eine Gräfin,
auch wenn sie nie auf einem Schloss gelebt hatte und auch
nicht wirklich im Luxus, schien via Herkunft für Anstand
und Benimm zuständig zu sein. Sie brachte der »nivellierten Mittelstandsgesellschaft« nicht nur das Kochen, sondern auch Mores bei. Da erfahren die Bundesbürger, dass
man bei Einladungen ein Gastgeschenk mitbringt. Von Blumen rät sie eher ab – die meist berufstätige Dame des Hauses sei froh, wenn sie nicht während der Gästebegrüßung
zehn oder zwölf Blumengestecke versorgen und platzieren
müsse. Aber natürlich, der Gast ist frei. Und, damit das klar
ist, einem Mann bringt man keine Blumen mit. »Es gibt
viele Männer, die ein Blumenstrauß schockieren würde.«

Schönfeldt versagt sich jeglicher Kultur- oder Konsumkri-
tik an der modernen bürgerlichen Gesellschaft. Sie schreibt
unterhaltsam, stellenweise witzig und mit Distanz zu all
den Benimmregeln, vergisst nie, dass es sich um Konventio-
nen handelt, die auch anders sein könnten.

Und wann wird ein Smoking getragen? Auch hier ist die
Antwort eindeutig: Bei allen Abendfesten, bei denen es vom
Gastgeber gewünscht wird, was auf der Einladung steht,
denn zu solchen Festen wird stets schriftlich geladen. Und
dann geht es weiter ins Detail zu Kummerbund, Dinner-
jacket und Tuxedo und der Frage, was für eine Fliege der
Mann dazu trägt. Den Frauen wird eingeschärft: Zum langen Kleid gehört kein normaler halblanger Mantel, auch
nicht, wenn er aus Nerz besteht. Die meisten Ratschläge des
Buches könnte man auch heute durchgehen lassen. Stresemann und Frack werden in der Regel kaum mehr benötigt,
und Nerz geht natürlich aus Tierschutzgründen gar nicht

mehr, das hätte auch die Gräfin in einer Neuausgabe heute gestrichen. Wenn man ihr sagte, sie sei altmodisch, nahm sie das als Kompliment. Altmodisch im Sinne von konservativ, »etwas für die Zukunft konservieren«, also bewahren.

Sybil Gräfin Schönfeldt hat sich stets für die emanzipierte Selbstständigkeit der Frauen eingesetzt, pragmatisch, witzig, engagiert. Ob sie sich als Feministin verstanden habe, will ich auch von ihr wissen. Nein, antwortet sie spontan, wie alle anderen Frauen dieses Buches. Wenn sie als Frau beleidigt wurde oder versuchten Übergriffen ausgesetzt war, dann habe sie sich gewehrt. »Das hätte ich nicht als Feminismus bezeichnet, sondern als ganz normale Art zu überleben.« Netzwerke mit Frauen, Frauensolidarität, das sind ihr keine vertrauten Begriffe. »Ich habe immer nur die Besten ausgesucht, ganz egal, ob Mann oder Frau.«

Echauffieren kann sie sich in unserem Gespräch im Februar 2022, wenn es um die neuen identitätspolitischen Normierungen der Cancel Culture geht – das Wort würde sie nicht wählen. Über Astrid Lindgren, die sie gut gekannt hat, hat sie eine rororo-Biografie geschrieben. Und dann gibt es auch *Bei Astrid Lindgren zu Tisch*, ein Genre, das sie erfunden hat und »biographisches Kochbuch« nennt. Dass ihre Bücher jetzt umgeschrieben werden, als rassistisch gelten, das verbotene N-Wort durch den »Südseekönig« ersetzt wurde, das quittiert die Gräfin mit Unverständnis. »Astrid Lindgren würde sich im Grabe rumdrehen, würde sie heute ihre Bücher lesen.« Es werde umgeschrieben und seitenweise gestrichen, was der Verlag, feige und opportunistisch, als den heutigen Lesern und dem Geschmack des allgemeinen Zeitgeistes nicht mehr zumutbar empfinde.

»Vorauseilenden Gehorsams mit der Schere im Kopf«, schimpft die Gräfin. Mit Moral habe das nichts zu tun, sondern mit Geld. Die Verlage knicken ein, weil andernfalls die Mütter die Kinderbücher nicht kaufen und die Lehrer Angst haben, die Klassensätze anzuschaffen – von denen die Verlage leben. Und wieder schüttelt sie den Kopf. »Haben die nichts anderes zu tun?«

Leid tue ihr die Sprache, die sich nicht wehren könne, trauert die Gräfin. »Ich bestehe auf der Sprache und den Wörtern, die ich seit sechzig Jahren benutze.« Sie hat Roald Dahl übersetzt, dessen Kinderbücher in den Neuauflagen auch stark angepasst wurden. Sogenannte Sensitivity Reader haben in Dahls Büchern – also in Schönfeldts deutschem Text – alles gestrichen oder ersetzt, was auch nur entfernt mit den Themen Hautfarbe, Geschlecht, Körper, Gewalt und mentaler Gesundheit zu tun hat. Personen sind nun nicht mehr »dick« oder »hässlich«. Ihre Gesichter werden nicht mehr »weiß« vor Schreck. Harmlose Alltagsphrasen wie »Du bist verrückt« sind verschwunden, offenbar weil man sie als behindertenfeindlich deuten könnte. Eine Frau an der Supermarktkasse ist plötzlich »Spitzenforscherin«, weil weibliche Klischees nicht durchgehen, weshalb aus einer »Handtasche« eine genderneutrale »Tasche« werden muss.

Das Beispiel Dahl mag extrem sein, aber es ist real. Sich darüber aufregen zu müssen, ist Sybil Gräfin Schönfeldt erspart geblieben. Sie ist im Dezember 2022 gestorben. Der Kahlschlag des Sensitivity Readers wurde im Februar 2023 publik.

In der Jugend, hat sie einmal gesagt, könne man sich nicht vorstellen, wie das Alter sein wird und wie alte Menschen sind. Darauf in einem Interview im hohen Alter angesprochen, sagt sie: »Das Ich ist ewig.« Und sie ergänzt: »Neulich hat jemand gesagt, weißt du, du bist die einzige

Alte, die nicht jammert.« Nein, gejammert hat sie nie. Sie lebte vergnügt und couragiert. Man sah ihr an, dass sie gerne isst, nicht nur gerne über das Kochen und Essen schreibt. Man muss sich Sybil Gräfin Schönfeldt als eine glückliche Frau und zufriedene Journalistin vorstellen.

11

Provokateurin gegen den Zeitgeist

Christa Meves (1925)*

»Liebe Freunde, ich möchte heute wieder ein bisschen persönlich werden.« So beginnt Christa Meves ihren Blog im Februar 2023, einen Monat, bevor sie ihr neunundneunzigstes Lebensjahr erreichen wird. Die hochbetagte Frau schreibt seit Jahren jeden Monat in der Rubik »Meves aktuell« einen solchen Beitrag auf ihrer Homepage. Ihre Gemeinde wartet darauf.

Im Februar 2023 also berichtet die Publizistin, Journalistin, Autorin, Vortragsreisende, Therapeutin, Kämpferin über ein persönliches Erlebnis, von dem sie schon vielmals erzählt hat und welches – fast möchte man sagen, je länger sie lebt, desto mehr – in ihrer Erinnerung zur Initialzündung ihrer publizistischen Mission wurde: die Begegnung mit Helmut Kentler.

Die Episode, auf die sie sich bezieht, spielt bei einer Tagung der Evangelischen Akademie Berlin West im Jahr 1969. Meves war als Referentin geladen. Mit Mitte vierzig war sie zwar in Fachkreisen bekannt als Psychagogin (Kindertherapeutin), aber ein größeres Publikum wusste nichts mit dem Namen anzufangen. Sie sollte über das Thema »Die Schulnöte unserer Kinder« sprechen. Der

Co-Referent war ein ihr unbekannter Wissenschaftler namens Helmut Kentler. »Er trat in einer Weise auf, die ich später Verwahrlosungslook nannte, weil dieser Redner sich merkwürdig unzivilisiert gab«, schreibt die alte Dame in ihrem Blogbeitrag von 2023. »Kentler hat den Beginn einer absolut neuen Zeit beschworen, bei der es auf den zur Sexualität befreiten Menschen ankäme, der einen Gott ganz gewiss nicht mehr nötig habe. Auch Familien würden dann durch Kitas und Kinderläden überflüssig. Der Mensch brauche vom Säuglingsalter an vor allem die Entfaltung seiner Sexualität.« Meves war das alles unvertraut, so erzählt sie weiter: Sie habe sich gewundert, dass so jemand in einer evangelischen Akademie auftrete – »denn er dekuvrierte sich als radikaler Atheist und Weltverbesserer«.

Die Therapeutin mit der norddeutsch-milden Stimme und der großen Brille, die schon in den siebziger Jahren altmodisch war und die sie heute noch trägt, beginnt, sich mit Kentlers Veröffentlichungen vertraut zu machen. Sie sollte sich ein Leben lang an ihm abarbeiten, dem »maßgeblichen Taktgeber der sogenannten Studentenrevolution«. Damals habe sie eine Zeitenwende diagnostiziert und daraus die Verpflichtung abgeleitet, gegenzusteuern. »Um der von mir vermuteten gesellschaftlichen Gefahr mehr Nachdruck zu verleihen, warnte ich mit Prognosen: Wir würden am Ende des Jahrhunderts bei hochbrandendem Trend gesellschaftlich so kaputt sein, dass Niedergang der seelischen und leiblichen Gesundheit in der jungen Generation sowie Verwirrung des Geistes alltäglich werden.«

Ob die Begegnung mit Kentler in der Evangelischen Akademie in Berlin tatsächlich diese Initialzündung war, wissen wir nicht. In früheren Interviews, auch in ihrer Autobiografie *Mein Leben. Herausgefordert vom Zeitgeist* aus dem

Jahr 1999 spielt die Kentler-Episode keine zentrale Rolle. Das entwertet die Deutung in der Rückschau indessen nicht: Als ob sich ihr Leben in diesem Moment verdichtet habe und im Nachhinein alles erklärt, was danach geschah.

Anfang 2022 schreibe ich Frau Meves, dass ich sie gerne besuchen würde. Seit vielen Jahren wohnt sie in ihrem »Heidehaus« im niedersächsischen Uelzen, dem östlichen Teil der Lüneburger Heide. Dort empfängt sie Freunde, dort hält sie Hof. Doch jetzt wolle sie keinen Besuch mehr haben, richtet sie mir per Mail aus. Das verstehe ich: Sie kennt mich nicht, es ist Corona, und sie will sich nicht impfen lassen. Zu einem langen Telefongespräch ist sie bereit. Schließlich hat sie ihre Mission, die sie auch mir bereits in ihrer ersten Mail offenbart: »(…) als ich im letzten Drittel des vergangenen Jahrhunderts in einer splendid isolation im Zenit gestanden habe – völlig unverständlich für mich selbst, die sich ganz ungewollt in die Öffentlichkeit hineingeholt fühlte, obgleich ich doch nur 1968 dem Teufel in Person in Gestalt von Helmut Kentler begegnet war. Aber das ist alles längst vorbei.« Also auch hier, in einem kurzen Vierzeiler, mit dem sie sich mir vorstellt, bekommt Kentler seinen Auftritt.

Die Paradoxie, die die Mail andeutet, stimmt: Christa Meves hat sich Anfang der siebziger Jahre, unbekannt wie sie zuvor war, freiwillig in eine »splendid isolation«, eine »strahlende Isolation« begeben. Sie war – eigentlich von da an immer – isoliert und zugleich bekannt wie ein bunter Hund. Ihr wichtigstes Buch *Manipulierte Maßlosigkeit*, 1971 als Herder-Taschenbuch erschienen, wurde mit 30 000 Exemplaren pro Auflage zu einem Millionenerfolg. Das Buch war ihr öffentlicher Durchbruch. Viele Freunde und Bekannte, denen ich erzähle, dass ich über Christa Meves schreibe, bekunden spontan: »Ich sehe das orangefarbene Büchlein vor mir. Es stand bei uns zu Hause im Bücherschrank.« Oder auch: »Es lag bei meiner Mutter auf dem Nachttisch.« Das waren bei Weitem nicht nur Mütter aus dem bigott-christlichen oder gar rechten Raum der Gesellschaft. Sagen wir »wertkonservativ«, das waren sie schon. Sie fremdelten mit dem Zeitgeist, fühlten sich und die Art, wie sie ihre Kinder erzogen, vom progressiven Mainstream in Frage gestellt. Christa Meves gab ihren diffusen Ängsten eine angemessene Sprache, beglaubigt durch ihren Beruf als Psychologin und Kindertherapeutin.

Meves reist durch die Lande, hält pro Woche vier Vorträge, und auf der Fahrt im Zug schreibt sie auf ihrem Block (noch nicht Blog) schon ihr nächstes Buch. Sie, von der es zuvor nur ihre Dissertation gab, muss rasend schnell geschrieben haben, von kreativer Schaffenskraft getragen, stilistisch sicher und in einer populär verständlichen wissenschaftlichen Sprache. Die Themen? *Mut zum Erziehen, Der Weg zum sinnerfüllten Leben, Verführt. Manipuliert. Pervertiert. Die Gesellschaft in der Falle modischer Irrlehren.* Und warum von einer scheinbar befreiten Sexualität die Seele Schaden nimmt.

Eigentlich also immer *more of the same*: Die Welt rennt in ihr Verderben, einen kulturellen, wirtschaftlichen und politischen Niedergang, hängt kollektivistisch-liberalistischen Irrlehren an, angeführt von Verführern (»der Teufel in Person«). Denen müsst ihr widerstehen, ruft sie. Eine Art Prophetin. Bekehrt euch zu den christlichen Werten, oder haltet an ihnen fest – an der Familie und der christlich-abendländischen Religion. Oder, wie es der Klappentext des Prototyps *Manipulierte Maßlosigkeit* formuliert: Meves diagnostiziere die »kollektive Neurose unserer Gesellschaft«. Und sie weise

Wege, ihr zu entrinnen. Vieles sei aus dem Lot geraten. Die Ursachen des Sittenverfalls würden tabuisiert. Kollektiverziehung werde als Modell der Zukunft installiert, die Männer würden feministisch abgehalftert und die Frauen zu Männinnen aufgeplustert. Sex und Perversionen würden Kindern als Lebensziel angepriesen, statt sie vor der Zerstörung ihrer Persönlichkeit, die mit dem vermeintlich gewonnenen Lustgewinn einhergeht, zu warnen und zu schützen.

So geht es weiter, und dann fängt es mit Variationen und Verzierungen wieder von vorne an. »Ich stand ganz einfach gegen den Trend des Zeitgeistes«, sagt sie häufig in ihren Interviews. Sie wurde angefeindet. Man hat ihr nicht nur vorgeworfen, sie sei reaktionär, sondern vertrete auch eine totalitäre, faschistische Ideologie, weil sie die Mutterrolle in einer Art und Weise idealisiere, wie es unter den Nazis üblich gewesen sei. Das wird ihr nicht nur nicht gerecht, es tut ihr Unrecht, kränkt sie sehr. »Mich in eine rechte Ecke zu schieben, ist mir nie gerecht geworden«, hält sie dem entgegen. Sie habe das immer als eine schwere Beleidigung empfunden. Hitler habe die Mütter missbraucht, das geißelt sie, verherrlicht es nicht. Ihre Sorge ist ja gerade, dass die Gesellschaft sich ein zweites Mal von einer kollektivistischen Heilslehre verführen lässt, wie schon in der Nazizeit, eine Zeit, die sie wach erlebt hat.

Das führt uns zurück zu dem Sexualwissenschaftler Helmut Kentler, dem Mann, den Christa Meves zur ihrem Hauptfeind und zur Inkarnation des Leibhaftigen erklärt hat. Kentler ist heute kaum noch bekannt. In den siebziger Jahren war er ein Star der Jugendpädagogik und Sexualwissenschaft. Kein Außenseiter. 1928 geboren, somit nahezu gleichaltrig mit Meves, wollte Kentler zunächst Theologie studieren, machte dann aber eine Handwerksausbildung.

Später studierte er Psychologie, Medizin, Pädagogik und Philosophie. Ähnliche Fächer wie Meves. In seinem ersten Buch *Jugendarbeit in der Industriewelt*, 1959 erschienen, wird »christliche Glaubensbindung« noch als Wert und Ziel verkündet.

Seit Ende der sechziger Jahre zählte Kentler zu den Verkündern der sexuellen Aufklärung. Seine bei Rowohlt erschienene *Sexualerziehung* erreichte 1972, zwei Jahre nach ihrer Veröffentlichung, eine Auflage von 50 000. Darin propagiert er die Sexualisierung des Kindes als politisches Instrument der Gesellschaftsveränderung. Das von Kentler verfasste Bilderbuch *Zeig mal! Ein Bilderbuch für Eltern und Kinder*, 1974 im progressiv-protestantischen Peter Hammer Verlag erschienen, setzte sich in Deutschland 90 000-mal, in den USA 300 000-mal ab. Im Vorwort betonte Kentler, dass sexuelle Kontakte zwischen Kindern und Erwachsenen keinesfalls bedenklich oder gar schädlich seien. Würden »solche Beziehungen nicht von der Umwelt diskriminiert«, dann seien vielmehr »positive Folgen für die Persönlichkeitsentwicklung zu erwarten«.

Ende der sechziger Jahre, als Meves und er sich kennenlernten, brachte Kentler in einem von ihm so bezeichneten »Modellversuch« verwahrloste dreizehn- bis fünfzehnjährige Jungen, die er als »sekundärschwachsinnig« einschätzte, bei ihm bekannten Pädophilen unter, angeblich, damit sie unter deren Obhut resozialisiert und zu reifen Erwachsenen würden. Dass die Männer nach aller Wahrscheinlichkeit sexuelle Handlungen an den Minderjährigen ausüben würden, war ihm nicht verborgen geblieben. Dass er selbst auch Jugendliche aus dem Gefängnis zugewiesen bekam und sie sexuell missbrauchte – vorgeblich um ihnen Gutes zu tun –, wurde erst später bekannt.

Kentlers Bücher lieferten die theoretische Legitimation des pädophilen Missbrauchs. Die Theorie wurde damals gefeiert, seine pädophile Praxis kannte man nicht im Detail, ahnte es womöglich, hätte sie vermutlich ebenfalls gebilligt. Kentler war kein Außenseiter, sondern galt als Vorreiter, im Grunde auch als Prophet. Zusammen mit Wilhelm Reich, Günter Amendt und vielen anderen damals berühmten Aufklärungsmännern war er Pionier der Emanzipationsbewegung. Sexuelle Befreiung galt als Vergangenheitsbewältigung. Mit freier Liebe wollte man sowohl das deformierte Bewusstsein der Nazizeit wie auch die Prüderie der Nachkriegsjahre bekämpfen. »Im herrschaftsfreien – und idealerweise der Kleinfamilie ausgelagerten – Liebesspiel sollte bereits eine Ahnung kommenden sozialistischen Glücks erstrahlen«, so analysiert der Journalist Adam Soboczynski in einem *Zeit*-Artikel aus dem Jahr 2013. Der Essay trägt den Titel »Achtundsechziger: Pädophiler Antifaschismus«. Nicht die sexuellen Handlungen Erwachsener an Kindern galten als verwerflich und pädagogisch schädlich, sondern deren Verbot. Wenn das Verbot falle, stelle sich das Glück sexueller Befreiung ein.

Man muss dieses Klima der siebziger Jahre ausführlich beschreiben, da es heute nicht mehr vertraut ist. Macht man sich diese »Fortschrittslehren« und Praktiken klar, erweisen sie sich als manifest kriminell und als Verstoß gegen die Moral. Und dies nicht wie damals aus der Perspektive vermeintlich »rechtsreaktionärer« Ideologen, sondern aus der Mitte des liberal-grün-linken Milieus von heute. Damals indessen wurde das Pathos der sexuell enthemmten Befreiung nicht nur von der neu gegründeten grünen Partei und den emanzipatorisch sich verstehenden Sozialdemokraten verkündet und gutgeheißen, sondern auch von der FPD, die sich einen Schub gesellschaftlicher Liberalisierung erhoffte und sich zugleich von ihrer verklemmten nationalliberalen Nachkriegsgeschichte zu befreien suchte. Heute arbeitet auch die evangelische Kirche ihre Missbrauchsgeschichte auf, in der Kentler inzwischen als pädokriminelle Schlüssel-figur gilt.

Fraglos gehört die sexuelle Revolution im Kern zu den progressiven Entwicklungen der siebziger Jahre – nicht zu-letzt ermöglicht durch die Antibabypille, die es seit Mitte der sechziger Jahre auf Rezept gab, den Peakjahren der Baby-boomer. Von nun an war die Trennung von Fortpflanzung und Lust möglich. Es war die Befreiung permanenter Angst vor Schwangerschaft und der Kehrseite: Abtreibungen in großem Stil außerhalb der damaligen Legalität, als Subtext ständiges Thema in den Biografien der »Pionierinnen«.

Doch bei Kindern hört der Spaß auf. Diese Grenze nicht gesehen zu haben, sie nicht sehen zu wollen, wird man wohl als die bleibende Verblendung der Kinderladengene-ration, jedenfalls vieler von ihnen, bezeichnen müssen. 1975 hatte Daniel Cohn-Bendit, Galionsfigur des Pariser Mai 1968, in seinem Buch *Der grosse Basar* Texte mit pädo-philen Szenen veröffentlicht. Niemand nahm daran Anstoß. Cohn-Bendit rechtfertigte sich Jahre später, als das Klima sich gedreht hatte, es handele sich um fiktive Zuspitzungen und Provokationen, mithin um Literatur, nicht um Wirk-lichkeit. Konkret habe er niemals Kinder verführt.

Es war Christa Meves – und sie war ziemlich allein –, die schon damals in *Manipulierte Maßlosigkeit* intuitiv und ge-schult durch ihre kindertherapeutische Praxis den Punkt erfasste, an dem Befreiung in übergriffig-widerlichen Miss-brauch umschlug – mithin dem Gegenteil der Befreiung, nämlich die kriminelle Unterdrückung von Kindern.

278

Der Aufsatz »Zur Sexualität befreit – zur Abartigkeit verführt« in Meves' Hauptwerk hat zum Thema »Eine Kritik an den modischen Empfehlungen zur Sexualerziehung«. Als Material dienen der Autorin die sogenannten Grischa-Protokolle, veröffentlicht in dem von Hans Magnus Enzensberger herausgegebenen *Kursbuch 17* vom 23. April 1969, dessen Titelthema *Frau – Familie – Gesellschaft* war. Die Grischa-Protokolle schildern pädophile Übergriffe (damals natürlich nicht so genannt) in der Kommune 2, unter anderem aufgeschrieben von dem späteren RAF-Terroristen Jan-Carl Raspe, der sich 1977 zusammen mit Andreas Baader und Gudrun Ensslin in Stammheim das Leben nahm. Die sexuelle Befreiung in der Kommune und den Kinderläden wird in den Kontext einer Aufhebung der bürgerlichen Familie und des Privateigentums gestellt. Sexuelle Befreiung ist mithin wie bei Kentler ein Schritt auf dem Weg zum Sozialismus.

Ausführlich und pornografisch realistisch schildern die Protokolle die Verführung kleiner Kinder durch die Erwachsenen der Kommune. Meves lässt diese Nacherzählungen ausführlich zu Wort kommen, macht deutlich, dass sich Pädophilie nicht auf die klassische Psychoanalyse berufen kann, sondern sexuelle Handlungen von Eltern an ihren Kindern ganz im Gegenteil ein inzestuöses Vergehen im freudianischen Sinn darstellen. Zugleich nimmt Meves sich die Kommentierung der Grischa-Protokolle durch Helmut Kentler vor, der die Handlungen als Befreiung und Zu-sich-selbst-Kommen kindlicher Triebwünsche interpretiert. Anders als der gefeierte Sexualwissenschaftler prognostiziert Meves, dass die früh von den Eltern und Kommunarden verführten Kinder lebenslang traumatisiert sein würden. So kam es dann auch.

Das alles bedürfte heute kaum der expliziten Verurteilung. Allein, die Zeiten damals waren andere. Bis heute – der »Aufklärer« ist 2008 verstorben – sind Kentlers Verbrechen nicht restlos aufgeklärt. Im Dezember 2022 legte die Universität Hildesheim einen Zwischenbericht ihrer Untersuchungen vor mit dem Titel »Helmut Kentlers Wirken in der Berliner Kinder- und Jugendhilfe – Aufarbeitung der organisationalen Verfahren und Verantwortung des Berliner Landesjugendamtes«. Darin wird Kentler, gestützt auf die Aussagen eines nicht namentlich genannten Zeugen, der als Jugendlicher in den siebziger Jahren bei Kentler in dessen Wohnung untergebracht war, massiver Übergriffe und sexualisierter Gewalt insbesondere gegenüber Kindern im Alter von zehn bis vierzehn Jahren beschuldigt. Der Abschlussbericht soll im Herbst 2023 erscheinen.

Damals war die öffentliche Unterstützung für Christa Meves dünn. Der Zeitgeist war woanders. Eine Ausnahme macht die FAZ-Journalistin Heddy Neumeister. Sie nimmt die *Manipulierte Maßlosigkeit* sofort nach Erscheinen zur Kenntnis, empfiehlt das Taschenbuch, das »trotz seiner Unscheinbarkeit« Beachtung verdiene. Am 8. September 1971 erscheint auf der ersten Seite der FAZ ein Leitartikel von Neumeister unter der Überschrift »Woher all die Engel nehmen?«. Darin kritisiert die Kommentatorin den Missbrauch der Psychoanalyse zur Legitimation des Missbrauchs unmündiger Kinder: »Eine besonders schmutzige, von der Jugend nicht durchschaute Geschäftstüchtigkeit auf dem Gebiet der Sexualliteratur führte zu so grotesken Erscheinungen wie den Kinderläden, führte zu der Entwürdigung (und den nie erzählten Tragödien) von Mädchen und Frauen, die an den Unsinn geglaubt hatten, sie würden durch ungehemmte sexuelle Freiheit wirklich frei und nicht doppelt abhängig«, schreibt Neumeister. Die Initiatoren solcher Spiele müssten bestraft werden, wie andere Sittlichkeitsverbrecher, schreibt die FAZ-Leitartiklerin.

Christa Meves legt Wert darauf, aus einem emanzipierten Elternhaus zu stammen. Beide Eltern sind Lehrer: Der Vater, »Maler«, lässt sich nach dem Ersten Weltkrieg zum Kunsterzieher umschulen, die Mutter ist Sportlehrerin. Als Kind sei sie eher »zu lebensfroher Weite als zu kirchlicher Enge« erzogen worden, erzählt Meves. Den religiösen Glauben, den sie als Kind mitbekommen hat, nennt sie »liberalistischen Pantheismus«. Von einer der zahlreichen unverheirateten Tanten – auch schon nach dem Ersten Weltkrieg gab es einen Mangel an Männern – erhält sie Klavierunterricht. Dass sie studiert, gilt in der Familie als selbstverständlich, dass das Studium die Vorbereitung auf einen Beruf darstellt, ist nicht minder selbstverständlich.

Wolfgang, ihr erster Jugendfreund, zwei Jahre älter, ihre große Liebe (sechs Kinder wollten sie zusammen haben), verblutet an der Front – »gefallen für Großdeutschland«, wie man ihr schreibt. Christa Meves beginnt ein Studium in Breslau, wird zum Pflichtarbeitsdienst und zur Flak eingezogen – Soldatin mit neunzehn Jahren. Die jungen Frauen (»Arbeitsmaiden«) gelten als Flak-Hilfspersonal, werden im Januar 1945 an den Scheinwerfer-Batterien irgendwo in Sachsen verlegt.

Ihr Studium setzt Meves – ihr Geburtsname ist Mittelstaedt – in Kiel und Hamburg fort. Neben den Lehramtsfächern Germanistik, Geografie und Philosophie nimmt sie nun auch Psychologie hinzu, später macht sie eine Zusatzausbildung in Kinder- und Jugendlichentherapie. Im Sommersemester 1946 lernt sie auf einem Studentenfest ihren Mann Harald Meves kennen, einen Mediziner, der bereits

Facharzt für Augenheilkunde ist. Sie findet ihn sympathisch, geistig-kultiviert im Verhältnis zu den noch ganz und gar unausgegorenen Mitschülern. Man verlobt sich, beschließt, noch im selben Jahr zu heiraten. »Er war, wie ich, total ausgebombt, lebte in einer Art Bruchbude, aber er war ebenso tatkräftig wie unternehmungslustig«, schreibt sie in den Erinnerungen. Das Paar bekommt zwei Töchter. Christa Meves entschließt sich – zunächst – zu einem Leben als »Nurhausfrau« und Mutter.

Lange Zeit habe sie diese Existenzweise auch ganz ausgefüllt, berichtet sie. Die Zeit mit Kindern sei ja ohnehin schneller vorüber, als man denkt. Doch dann wird sie unruhig. Weil sie Zensuren in der Schule pädagogisch problematisch findet, schreibt sie in der *Landeszeitung für die Lüneburger Heide* eine Glosse, »Fragwürdiges Zensurensystem«. Es ist ihre Premiere als Journalistin, Publizistin und Buchautorin – im Lauf der Zeit sind es mehr als hundert Bücher, die in dreizehn Sprachen übersetzt werden, unzählige Artikel in Zeitungen und Zeitschriften und ebenso unzählige Vorträge.

Meves beginnt in den sechziger Jahren, therapeutisch und wissenschaftlich zu arbeiten, beschäftigt sich mit der modernen Verhaltensbiologie von Konrad Lorenz, den sie am Max-Planck-Institut für Ornithologie im oberbayerischen Seewiesen kennenlernt. Sie begeistert sich für den Zoologen Joachim Illies, dem es um eine Versöhnung von Evolutionsbiologie und biblischer Schöpfungslehre zu tun ist. Damit beginnt für Meves eine Annäherung an das evangelische Christentum, dem sie im Elternhaus lediglich in seiner kulturprotestantischen Form begegnet war. Mit Illies schließt sie eine tiefe Freundschaft, die bis zu seinem frühen Tod 1982 hält.

Und dann folgt eben die Begegnung mit Helmut Kentler – und der kometenhafte Aufstieg von Christa Meves. Sie schreibt und redet und redet und schreibt. »Es umdrängelten mich jetzt nicht nur Verlage, sondern jede Menge Zeitungen und Zeitschriften«, berichtet sie. Axel Springer – damals der Todfeind der neuen Linken – umwirbt sie. Auch Rudolf Augstein, dessen *Spiegel* für die Achtundsechziger-Befreiung wirbt, holt sich privaten Rat auf ihrem Sofa. Zunächst hatte sie ihre populären Aufsätze vor allem in der konfessionellen Presse (*Evangelische Kommentare*, *Herder Korrespondenz*) veröffentlicht, seit 1970 auch immer häufiger im *Rheinischen Merkur*. 1978 wird sie dort zur Herausgeberin berufen, neben dem Doyen der Zeitung, Otto B. Roegele, und dem bayerischen Kultusminister Hans Maier. Der *Rheinische Merkur* verstand sich damals (noch) überkonfessionell. Christa Meves nennt sich eine Quotenfrau – weiblich und protestantisch, als Korrektiv zu den beiden katholischen Männern. Man wird sich auch einen positiven Auflageneffekt von ihrer damals überragenden Bekanntheit versprochen haben.

Der *Rheinische Merkur* gilt als die älteste deutsche Zeitung, gegründet 1814 von dem katholischen Publizisten Joseph Görres in Koblenz. Görres, ein katholischer Romantiker, schrieb die Zeitung weitgehend selbst. Er führte mit ihr einen Kampf gegen Napoleon und setzte sich gleichzeitig für eine liberale Verfassung, für ein föderalistisches und demokratisches Deutschland ein. Das Blatt erschien bis 1816, wurde vom preußischen König verboten, nachdem Görres es gewagt hatte, eine von der Zensur gestrichene Passage eines Artikels trotzdem zu veröffentlichen.

In diesem liberalen Geist der deutschen Romantik und mit ausdrücklichem Bezug auf Görres wurde die Zeitung

1946 in Koblenz mit französischer Lizenz neu gegründet, als eines der ersten Blätter nach dem Krieg. Der Gründer, Franz Albert Kramer, wollte den *Merkur* weder parteipolitisch noch religiös festlegen, bestrebt, die politischen Ereignisse des Wiederaufbaus kritisch zu begleiten. Es herrschte ein Geist des »christlichen Humanismus«, begleitet von der damals populären Abendland-Sehnsucht.

In den sechziger Jahren beginnt die Auflagenzahl des *Rheinischen Merkur* zu bröckeln. Lag diese 1954 bei über 70 000, so sackten die Zahlen zehn Jahre später auf 64 000 ab. Die *Zeit* hatte im selben Zeitraum die Auflage von 50 000 auf 230 000 gesteigert. Anfang der siebziger Jahre beteiligt sich das Erzbistum Köln am *Merkur*, später dann weitere Diözesen. Das stabilisiert zwar die Finanzen, macht aus der unabhängigen Zeitung aber eine Kirchenzeitung in einem Moment, als die Zeit konfessioneller Publizistik eigentlich abgelaufen war. Das überkonfessionelle Selbstverständnis schwand, man war zu einem katholisch-konservativen Blatt geworden, woran sich auch nach der Übernahme der protestantischen *Christ & Welt*, die einmal die meistverbreitete Wochenzeitung der fünfziger Jahre gewesen war, im Jahr 1982 wenig änderte.

Das ist, grob skizziert, die Geschichte, bevor Christa Meves zum *Rheinischen Merkur* stößt. Sie ist Frau und protestantisch, hat ein eindeutig konservatives Profil und ist berühmt. »Der *Rheinische Merkur* bildete in dem sich immer mehr abzeichnenden geistigen Niedergang einen Brückenkopf gegen den schleichenden Ausverkauf unserer Grundwerte, ein Blatt, das sich bis heute auf dem Boden des christlichen Menschenbildes um eine ausgewogene Mitte bemüht«, notiert Meves; dabei meint »heute« das Jahr 1999. Meves betrauert, dass sie von anderen Blättern »fallengelassen« worden sei, zum Beispiel vom *Münchner Merkur*, eine im Wettbewerb mit der *Süddeutschen Zeitung* sich ebenfalls konservativ verstehende Zeitung. Meves hatte dort über ein Jahrzehnt im vierzehntägigen Rhythmus eine Kolumne geschrieben, die bei den Lesern gut angekommen war. Ähnlich sei es ihr mit dem katholischen *Weltbild* und anderen Blättern ergangen. Mehr und mehr befindet sie sich in der eingangs erwähnten »splendid isolation«.

»Anpassung an den Zeitgeist oder Widerstand dagegen – das ließ sich jederzeit daran ablesen, ob ich als Publizistin erwünscht war oder nicht«, vermerkt Meves trotzig. Die freie Journalistik sei so frei nicht, wie sie sich geriere. Es gebe einen Meinungsdruck. Der einzelne Journalist sei im Allgemeinen ängstlich darauf bedacht, »nur ja voll im Aufwind des Trends zu liegen und um Himmels willen nicht mit seinem persönlichen Namen ins Out zu geraten«. Die Journalisten, höhnt sie, seien ein »Klatschverein« geworden, die sich bei Pressekonferenzen und an den kalten Buffets von Großunternehmen in den gängigen Trends gegenseitig bestärkten. Man wird dieses Urteil nicht gänzlich bestreiten können, muss auch konstatieren, dass Cancel Culture und angepasstes Herdenverhalten nicht erst eine Erfindung unserer Zeit sind.

Meves selbst vertritt mehr und mehr ein doktrinäres Christentum, verbunden mit einer trotzig-verhärtet vorgetragenen Niedergangsdiagnose eines allgemeinen Werteverlustes in der Gesellschaft. Ihre Immunisierungsstrategie ist offenkundig: Jeder, der ihr nicht zustimmt, gilt als dem Zeitgeist verfallen. Sie erkennt Zeichen einer apokalyptischen Situation.

Immer mehr entfernt Meves sich auch von ihrer evangelischen Kirche, der sie angepasste Linkslastigkeit vorwirft und die sie »nicht mehr christlich« findet. 1987 konvertiert sie zum Katholizismus. »Bis heute hat mich in den folgenden dreiunddreißig Jahren die Gottesmutter Maria tröstend begleitet und zu umfriedeter Gelassenheit geführt – trotz des entfesselten, unbußfertigen Unglaubens in unserer Republik«, bekennt sie in einem Interview 2020.

Viel Feind, viel Ehr. Tatsächlich wurde Meves für viele immer mehr zum Feindbild, andere verliehen ihr Preise: 1985 Bundesverdienstkreuz 1. Klasse, 1996 Preis für Wissenschaftliche Publizistik, 2001 Deutscher Schulbuchpreis und viele mehr. Die *Zeit* hält Meves für einen »neuen Drachentöter«. Ein protestantisches Blatt nennt sie den »Flurschaden in der Lüneburger Heide«. Kein Stadtguerillero könnte die kapitalistische Gesellschaft düsterer schildern als »die apokalyptische Reiterin aus Uelzen an der Ilmenau« spottet der *Spiegel* in einem mehrseitigen Porträt 1978: Ihre Bücher kündeten von dunkler »Seelennacht« und vom »deutschen Elende«, das unaufhaltsam seinen Lauf nimmt, in denen die westliche Welt als ein einziger »Pfuhl von Verfall und Sünde« erscheint. Zwar erkläre sie barsch: »Unser Leben muss anders werden«, und zwar »sofort, jetzt, ohne Umschweife«. Aber ihre vor Dringlichkeit zitternden Appelle glichen dann doch nur der wegwerfenden Aufforderung an Unglückliche, gefälligst auf der Stelle glücklich zu sein. Das ist insgesamt nicht falsch beobachtet, allenfalls in der letzten Passage ungerecht; denn Meves hat in ihrem therapeutischen Arzneikasten gewiss einiges Konkretes, was Heilung verspricht (eben die christlichen Werte und die Besinnung auf das traditionelle Familienmodell), bloß dass dies dem *Spiegel*-Autor nicht gefällt. Aber vielen ihrer treuen Leserinnen und Leser gefällt es.

Mehr und mehr zieht sie sich auf einen Kreis der ihr

Wohlgesinnten zurück. Auf Burg Rothenfels, Symbol der katholischen Reformbewegung seit Romano Guardini, trifft sich der von ihr und ihren Getreuen gegründete Freundeskreis Christa Meves e. V. Mit dabei immer der evangelische Theologe Jens Motschmann und seine Frau, die Journalistin und Bundestagsabgeordnete Elisabeth Motschmann. Hier versteht man sich, hier bestätigt man sich. Sage niemand, Blasen der Radikalisierung gebe es erst seit den sozialen Netzwerken. Sagen wir es anders: Soziale Netzwerke gab es auch schon vor dem Zeitalter des Internets.

Derweil hält Christa Meves den weiteren Niedergang des *Rheinischen Merkur* nicht auf. 2010 steigen die Bischöfe aus. Die Zeitung verschwindet als eigenständiges Blatt, erscheint seither unter dem Radar als sechsseitige Beilage der *Zeit* (wieder unter dem Titel *Christ & Welt*). Meves äußert sich zum Ende des *Merkur* in der konservativ-katholischen *Tagespost*, nennt als Grund für den Untergang einen »Mangel an Kampfgeist für das christliche Profil« und bejammert, dass man sie, obzwar offiziell weiter als Mitherausgeberin amtierend, nicht mehr habe zu Wort kommen lassen und ihr Widerstand gegen die linke Meinungsdiktatur und den Opportunismus nicht mehr opportun gewesen sei. »Welche jungen, ehrgeizigen, karrierebewussten Redakteure mochten es sich noch leisten, sich so weit aus dem Fenster zu lehnen?«

Zurück noch einmal zu ihren Anfängen. Die frühen siebziger Jahre, als Christa Meves anlässlich der Begegnung mit Helmut Kentler ihr Erweckungserlebnis hatte, markieren nicht nur den Beginn der sozialliberalen Aufbruchs- und Fortschrittsbewegung (»Willy wählen«) der Bundesrepublik, sondern provozieren gleichzeitig eine konservative Gegenbewegung, die maßgeblich mit dem Philosophen Hermann

Lübbe (damals noch SPD-Mitglied) unter der Überschrift »Tendenzwende« sich Gehör zu verschaffen suchte. In diesen frühen siebziger Jahren erlebte das Land auch seine erste große (Wirtschafts-)Krise der Nachkriegszeit – Inflation, Stagnation und ein Ende der selbstverständlich gewordenen Vollbeschäftigung. Das alles verunsicherte die Menschen.

Von einer »Renaissance konservativer Ideen« war damals anlässlich der »Tendenzwende« in der *Zeit* zu lesen. In der Münchner Akademie der Schönen Künste veranstalteten Lübbe und seine Freunde 1975 eine erste Tendenzwende-Konferenz, prominent besetzt mit konservativen Intellektuellen: Golo Mann, Hans Maier, Robert Spaemann, aber auch Ralf Dahrendorf waren da. Sie alle hielten Vorträge und riefen eine Zeitenwende aus, wie man heute sagen würde.

Als politischen Drahtzieher der »neukonservativen« Tendenzwende macht der Historiker Peter Hoeres unter anderem den baden-württembergischen Kultusminister Wilhelm Hahn (CDU) aus. Hahn war damals eine negative Projektionsfigur aller linken Studenten. Auf ihren Demos skandierten sie »Reißt dem Hahn die Federn aus«. Dass Hahn, ein lutherischer Theologe, auf Christa Meves aufmerksam wurde, liegt nahe. Es waren die Jahre ihres größten öffentlichen Erfolgs, und es waren die Jahre, bevor sie sich selbst radikalisierte. Hahn nahm einen Buchtitel von Meves zum Anlass und veranstaltete 1978 am Wissenschaftszentrum in Bad Godesberg einen Tendenzwende-Folgekongress unter der Überschrift »Mut zur Erziehung«. Abermals waren Lübbe, Maier, Spaemann unter den Rednern, aber nun eben auch Christa Meves. Sie habe »mit Freuden« zugesagt, berichtet sie. Der Kongress fand ein lebhaftes Echo in den Medien. Entsprechend viele Kritiker traten auf den Plan, angeführt von Jürgen Habermas. Die Vorträge wurden publiziert; Hahn gab einen Erlass heraus, nach dem sich die Gesamtlehrerkonferenzen in Baden-Württemberg mit den Thesen des Forums zu befassen hatten. Ob sie es tatsächlich taten, kann man bezweifeln.

Christa Meves muss ihre Chance gesehen haben, politisch und nicht nur publizistisch Einfluss zu nehmen: »Eine neue Richtung sollte – auch unter Beteiligung der in großer Zahl eingeladenen Journalisten – gefunden werden.« Doch der Kongress verlief nicht wirklich zur Zufriedenheit unserer konservativen Reformerin. Hartmut von Hentig, der Bildungsforscher, der einen Hauptvortrag hielt, »gab sich wie immer wort- und blumenreich«, so Meves. Am Abend des Kongresses hatte sie die Ehre, direkt neben Walter Scheel (FDP), dem Bundespräsidenten, zu sitzen. Sie habe versucht, ihn mit ihren Vorstellungen zu infizieren, sagt sie. Er habe sich »huldreich« bemüht, »war aber wenig beeindruckt und zeigte seine ganze Freude am Leben und Leben lassen.« Den Wein habe er »literweise« getrunken und ein Steak in zwei Riesenhappen verspeist. »Die Initiative verpuffte.«

Die Schilderung des Abends mit Walter Scheel zeigt nebenbei, dass Meves eine gute Schreiberin und souveräne Stilistin ist, mit Sinn für Ironie. Nichts von plumpem Haudrauf. Dass die Tendenzwende »sang- und klanglos ihren Geist aufgegeben« habe, wie Meves betrauert, ist falsch. Es dauerte nur noch eine Weile, bis sie Wirkung zeigte. Nach dem von der FDP und Otto Graf Lambsdorff 1982 provozierten Putsch gegen die Regierung Helmut Schmidt, dem konstruktiven Misstrauensvotum und den von Helmut Kohl gewonnenen Neuwahlen 1983 fand die Tendenzwende ihre Fortsetzung in der »geistig-moralischen Wende«, die der neue CDU-Kanzler dem Land – je nach politischer Richtung – versprach oder androhte.

Auch Helmut Kohl war auf Meves aufmerksam geworden: Familie, Erziehung, christlicher Glaube, »Werte«, für die Meves stand, sollten – wie diffus auch immer – zentrale Bestandteile dieser Wende werden. Schon bald nach seiner Wahl 1983 erhielt Meves eine Einladung des neuen Kanzlers zu einem zweistündigen Gespräch unter vier Augen, das sie in ihrem Tagebuch festhält. Sie fühlt sich geschmeichelt, erlebt Kohl zugewandt und charmant, interessiert an ihren Ideen. Meves rät ihm zu einer Reform der Schulen mit verbindlichem Nachmittagsunterricht, »damit die Kinder arbeitender Eltern von der Straße kommen«. Das zeigt, dass sie eben nicht in die simple konservative Kiste einzuordnen ist, wonach die Frauen nach Hause an den Herd gehören. Im Gegenteil: Sie will ihnen die Möglichkeit der Berufstätigkeit eröffnen.

Wenig zum Klischee konservativer Bildungs- und Familienpolitik passt auch Meves' Vorschlag gegenüber Helmut Kohl, Deutschland brauche dringend eine Eliteuniversität. Eltern müssten ein Babyjahr erhalten und vom Staat bezahlte Erziehungszeiten – Vorschläge, die erst später unter der »sozialdemokratischen« Union von Angela Merkel und Ursula von der Leyen als Familienministerin umgesetzt wurden. Schließlich plädiert Meves für stärkere »Führung« durch den Kanzler und schlägt ihm vor, er müsse wöchentlich eine Ansprache im Fernsehen halten. Kohl lehnt ab, so viel Macht habe der Bundeskanzler nicht. Später hat Angela Merkel dann wöchentliche Videobotschaften eingeführt. Einig war man sich, die CDU müsse das »christliche Menschenbild« stärken und den Menschen verdeutlichen, dass Christus »der Weg, die Wahrheit und das Leben« sei. Was daraus folgen soll, bleibt vage.

Näher war Christa Meves der Macht wohl nie wie in

jenen zwei Stunden im Kanzleramt im Jahr 1983. Näher war ihre Mission nie am Ohr des Kanzlers. Doch von nun an wächst bei ihr die Enttäuschung. Heiner Geißler, der als Minister für Jugend, Familie und Gesundheit zuständig ist, hält sie für einen Sozialisten. Rita Süssmuth, die ihm nachfolgt, verachtet sie wegen ihrer liberalen Haltung zur Abtreibung. Ein Gesprächsangebot von ihr schlägt sie aus, weil sie wähnt, es solle nur dazu dienen, sie zum Schweigen zu bringen. Ähnlich vernichtend fällt ihr Urteil über die auf Süssmuth folgende Familienministerin Ursula Lehr aus. Mag sein, dass Meves gehofft und erwartet hatte, Kohl müsse sie zur Ministerin für Familie und Jugend machen. Offiziell bestreitet sie es. Aber er hat sie auch gar nicht gefragt.

Mit diesen Damen (gemeint sind Süssmuth, Lehr & Co.) lasse sich die geistige und moralische Wende nicht bewirken, klagt Meves. Offenbar aus Opportunismus, aus Angst vor dem Feminismus und durch die gewiss berechtigte Furcht vor dem Verlust der Macht habe die Kohl-Regierung versäumt, »den roten Filz aus dem Pelz der Republik« zu holen: »Das Unheil nahm seinen Lauf.« Und Meves macht die Schotten dicht, zieht sich immer mehr zurück, verbittert in der Rolle »verkannte Prophetin«, bewundert von der Gemeinde des von ihr gegründeten Eltern-Collegs Christa Meves.

Den Sieg, schreibt Meves, habe Alice Schwarzer davongetragen, »Protagonistin des Feminismus mit ihrer Postille *Emma*«, die es geschafft habe, nun auch von konservativen Politikern hofiert zu werden. Da hat Meves recht: Alice Schwarzer ist bis heute eine enge Vertraute von Angela Merkel.

Christa Meves ist im Reigen der Pionierinnen des Nachkriegsjournalismus deshalb interessant, weil sie in dem
Moment, in dem die allmähliche Liberalisierung der Gesellschaft ihren größten Erfolg feiert, auf die Dialektik der
Emanzipation aufmerksam macht. Die Pädophilie, die die
Grenze zur Kriminalität zum Teil bewusst überschreitet, liefert ihr den Beweis. Man könnte hier von einer ganz besonderen Dialektik der Aufklärung sprechen. So nennt es Meves
nicht. Dass Kinder durch falsche Erziehung traumatisiert
werden, ist heute nicht mehr strittig. Dass die körperliche
Nähe zur Mutter in der frühen Kindheit Bedingung für ein
gelingendes Leben ist – darauf hat Meves immer bestanden –, wird heute kaum mehr in Frage gestellt. Dass eine
Spaltung der Gesellschaft in einen identitätspolitisch-kultu-
rell-populistischen (Links-)Liberalismus und einen konser-
vativ-bürgerlich-marktwirtschaftlichen (Rechts-)Liberalismus
hier seinen Ausgang genommen haben könnte, ist aus meiner Sicht nicht nur nicht ausgeschlossen, sogar eher plausibel.

Christa Meves ist im Reigen unserer Pionierinnen deshalb wichtig und aufschlussreich, weil sich hier eine »Spaltung der Gesellschaft« andeutet, von der heute abermals
viel die Rede ist. Ihr unglaublicher publizistischer Erfolg in
den siebziger Jahren deutet darauf hin, dass es damals viele
Menschen – vor allem Frauen – gab, die eine andere Meinung hatten als die, die in den Medien dominant vertreten
wurde. Meves bediente diese große Gruppe der »Schweigenden«, die sich von ihr verstanden und vertreten fühlten.

Das freilich hatte eine Rückwirkung: Meves ihrerseits
fühlte sich von ihrem Auditorium nicht nur verstanden,
sondern angefeuert: Man radikalisierte sich gegenseitig. Das
schaukelt sich hoch. Ihre Bücher, die lange im angesehenen

katholischen Herder-Verlag erschienen, wanderten in zunehmend esoterische Verlage aus. Es kommt mehr und mehr zum Rückzug in eine sektiererische Nische. Meves selbst deutet den Prozess natürlich umgekehrt: Auch Herder-Verlag oder *Rheinischer Merkur* seien feige geworden, distanzierten sich von ihr aus Angst vor dem Mainstream des »aufgeklärten« Justemilieu.

So bleibt die Erkenntnis: Radikalisierungsspiralen gab es auch schon vor unserer unmittelbaren Gegenwart. Die ideologisch Enttäuschten und mental Verwundeten rücken zusammen. Christa Meves findet, das Ende der Weltzeit sei nahe. Sie liest die Apokalypse des Buches *Daniel*. Die biblischen Ankündigungen des Weltuntergangs sind ihr nicht einfach nur Bilder, Chiffren und fiktive Figuren. Die apokalyptischen Reiter gibt es für sie wirklich.

12

Die Journalistin als Aktivistin

Alice Schwarzer (1942)*

»Wo bei anderen Menschen Beruf steht, ist bei mir häufig zu lesen, ›Feministin‹. Als sei meine politische Haltung mein Beruf. Und als hätte der Feminismus nicht viele Facetten. Nein, von Beruf bin ich Journalistin, von Überzeugung Humanistin, Pazifistin und Feministin – und als solche stehe ich in einer ganz bestimmten Tradition. Ansonsten stehe ich nur für mich.«

Mit diesem Bekenntnis beginnt das Vorwort »Ich bin ich« im zweiten Teil von Alice Schwarzers Autobiografie, die unter dem Titel *Lebenswerk* im Jahr 2020 erschien. Wir werden sehen, dass es diese Differenz zwischen Journalismus und Feminismus, auf die sie hier Wert legt, im Leben der Alice Schwarzer gerade nicht gibt. Und dass dies die Zäsur markiert zu all den Pionierinnen, die wir bislang hier porträtiert haben. Das ist der Grund, warum dieses Buch mit Alice Schwarzer schließen kann. Mit ihr endet der Nachkriegsjournalismus. Mit ihr beginnt eine neue Zeit.

Westdeutscher Rundfunk, Köln, Februar 1975. Sie sitzt in der Maske, plaudert entspannt mit der Visagistin. Es klopft an der Tür. Jemand sagt, Frau Vilar sei schon da. Alice Schwarzer lässt sich nicht aus der Ruhe bringen. Es klopft ein weiteres Mal; Frau Vilar warte. Schwarzer lässt sie zappeln.

Macht, das merkt der Zuschauer des Spielfilms *Alice* (2022), hat derjenige, der es sich erlauben kann, den anderen warten zu lassen. Das YouTube-Video der Aufzeichnung des Fernsehgesprächs, das Alice Schwarzer am 7. Februar 1975 um 16 Uhr 20 im Frauen-, also Nachmittagsprogramm des WDR mit Esther Vilar führt, beginnt nicht in der Maske, das ist erst die filmische Deutung von 2022. Im Video von 1975 stürmt Schwarzer gleich zu Beginn in das Studio. Sie habe sich an die Spielregeln gehalten, knurrt sie – »und ich werde hier angemault«. Das sind die ersten Sätze, die der Zuschauer hört. Unklar ist, wen sie meint. Vermutlich ihre Gesprächspartnerin, von der sie sich bedrängt fühlt. »Sie kenne ich«, begrüßt Schwarzer eine WDR-Mitarbeiterin, »Sie kenne ich noch nicht«, sagt sie zu Vilar, mit Handschlag an ihr vorbeirennend in wehend schwarzem Rock und mit irgendwelchen Manuskriptblättern in der Hand. Spätestens jetzt ist klar, wer hier die Chefin ist.

Als Vilar sich setzen will, macht Schwarzer ihr den Stuhl streitig: »Darf ich mich hierhin setzen!« Vilar rächt sich mit einer kleinen Frechheit. »Irgendwo soll Weißwein sein. Nicht, dass ich hinterher betrunken werde.« Man sieht zwei Wassergläser auf dem Tisch. Schwarzer hat offenbar Wein bestellt, was damals auch um 16 Uhr und auch im Fernsehen nicht unüblich war. Vilar hat die Kontrahentin prospektiv schon einmal trunken genannt. Macht hat diejenige, die bestimmen darf, wer wo sitzt. Wenn die Unterlegene geistesgegenwärtig ist, fällt ihr wenigstens spontan eine kleine Gemeinheit ein. Schwarzer hat den Wein bestellt, das relativiert das imperiale Sitzgehabe, lässt den Zuschauer sinnen, ob die mächtige Frau womöglich doch ein bisschen nervös ist.

Wir haben erst zwei Minuten des Videos hinter uns. Und es ist schon so viel passiert. Es folgt ein vierzigminütiges, nicht moderiertes Streitgespräch der beiden Frauen, das nicht nur sehenswert ist, weil es an Dramatik und Brutalität einmalig ist in der deutschen Fernsehgeschichte. Sondern auch, weil dieser 7. Februar 1975 – »Weiberfastnacht« in Köln – eine Zäsur des Feminismus in Deutschland markiert und weil das damals schon relativ schnell von vielen erkannt wurde – von Alice Schwarzer ohnehin.

Von diesem Tag an sei sie eine »öffentliche Feministin« gewesen, schreibt Schwarzer in ihrer 2011 unter dem Titel *Lebenslauf* erschienenen Autobiografie, Teil eins: Am 7. Februar 1975 sei sie zur »Star-Feministin« geworden – »und zwar mit einem Schlag«, bekennt sie ohne zu viel Bescheidenheit. Sie berichtet von Waschkörben voller Post aus beiden Lagern: Für die einen wird sie zur Heiligen und Heldin, für die anderen wird sie immer mehr zur Hexe (»Schwanz-ab-Schwarzer«).

»So lebhaft, wenn nicht heftig, so persönlich, wenn nicht hasserfüllt waren im deutschen Fernsehen noch nie zwei aufeinander losgegangen wie Alice Schwarzer und Esther Vilar«, schreibt der Feuilletonredakteur Hellmuth Karasek im *Spiegel*. *Bild* spricht von der »Fernsehschlacht des Jahres«. Und Schwarzer selbst kommentiert später, es sei ihr ein Rätsel, warum es noch niemandem aufgefallen sei, dass sie ihre berühmtesten öffentlichen Fights nicht mit Männern, sondern mit Frauen ausgetragen habe – »schon gar nicht all jenen, die mir so gerne blinde Frauensolidarität – gepaart mit blindem Männerhass unterstellen.« Den zweiten Fight sollte sie im Jahr 2001 mit dem Model Verona Feldbusch (später Pooth) führen, der sie vorwarf, ein aus der Werbung übernommenes falsches Frauenbild (»öffentliches Dummerchen«) zu geben. »Diese Gegnerin kämpfte zeitgemäß eher mit den Waffen einer Frau, genauer: durch körperliche Entblößung, statt verbal, wie Vilar noch Anno 1975«, so Schwarzer.

Worum ging es im Fight Schwarzer gegen Vilar? Esther Vilar, Ärztin und Publizistin, Tochter eines von den Nazis nach Argentinien vertriebenen Paars mit jüdischen Wurzeln, hatte 1971 in ihrer extrem erfolgreichen Streitschrift *Der dressierte Mann* die These aufgestellt, die Frau sei der Herr im Hause, lasse den Mann, der keine andere Wahl habe, für sich arbeiten, für sie denken, für sie die Verantwortung tragen – während die Frauen eindeutig den komfortableren Part einnähmen und es nun, seit Aufkommen des Feminismus, auch noch geschafft hätten, sich als unterdrücktes Opfer bedauern zu lassen. Der Mann ist stark, intelligent, fantasievoll, die Frau ist schwach, dumm und fantasielos, so Vilar. Warum wird trotzdem der Mann von der Frau ausgebeutet und nicht umgekehrt? Esther Vilar sucht ihre feministischen Geschlechtsgenossinnen als abgebrühte Ausbeuterinnen zu enttarnen, die sich vor allem ihr äußeres Erscheinungsbild zunutze machen.

Schwarzer, ein rhetorisches Naturtalent, schießt aus allen Rohren. »Sie sind nicht nur Sexistin. Sie sind auch Faschistin«, kontert sie. Vilar lässt sich ihre jüdische Familiengeschichte nicht anmerken, bleibt ruhig und bemerkt, der Faschismusvorwurf komme immer, wenn einem sonst gar nichts mehr einfalle. Sie habe das Buch geschrieben, »weil ich den Quatsch nicht länger anhören kann, den Sie und Ihre Genossinnen in der Öffentlichkeit verbreiten«, sagt Vilar.

Der Zweikampf kennt keinen eindeutigen Sieger. Aus heutiger Sicht reden beide ziemlich viel Blödsinn, Vilar, wenn sie immer wieder die These wiederholt, die Hausfrauen machten sich einen sonnigen Lenz, während sie ihre Männer auf die Arbeit schickten. Und sie sollten sich nicht so anstellen, wenn die Männer dann abends nach Sex verlangten. Schwarzer versteift sich auf die abenteuerliche These, berufstätige Frauen hätten eine kürzere Lebenserwartung als Folge ihrer Doppelbelastung. Kommentator Karasek rezensiert den Schlagabtausch wie den Boxkampf zwischen Muhammad Ali und George Foreman, der ein Jahr zuvor die Welt bewegte: »So ließ die sanfte Esther mit ihrem anheimelnd gutturalen bayerischen Dialekt die betroffen-angriffslustige Alice immer wieder ins Leere laufen. Sie hatte weich in den Seilen gegangen, ihre Deckung nie aufreißen lassen, so dass die heftigen Schläge trotz des pausenlosen Trommelfeuers verpufften.« Das ist fein beobachtet, wenngleich der Weltgeist sich in seinem Gang zweifellos auf Schwarzers Seite schlug und Vilar allem augenblicklichen Erfolg zum Trotz die Loser-Karte zugewiesen bekam.

Schwarzer, so die Erzählung ihrer knapp vierzig Jahre später geschriebenen Biografie, hat lange gezögert, ob sie sich auf den Streit mit Vilar einlassen solle – schließlich wertet so etwas die Gegnerin auf. Weil sich aber viele Frauen von Vilars »Pamphlet« gedemütigt fühlten, habe sie dem Streitgespräch zugestimmt, sozusagen als Anwältin und Rächerin aller von Vilar verspotteter Frauen. Und sie habe vorab beschlossen, »dieses Gespräch nicht als Journalistin zu führen – sondern als Frau: betroffen.«

Damit verrät Schwarzer, warum die Star-Feministin uns hier als Journalistin interessieren muss. Alice Schwarzer verkörpert einen neuen Typus der Journalistin. Sie versteht Journalismus mehr und mehr als Aktivismus. Dass sie im Gespräch mit Vilar nicht als Journalistin auftrat, ist ersichtlich. Doch zunehmend verhehlen auch ihre journalistischen Texte und Fernsehbeiträge nicht, dass sie eine Mission und eine Position hat. Auf diese Weise verschmelzen Journalismus und Aktivismus. Schwarzer erfindet ein neues Modell des Journalismus, welches heute von vielen jungen Frauen und Männern übernommen wird, die diesen Beruf ergreifen. Eine politische »Haltung« zu haben, gilt vielen als moralische Selbstverständlichkeit, nicht etwa als Verstoß gegen das journalistische Ethos und Handwerk. Die Welt zu verbessern, ist inzwischen für viele Journalisten Motivation zur Wahl dieses Berufs.

Ein Zweites kommt hinzu, ebenso wichtig, wenn nicht noch mehr: Schwarzer, die sich im Grunde seit ihren Anfängen als Volontärin bei den *Düsseldorfer Nachrichten* als Feministin versteht, macht ihre feministische Perspektive nicht nur zur Grundhaltung all ihrer Artikel und Filme, sondern sie thematisiert sich auch fortwährend selbst. Das ist eine Zäsur im Vergleich zu den zwölf Frauen, die wir hier exemplarisch für den weiblichen Nachkriegsjournalismus porträtiert haben. Wenn man möchte, könnte man vom Selbstreflexivwerden des feministischen Journalismus sprechen. Helene Rahms oder Clara Menck zum Beispiel haben ebenfalls entschieden für die Sache der Frauen gekämpft, wenn sie etwa die rechtliche und gesellschaftliche Umsetzung der vom Grundgesetz garantierten Gleichberechtigung zum Thema ihrer Artikel machten. Aber diese Journalistinnen lehnten es ab, sich als Feministinnen zu bezeichnen, und sie haben sich selbst – ihr Denken, ihren Körper, ihre Sexualität, ihre politischen Überzeugungen – nirgends explizit zum Thema ihrer Artikel gemacht. Vor Frauensolidarität haben sie sich eher gegruselt. Und deshalb sind ihnen Frauen wie Alice Schwarzer zeitlebens fremd geblieben.

Was ist Feminismus? In einem neuen Vorwort von 2007 zu ihren gesammelten Interviews mit Simone de Beauvoir (Schwarzer schreibt andauernd neue Vorworte zu ihren alternden Büchern) definiert sie: »Es sind uneingeschränkt gleiche Chancen, Rechte und Pflichten für Frauen und Männer; sowie die Infragestellung des herrschenden männlichen Prinzips – zugunsten einer menschlichen Utopie.« Das Semikolon in dieser Definition markiert den Hiat zwischen den Pionierinnen des Nachkriegsjournalismus und Alice Schwarzer nebst vielen ihrer Nachfolgerinnen. Dem Kampf für gleiche Chancen, Rechte und Pflichten fühlten sich die Pionierinnen gleichermaßen und schon seit den späten vierziger Jahren verpflichtet – sie mussten es nur nicht ständig betonen. Mit der Mission einer Aufhebung des »männlichen« zugunsten eines »menschlichen« Prinzips hätten sie nichts anzufangen gewusst.

Nehmen wir noch einmal zum Kontrast Maria Frisé. In ihrem kleinen *Erbarmen mit den Männern* ironisch überschriebenen Bändchen gesammelter Zeitungsessays gibt es eine Reportage aus einem »Tante-Emma-Laden«, in dem einzukaufen ausschließlich Frauen erlaubt ist. Frisé – Feministin, die sich nie so nennen würde – wundert sich über die »mit einigem Masochismus« betriebene »Dauerbeschäftigung« der Frauen, die Wurzeln der Diskriminierung bloßzulegen und die Männer dafür verantwortlich zu machen. Sie würden sich schon selbst befreien müssen, hält Frisé diesem Masochismus entgegen. Das »Krakeelende« der Alice Schwarzer habe sie immer fürchterlich gefunden. Schwarzer würde sich diese Beschreibung verbitten. Und darauf insistieren, dass man als Kämpferin auch auf den Putz hauen muss.

Bringen wir Stationen aus Schwarzers Leben kurz in

Erinnerung, soweit sie hier von Belang sind. An biografischen und autobiografischen Dokumenten ist kein Mangel. Allein zu ihrem 80. Geburtstag im Jahr 2022 erschien eine große Kinodokumentation (*Alice Schwarzer*) von Sabine Derflinger sowie eine kürzere Fernsehdokumentation (*Die Streitbare*) von Tita von Hardenberg. Außerdem gab es einen auf den beiden Bänden ihrer Autobiografie beruhenden sehenswerten zweiteiligen Fernsehfilm von Nicole Weegmann. Damit übertrifft die Schwarzer-Verehrung das Ausmaß der biografischen Behandlung, welche Marion Dönhoff zuteilwurde.

»Das ist es. Ich gehe zur Journalistenschule! Ich werde Journalistin!« Es ist Herbst 1963, Alice Schwarzer ist zwanzig Jahre alt, weiß nicht, was sie mit ihrem Leben anstellen soll, als sie diese Epiphanie übermannt. Ein Freund eines Freundes hatte sie auf die Idee gebracht. »Wie hatte ich nur vergessen können, dass ich immer die Beste war in Aufsätzen.«

Zur Vorbereitung auf den Journalismus geht sie für zwei Jahre als Au-pair nach Paris, um ihr Französisch zu verbessern und ihren Horizont zu erweitern. Dort lernt sie Bruno kennen, mit dem sie lange zusammenleben wird. Eine Bewerbung an der Münchner Journalistenschule scheitert. Sie lässt nicht locker. Am Ende klappt es mit einem Volontariat bei den *Düsseldorfer Nachrichten*. Dort schreibt sie über alles (»Sollen ledige Frauen über 30 noch mit Fräulein angeredet werden?«), findet freilich rasch ihr Thema: Die Frage, ob Prostituierte Steuern zahlen sollen, führt zu einer Reportage aus einem Bordell in Mönchengladbach. Für Schwarzer steht die Antwort auf die Frage schon vorher fest: Nein, sollen sie nicht.

Als Schwarzer für eine kurze Zeit auch in die Frauen-

302

redaktion ihrer Zeitung geschickt wird, weiß sie: Eine Frauenseite ist so ungefähr das Letzte, was sie machen will. Da hält sie es nicht anders als ihre Kolleginnen der fünfziger und sechziger Jahre. Sie setzten sich für die Frauen ein, aber deshalb gerade nicht für eine Frauenseite oder ein eigenes Frauenressort – denn so machen es bekanntlich die Kolonialherren mit den Indigenen, sie stecken sie ins *resort*.

»Emanzipation« liegt in der Luft, spürt Alice Schwarzer. Mitte der sechziger Jahre entdeckt sie Simone de Beauvoir und Betty Friedans *Weiblichkeitswahn*. Sie liest *Das andere Geschlecht*, ist fasziniert, notiert später: »Noch ist der Feminismus in Deutschland kein Thema.« Die Begegnung mit Beauvoir wird zu ihrer Erweckungserfahrung: Mit ihr führt sie in den frühen siebziger Jahren eine ganze Reihe wichtiger Interviews. Der erste Kontakt zu Beauvoir kommt über Sartre zustande, der ihr ein dreißigminütiges Interview über »Die Zukunft der Revolution« gewährt. Unerwartet betritt Simone de Beauvoir den Raum – »das wiegt ja noch unendlich schwerer als Sartre«: Schwarzer erinnert sich im Nachhinein an Scham. »Eine 28-jährige Blondine, die in einem sehr hochgerutschten sommerlichen Minikleid mit bloßen Beinen vor Sartre sitzt (Kleid: Dorothée Bis). Was soll sie nur denken? Klar, was sie denkt! Da hat der alte Trottel sich mal wieder von einem Mädchen zu einem Treffen beschwatzen lassen. Ich leide Höllenqualen, führe aber das Interview zu Ende, Punkt für Punkt.« Was Beauvoir denkt, wissen wir nicht. Es hat sie jedenfalls nicht davon abgehalten, sich später mit Schwarzer zu befreunden.

1971 eröffnet der *Stern*, auf Schwarzers Initiative und nach französischem Vorbild, auf seinem Titel die Kampagne »Ich habe abgetrieben«. Das ist unerhört. Abtreibung war das Tabuthema der fünfziger und sechziger Jahre, Zahlen gibt es nicht, Paragraf 218 stellte den Schwangerschafts-abbruch unter Strafe. Bis zur Zulassung der Pille Mitte der sechziger Jahre gab es im Grunde keine verlässliche Mög-lichkeit der Verhütung. Alle meine Gesprächspartnerinnen, Töchter, Enkelinnen der Pionierinnen dieses Buches, spre-chen das Thema Abtreibung als offenes Geheimnis dieser Zeit an: Man kannte Adressen von Ärzten oder Engelma-chern, fand den Abbruch mangels Alternativen »normal« und sehr weitverbreitet, insbesondere in den intellektuellen Eliten, und zugleich höchst demütigend und angesichts vie-ler Pfuscher auch gefährlich. Öffentlich hätte man sich nie geoutet.

Das Kollektiv der sich bekennenden Frauen, darunter viele Prominente wie Romy Schneider, brachte die Wende. Die Zeit war reif für einen Wandel. Im *Alice*-Film von 2022 sieht man Schwarzer vor dem Büro des *Stern*-Chefredak-teurs Henri Nannen warten, bis die Sekretärin kommt: »Herr Nannen hat jetzt Zeit für Sie.« Die Macht hat, wer einen warten lassen kann. Das hat Schwarzer sich abge-schaut, wenn sie es nicht ohnehin längst wusste. Die Macht hatte aber auch damals schon Alice Schwarzer: Als sie von Nannen hört, dass Romy Schneider allein groß auf das Cover des Heftes soll und sonst niemand, droht sie, die Unterschriften zurückzuhalten. Erst, als Nannen einknickt, ist Schwarzer bereit, die 374 Unterschriften herauszurücken. »Bis zuletzt halte ich die Mappe, in der sie liegen, fest um-klammert. Jetzt kann ich sie loslassen.« »Wir haben abge-trieben« wird die Titelgeschichte im *Stern* am 6. Juni 1971. Sie mit vielen Fotos anstatt nur mit Romy in die Kioske zu bringen, war nicht nur aus feministischer, sondern auch aus publizistischer Sicht die richtige Entscheidung.

Die Aktion »Wir haben abgetrieben« war eine politische

Intervention, die wie eine Bombe einschlug. Was nicht thematisiert wurde: War es auch Journalismus? Gemessen an herkömmlichen Vorstellungen eher nicht. Journalisten berichten, analysieren, kommentieren, schreiben Reportagen. Politische Kampagnen machen sie eigentlich nicht. Die Aktion hatte ein Vorbild in Frankreich. Da hat Alice Schwarzer es sich abgeschaut. Aber in Deutschland war so etwas bis anhin, soweit ich sehe, beispiellos. Die Journalistin schreibt nicht nur – so wäre es üblich gewesen – einen Kommentar gegen Paragraf 218 und für die Liberalisierung. Oder sie macht eine Reportage über eine Frau, die abgetrieben hat. Darüber hat Schwarzer später einen Film gedreht, der auf Intervention der katholischen Bischöfe nicht gesendet wurde – aus Protest gegen die Zensur wurde dann eine halbe Stunde gar nichts gesendet. Nein, Schwarzer fordert mit den 374 Unterschriften die Strafjustiz heraus, stellt die Machtfrage und liefert die Initialzündung zu einer bedeutenden Gesetzesänderung der Nachkriegsgeschichte. Das ist neu und unerhört. Die Aktion hat ihre Wirkung nicht verfehlt. Die Strafanzeigen gegen die Unterzeichnerinnen verliefen allesamt im Sand.

Die *Stern*-Aktion zeigte Wirkung. Zwar stellt der Paragraf 218 Schwangerschaftsabbrüche bis heute unter Strafe. Die »Austragungs- und Gebärpflicht« gilt für Frauen immer noch. Doch wenn ein Abbruch innerhalb einer bestimmten Frist (zwölf Wochen) und unter bestimmten Bedingungen (Beratung) vorgenommen wird, bleibt er straffrei. Rechtswidrig ist er dennoch bis in unsere Tage. Erst jetzt hat die Ampel-Koalition eine Kommission (»Reproduktive Selbstbestimmung und Fortpflanzungsmedizin«) eingesetzt mit dem Ziel, das Thema Schwangerschaftsabbruch gänzlich aus dem Strafrecht zu verbannen.

Jahre nach der erfolgreichen *Stern*-Kampagne räumten einige der beteiligten Frauen ein, dass sie persönlich in Wahrheit gar nicht abgetrieben hatten – darunter auch Alice Schwarzer selbst: »Aber das spielte keine Rolle. Wir hätten es getan, wenn wir ungewollt schwanger gewesen wären«, so lautete die ausredende Erklärung. Soll man sagen, der Zweck heiligt die Mittel? Der Auftrag, den feministischen Fortschrittsmotor zum Laufen zu bringen, legitimiert nicht nur eine neuartige aktionistische Form des Journalismus – den Bekenntnisjournalismus. Der Auftrag exkulpiert sogar das Abweichen von der Wahrheit, vorsichtig formuliert. Ich habe abgetrieben, obwohl ich gar nicht abgetrieben habe, ist eine Art Wahrheit im Konjunktiv zwei Futur zwei: Ich würde abtreiben, wäre ich schwanger (»Hätte, hätte, Fahrradkette«). Eine fiktive Form der Abtreibung als Akt der Solidarität. Im Film *Alice* sagt Schwarzer, auf ihre Unterschrift angesprochen, sinngemäß, das tue nichts zur Sache, es sei doch um das politische Ziel gegangen.

Als der *Stern* im Jahr 2020 ein ganzes Heft zusammen mit den Klimaaktivisten von Fridays for Future gestaltete, da fanden das die meisten Leserinnen und Leser ganz normal. Zaghaft gab es Kritik, das sei Kampagnenaktivismus und kein Journalismus. In der Tat: Gemessen an Ethik und Handwerk des herkömmlichen Journalismus trifft die Kritik ins Schwarze. Doch in der Tradition von »Wir haben abgetrieben« ist der journalistische Klimaaktivismus lediglich eine Form des Journalismus, der sozusagen um eine neue Aggregatsform erweitert wurde: die Kampagne. Kämpfen für die – nach Meinung vieler – »gute Sache«. Damals war es die Sache der Frauen, heute ist es die Sache des Klimas, also der gesamten Menschheit. Distanz dürfe nicht zur Monstranz werden, sagen die, die das wollen.

Weiter geht's im Leben der Alice Schwarzer. »Nachdem ich mich sehr gründlich mit Problemen wie Abtreibung, Berufsarbeit und Hausarbeit beschäftigt habe, ist mir klar geworden, dass die Sexualität der Angelpunkt der Frauenfrage ist.« So lautet ein wichtiger Satz im Vorwort zu *Der kleine Unterschied und seine großen Folgen*. Es ist ein Buch der Protokolle und Dokumente. Frauen reden über sich und ihre Sexualität. Die Autorin Schwarzer wird zur Kommentatorin.

Der kleine Unterschied, erschienen 1975, dem Jahr des Vilar-Gesprächs, ist abermals eine Erweiterung des klassischen Journalismus, der jetzt die Grenze zur Dokumentation und zugleich zur Literatur überschreitet. Und Alice Schwarzer, die »öffentliche Feministin«, vollends zum Star werden lässt. Seit den *Bottroper Protokollen* von Erika Runge, 1968 veröffentlicht, in denen Arbeiter selbst sprechen und nicht über sie gesprochen wird, gilt der Originalton als Beweis von Authentizität, Wahrhaftigkeit und Wahrheit. In der Nachfolge David Riesmans und in Anlehnung an zur damaligen Zeit ebenfalls modische Konzepte der Alltagsgeschichte (*oral history*) werden Gesichter und Schicksale aus der Anonymität der Masse herausgehoben, individuell und repräsentativ zugleich – und zur Identifikation empfohlen: »Frauen zu zeigen, dass ihre angeblich persönlichen Probleme zu einem großen Teil unvermeidliches Resultat ihrer Unterdrückung in einer Männergesellschaft sind, ist eines meiner ersten Anliegen«, schreibt Schwarzer im Sommer 1975 im Vorwort zur ersten Auflage des *Kleinen Unterschieds*.

Abermals steht die These des Buches schon von Anfang an fest: Frauen sind sexuell unterdrückt. Die Autorin ist Anwältin ihrer Protagonistinnen, der Opfer: Für diese Frauen habe sie das Buch geschrieben. Journalismus, so könnte man sagen, soll die Welt nicht mehr nur beschreiben – damit begnügt Schwarzer sich schon lange nicht –, sondern verändern und verbessern. Journalismus mit politischer Mission. Zeugnisse und Protokolle, Schicksale stellt die Feministin in den Dienst der Gesellschaftsveränderung. Frauen treten auf als Betroffene. Bei der Auswahl der Gesprächspartnerinnen sei ihre »Normalität« das Hauptkriterium gewesen, betont Schwarzer. Jedem Gespräch wird eine »Kurzanalyse« beigegeben. Die Journalistin ist nicht nur Protokollantin, sondern Deuterin, nie Kritikerin. Stellen, über die nicht hinweggelesen werden soll, werden im Text hervorgehoben. Das verleiht dem Format etwas Didaktisches.

Der kleine Unterschied wird zum viel gelesenen Aufklärungsbuch. Es ist, knapp dreißig Jahre später, die deutsche Version von Simone de Beauvoirs *Deuxième Sexe*. Das Buch will nachweisen, »wie aus Menschen Männer und Frauen gemacht werden«: Das Buch geißelt die »Penetrationswut« der Männer und den »Orgasmusterror«, den sie ausüben. Die große Rede der Grünen-Politikerin Waltraud Schoppe im Bundestag am 5. Mai 1983 über Vergewaltigung in der Ehe – »Wir Frauen haben uns ein bisschen mehr unten gefühlt« – wäre ohne dieses Buch nicht denkbar gewesen. Nachschauen kann man diese Rede in dem Dokumentarfilm *Die Unbeugsamen* aus dem Jahr 2021 über die parlamentarischen Pionierinnen der Bonner Republik, gewissermaßen eine Parallelstudie zu diesem Buch über die journalistischen Pionierinnen.

In ihren Kommentaren zu den Protokollen geizt Alice Schwarzer nicht mit Ausrufungszeichen. »Frauen werden im Namen der Liebe ausgebeutet!«, so liest sich der erste

Satz im Anschluss an »Irmgard S., 42 Jahre, verheiratet, Hausfrau, vier Kinder, Ehemann Ingenieur«. Das Ausrufezeichen ist die Deixis der Empörung: »Uns läuft die Galle über!« Im Anschluss an »Karen J., 34 Jahre, Hausfrau, drei Kinder, Ehemann Angestellter« ist es selbstredend ein Ausrufezeichen, welches die Hausfrauen darüber belehrt, dass »Berufstätigkeit selbst unter den schlechtesten Bedingungen (gleichzeitige Mutterpflichten, keine Qualifikation) die Abhängigkeit der Frau verringert und ihre Autonomie in Relation zur Familie stärkt!«

Ein Jahr nach Erscheinen gibt Schwarzer ihrem *Kleinen Unterschied* ein Nachwort mit. Darin hält sie die »Reaktion der Männermedien« fest, die erwartbar nicht gut aussieht. Man habe sie »Männerhasserin« und »frustrierte Tucke« genannt, um die milderen Beschimpfungen und Diffamierungen zu zitieren. Sie sieht sich in die Rolle einer Führungsfigur gedrängt, die sie vorgeblich nicht haben wollte. Zugleich ist sie stolz darauf, dass die Männerriege sich an ihr erhitzt habe: »Ich habe in den letzten Jahren versucht, den dritten Weg zu gehen: weder weibchenhaft mit der Wimper zu klimpern, noch männlicher Räson nachzueifern.«

Verlage sind immer dann mit Büchern zufrieden, wenn sie bei Anhängern wie bei Gegnern reißenden Absatz finden. *Der kleine Unterschied* gehört in diese Kategorie. Schon der Titel ist genial. Er provoziert bei den Gegnern, Männern, den Verdacht, Schwarzer wolle auch noch ihren »kleinen Unterschied« (schon »klein« ist eine Provokation) einebnen, einen Verdacht, den sie gelassen-ironisch als Missverständnis zurückweisen kann.

Schwarzer nennt nun immer wieder selbst als Wendepunkt ihrer journalistischen Arbeit ihr Gespräch mit Esther Vilar, »wo ich sehr bewusst darauf verzichtet habe, entweder schlau im Frühschoppenstil zu schnacken oder aber anbiedernd zu kokettieren.« Genau das habe unzähligen Frauen millionenfach eine Identifikation ermöglicht: Da war eine, »die redete wie sie, fühlte wie sie, war zwar gewandter, weil professionell, aber erreichbar.«

Von zentraler Bedeutung hier ist das Stichwort »Frühschoppenstil«. Gemeint ist nicht der Frühschoppen der Männer auf dem Dorf, sondern der *Internationale Frühschoppen* Werner Höfers sonntags um 12 Uhr in der ARD. Die Sendung war sehr beliebt beim deutschen Fernsehpublikum. Man analysierte die Zeitläufte, stritt sich mit Niveau und Argumenten, fiel sich ins Wort, lachte, trank Wein und rauchte. Zuweilen war das Studio derart vernebelt, dass der Zuschauer Mühe hatte, die Redner zu erkennen. Fast alle der in diesem Buch porträtierten Journalistinnen waren Gast bei Werner Höfer, auch Christa Meves und natürlich Julia Dingwort-Nusseck, was, nebenbei bemerkt, den Verdacht dementiert, Frauen hätten erst in den achtziger Jahren Zutritt zu Fernsehtalks bekommen. Wer von Höfer eingeladen war, war stolz darauf und kam. Aber klar, Frauen waren die Ausnahme. Der Fernsehfrühschoppen war eine ausgeprägte Männerrunde; das hat sich inzwischen längst geändert.

Wenn Schwarzer sich – nach dem Vilar-Streit – vom Frühschoppenstil distanziert, so nimmt sie bewusst Abschied vom Journalismus der reflektierenden Distanz, sie hat sich zur Anwältin der Unterdrückten gewandelt. Das ist es, was ich »autoritären Feminismus« nennen möchte, man könnte auch, weniger polemisch, von »emphatischem«, »engagiertem« oder »aktivistischem« Journalismus reden. Dieser feministische Journalismus ist von seinem autoritativen Anspruch her deutlich apodiktischer als der klassische Journalismus und nimmt den Verzicht auf den kategorischen

Imperativ des Journalismus – »Sei unparteiisch!« – bewusst in Kauf.

Seit Robert Ezra Park (1864–1944), Urbild des Reporters im Chicago der Jahrhundertwende, galt die Überzeugung, dass es für Journalisten – Reporter – essenziell sei, sich vorurteilsfrei und interessenlos der Welt zu öffnen. *Nosing around*, in der Stadt herumschnüffeln, ungefragt seine Nase in alles hineinstecken, sich die Füße nass machen, das alles sind Unternehmungen, die den Journalisten definieren. Man trifft sich im Feld. Weltbezug heißt für Park: »to see life«. Die Welt erkennt man, indem man sich mit Neugierde dem Leben zuwendet. Es geht um Nähe und Erkenntnis der Lebenswelt. Das ist eine professionelle Wurzel, die der Reporter mit dem Soziologen gemein hat.

Genau das nun sei nicht mehr ihr Ding, bekennt Alice Schwarzer 1976. Sie tauscht das Pathos der unparteiischen Distanz gegen das Ethos der mitfühlenden Anwaltschaft. Sie wird parteiisch. Das ist der Paradigmenwechsel des Journalismus Mitte der siebziger Jahre. Schwarzer weiß vorher schon, was hinterher rauskommen muss. Robert Ezra Park weiß es nicht, geht, wenn nicht völlig unbefangen, so doch ergebnis- und rechercheoffen ins Feld. Mehr noch: Schwarzer weiß nicht nur vorher, was sie mit nach Hause bringt, wenn sie mit den Frauen für ihr Buch redet. Sie gibt ihnen (und den Leserinnen) auch im Anschluss autoritativ die richtige Deutung mit. Schwarzer nimmt für sich in Anspruch, es besser zu wissen. »Besserwisserei« wird ihr Markenzeichen. Eine andere Meinung zu haben, ist zwecklos. Dass die Frauen sich in ihrer Deutung wiedererkennen, schließt sie aus den vielen positiven Rückmeldungen. Negative Rückmeldungen werden unter die Rubrik »verstockte Männerwelt« einsortiert. Wenn es Frauen sind, die sich explizit ihrer autoritativen Anwaltschaft verweigern, so »durchschaut« sie sie – wie im Fall Verona Feldbusch (später: Pooth) – als von der Werbung mit falschem Bewusstsein verbogen: Eine »Werbe-Ikone«, die »klassische Objektfrau«, sei sie, Beschreibungen, die nicht gerade von Respekt zeugen.

Als Schwarzer im März 2023 in einem FAS-Artikel selbst einmal »Ikone der deutschen Frauenbewegung« genannt wird, mokiert sie sich in einem Leserbrief über diese »musealisierende Formulierung«, um anschließend zu beteuern, dass seit dem *Kleinen Unterschied*, also seit über fünfzig Jahren, die sexuelle Gewalt ihr zentrales Thema sei, womit sie unbewusst die Auszeichnung als Ikone wiederum bestätigt. Nach so vielen Jahren gebührt ihr ein Platz im Museum.

Ob sie heute den *Kleinen Unterschied* genauso schreiben würde wie 1975, fragt sie sich im Nachwort zur Neuausgabe 2022. Inhaltlich heißt die Antwort selbstverständlich: Ja. In der Form jedoch »Jein«. Die Protokolle mit dem Originalton der Frauen seien natürlich genauso richtig wie damals. Denn die Authentizität der Stimme der Frauen sei ja »der wahre Sprengstoff des Buches«. Dann kommt die Relativierung: »Der theoretische Teil des Buches allerdings müsste heute nicht mehr ganz so agitatorisch daherkommen. Die vielen!!! entsprachen dem Ungestüm des Aufbruchs.« Heute wisse sie, »dass es auf unserem Weg auch viele??? gibt – und dass das Ziel noch in weiter Ferne liegt: Das Ziel Mensch.«

Es ist diese Passage der Revision, von der ich mir die Erlaubnis geben lasse, Schwarzers Journalismus als »autoritären« Feminismus zu bezeichnen. »Agitatorisch« ist fast noch der stärkere Begriff als »autoritär«, stammt aus der kommunistischen Kaderbewegung, wird definiert als »meist aggressive Beeinflussung anderer in politischer Absicht«. Wer »autoritär« schreibt, weiß, wo es langgeht. Wer »agitiert«, schubst sprachlich mit einem Tritt die anderen in die richtige Richtung. Der stilistische Marker dafür ist das Ausrufezeichen. Dass Schwarzer sich im Lauf der Zeit von diesem Stil verabschiedet hätte, der weit mehr ist als Stil, sondern an die Substanz geht, sehe ich nicht. Sie bleibt bei den Ausrufezeichen, in der Regel ohne Fragezeichen. Es bleibt beim aktivistischen Journalismus der Aufrufe und offenen Briefe. Das »Manifest für den Frieden« in der Ukraine, im Februar 2023 zusammen mit Sahra Wagenknecht in der *Emma* veröffentlicht, fordert ein »kategorisches Verbot« weiterer Eskalation des Krieges. Ausrufezeichen! Sofort!

Ein letztes Mal an dieser Stelle zurück in die siebziger Jahre und zur Alice Schwarzer dieser Jahre. Das nächste Ausrufzeichen, das die Feministin setzt, heißt *Emma*. Aus der Journalistin, die sich zur Feministin und Aktivistin entwickelt hatte, sollte nun eine Unternehmerin werden – eine kapitalistische Unternehmerin, wie ihre Gegnerinnen höhnen. Die vielen Fragezeichen zur *Emma* nämlich kommen nun folgerichtig nicht von den Männern, sondern von den Feministinnen, den journalistischen Schwestern und Konkurrentinnen im Geiste.

Am 17. Juni 1976 erschien eine Nullnummer – das ist eine Art Prototyp – der Frauenzeitschrift *Courage*, nach eigenem Anspruch ein überregionales, linksfeministisches und autonomes Blatt, das als selbstverwaltetes Projekt organisiert war und als Kollektiv arbeiten sollte, also möglichst ohne Hierarchie. Für die damalige Zeit war das eine kleine Revolution; die *taz* kam erst 1978 auf den Markt. Journalismus spielte sich in Verlagen ab, die einen Eigentümer hatten. Meist war es ein Familienunternehmen (Springer,

Burda, Augstein), seltener waren es anonyme Kapitalgesell-
schaften oder Stiftungen (FAZ). Intern sind Zeitungen hie-
rarchisch organisiert. Es gibt einen Chefredakteur oder eine
Chefredakteurin, darunter gibt es Ressortleiter, dann kommen die Redakteure und Redakteurinnen, zuletzt die Freien
oder »festen Freien«. Im Impressum einer Zeitung steht, wer
für welche Seiten oder Teile (»Bücher« genannt) verantwortlich ist, auch im Sinne des Presserechts, was wichtig
ist, wenn es zu Unterlassungen oder Gegendarstellungen
kommt.

Bei der *Courage* gab es zwei Gründerinnen – Sibylle Plog-
stedt und Sabine Zurmühl –, die einander aus der autonomen Frauenbewegung Berlins kannten. Ihr Anspruch
war, alternative Arbeitsstrukturen aufzubauen, was bedeutet, »dass alle Arbeiten von allen erledigt werden sollen«.
Gewollt war eine Aufhebung des Prinzips der Arbeitsteilung; Vergleichbares war damals auch in den Wohngemein-
schaften Mode. Richtig durchhalten ließ sich das nie. Es gab
immer viel Streit.

Inhaltlich hatte auch die *Courage* sich dem aktivistischen
Journalismus verschrieben. Ihr Titel bezieht sich auf Brechts
Mutter Courage als Sinnbild der kämpferisch selbstständig
handelnden Frau. Politisch unzufriedene Frauen, die die
herrschende Gesellschaftsform mit ihrem System der Unterdrückung von Frauen und Minderheiten in Frage stellen
und die Perspektiven zur Veränderung aufzeigen wollten,
sollten mit der neuen Zeitung angesprochen werden. Streng
wollte man mit dem Staat und anderen Institutionen wie
Kirche und Familie umgehen, welche man im schweren
und berechtigten Verdacht hatte, die Frauen in den »Fesseln
moralischer Werte« zu halten.

Doch neben der patriarchalischen Unterdrückergesellschaft zeigte sich bald auch ein weiterer Feind, mit dem man es zu tun bekam: »Als Gerüchte aufkamen, dass auch Alice Schwarzer eine Zeitung plante, bot *Courage* die Zusammenarbeit an. Freilich waren die Frauen erleichtert, als diese ablehnte«, heißt es in einer gegenüber der *Courage* wohlwollenden Analyse der Friedrich-Ebert-Stiftung. Allzu ernst dürfte das von der *Courage* ausgehende Angebot der Zusammenarbeit also nicht gewesen sein. Immerhin: Der Gründungsprozess beider Zeitschriften wurde beschleunigt: Die erste Nummer der *Courage* kam im September 1976 auf den Markt. *Emma* kam vier Monate später.

Die *Courage* war nicht das einzige Projekt im feministisch-publizistischen Wettbewerb dieser Jahre. Ebenfalls im Herbst 1976 erschien in Berlin unter dem Namen *Die Schwarze Botin* ein weiteres Frauenmagazin, von Anfang an explizit gegen *Emma* gerichtet, die es damals noch gar nicht gab. Das allein zeigt, wie sehr Alice Schwarzer die öffentliche Star-Feministin war, die sich inzwischen sogar zur Hassfigur innerhalb bestimmter Gruppen des Feminismus entwickelt hatte. *Die Schwarze Botin* kam ebenfalls aus dem sogenannten autonomen Milieu, verstand sich elitär-anarchisch und nannte sich im Untertitel die *Zeitung für die Wenigsten*. Es gab zwei Chefredakteurinnen – Gabriele Goettle und Brigitte Classen –, die Zeitung war explizit nicht als Kollektiv organisiert. Im Grunde bestand sie aus lauter Individualistinnen. Der Name weckt Assoziationen mit schwarzer Magie oder schwarzen Witwen: wendige Spinnen, die ihre männlichen Feinde mit Gift unschädlich machen. Ursprünglich war der Titel indes erfunden worden als Verballhornung des in der süddeutschen Provinz erscheinenden *Schwarzwälder Boten*, eine Anspielung, die die wenigsten Leserinnen verstanden haben dürften. Während die Autorinnen der

Courage und der *Emma* – natürlich mit Ausnahme von Alice Schwarzer – heute kaum jemand mehr kennt, war dies bei der *Botin* anders. Viele ihrer Autorinnen machten sich damals und später als Schriftstellerinnen einen Namen: Elfriede Jelinek, Ursula Krechel, Silvia Bovenschen, Gisela von Wysocki, um nur einige zu nennen.

Der Ton der *Botin* ist scharf. Ohne dass der Name Schwarzer ausgesprochen wurde, dürfte damals jeder und jedem klar gewesen sein, wer gemeint war, wenn es hieß, niemand bei der Zeitschrift habe »Interesse, irgendwelche Karrieren als Galionsfiguren anzustreben«. Die Gegner der *Botin* sind rasch ausgemacht. Es gehe um die »rücksichtslose Bekämpfung jener Frauen, welche die übrigen für dumm verkaufen wollen und sich das von ihnen auch noch bezahlen lassen«. Die neue Frauenzeitschrift nimmt sich die Kritik an der herrschenden Frauenbewegung explizit als Kampfesziel vor. Von (falscher) Frauensolidarität hält sie nichts. Böse spottet die *Botin* über den »klebrigen Schleim weiblicher Zusammengehörigkeit«. Aus der »Galionsfigur der Frauenbewegung« sei im Handumdrehen die »Besitzerin des ganzen Schiffs« geworden, »das seinen Weg in den Hafen kapitalistischer Prinzipien dann auch scheinbar wie von selbst findet«.

Die Vorwürfe gegen Schwarzer vonseiten der *Courage* und der *Botin* im Telegrammstil lauten: etabliert, autoritär, kapitalistisch, mehr am Mammon als am Paradies der emanzipierten Frauen interessiert, in den hierarchischen Strukturen verhaftet. Angepasst. Lahm. Zahm.

Was die Konkurrentinnen kritisieren, war das Erfolgsrezept der *Emma*. Schwarzer hat ihren Feminismus nie ausschließlich als linkes Projekt begriffen. Kapitalismuskritik war ihr eher schnuppe, Kritik der Männlichkeit war ihr nicht schnuppe. Sosehr sie einen neuen Begriff des aktivistischen Journalismus in die Welt setzte, so klassisch herkömmlich hat sie die *Emma* als Zeitschrift gegründet. Es gibt eine Eigentümerin, die gleichzeitig Chefredakteurin ist, bis heute und bis zu ihrem Tod. Am charismatischen Führungsprinzip hält sie fest. Wie die Nachfolge geregelt ist, ist offen. Es geht klassisch um Auflage, was lange funktionierte, um ansprechendes Layout und gut geschriebene Artikel, die gerne auch von prominenten Autorinnen (immer willkommen: Romy Schneider) kommen dürfen. Mit anderen Worten: Es geht um eine gute Zeitschrift und um guten Journalismus.

Courage wurde 1984 beerdigt. *Die Schwarze Botin* hielt sich bis 1987. *Emma* lebt heute noch. Der Titel ist mindestens so witzig wie jener der *Botin*, aber weniger hermetisch. In *Emma* steckt sowohl die Emanzipation wie auch ein traditioneller Mädchenname, eher aus der Unterschicht. Köchinnen heißen Emma oder Berta. Erst später wurde Emma wieder modisch, in den siebziger Jahren war das nicht so.

Vorbilder für die *Emma* gab es nicht, mit einer Ausnahme: die *Constanze*. Schwarzer wusste immer, dass die *Constanze* keine billige Hausfrauenillustrierte war, traf sich mit Hans Huffzky, dem legendären Gründer, dem sie ein wenig gönnerhaft bescheinigte, er sei »emanzipatorisch aufgeschlossen«. Huffzky verschaffte ihr Zugang zum Vertrieb von Gruner + Jahr. »Denn so eine Zeitung will ja nicht nur geschrieben, gelayoutet und gedruckt, sie muss auch vertrieben und verkauft werden«, weiß die Neu-Verlegerin Schwarzer.

Schwarzer hatte ihr Handwerk gelernt, nicht nur bei den *Düsseldorfer Nachrichten*. Und sie wusste nicht nur, was eine

Zeitung ist, sondern auch, was ein Magazin von einer Tages- oder Wochenzeitung unterscheidet. Geraume Zeit hatte sie bei der Satirezeitung *pardon* gearbeitet, damals auch den Satiriker, Lyriker, Cartoonisten und Begründer der Neuen Frankfurter Schule Robert Gernhardt kennengelernt. Das alles half.

Ihre Feindinnen hatte Schwarzer fest im Blick: Im Herbst 1976, *Emma* war, wie gesagt, noch gar nicht auf dem Markt, liest sie in der *Schwarzen Botin* einen Aufruf zum Boykott ihres neuen Magazins: »Frau S. will jetzt 200 000 Frauen penetrieren« (ein von ihr geprägter Begriff im *Kleinen Unterschied*). Es folgt die Warnung der Botinnen: »Wir Frauen müssen der Vermarktung der Frauenbewegung entgegentreten.« Trauen dürfe man vor allem der Chefin nicht, denn Schwarzer sei eine Strohfrau des Kapitals, »mit allen patriarchalischen Wassern gewaschen«.

Schwarzer tut die Kritik der *Botin* als irrelevant ab – »ein Kulturblatt von ein paar Hundert Auflage«. Sie denkt von Anfang an größer. Ähnlich von oben herab geht sie mit der *Courage* um. Die seien erst auf die Idee einer Frauenzeitschrift gekommen, nachdem sie von ihren *Emma*-Plänen Wind bekommen hätten. Den Chefredakteurinnen unterstellt sie ohne jeglichen Beleg – aber nicht ohne Plausibilität –, bei der Gründung der *Courage* habe auch die West-Stasi ihre Hände mit im Spiel gehabt. Womit? Vermutlich meint sie mit Geld.

Frauen wie Sonia Mikich, 1951 geboren, also fast zehn Jahre jünger als Schwarzer und später Fernsehkorrespondentin, Moderatorin (*Monitor*) und WDR-Chefredakteurin, lasen damals alles, was es auf dem Markt gab: »Wir lasen *Emma, Die Schwarze Botin, Courage*«, schreibt Mikich in ihrer Autobiografie *Aufs Ganze. Die Geschichte einer Tochter aus scheckigem Haus* – ja, fast alle hier erwähnten Frauen haben ihr Leben aufgeschrieben.

Alice Schwarzer wird für Sonia Mikich, damals Mitte zwanzig, und für ihre Kolleginnen zum Erweckungserlebnis. »Irgendwann tauchte Alice Schwarzer auf. Sie trug rote Pumps, das nahm sie für mich ein, ich hatte keine Lust auf Latzhosen. Sie wusste alles besser, auch das konnte ich gut vertragen. Bald schon lud sie mich zu vorzüglichem Brathähnchen mit Oliven ein und brachte mich zum Lachen, wenn ich Liebeskummer hatte. Sie glänzte mit persönlichen Erlebnissen mit Beauvoir und Sartre, ich mit Frauen der deutschen Musikszene. Sich mit Sexualität auseinanderzusetzen, das war politische und intellektuelle Pflicht.«

Die *Emma* bleibt. Mit Alice Schwarzer endet die Geschichte der Nachkriegsjournalistinnen (um die Schwarzer sich nie gekümmert hat). Es beginnt eine neue Zeit. Weiblicher Journalismus wird selbstreflexiv – man lese nur all die Tweets, Blogs, Kolumnen von Stokowski, Passmann, Reisinger & Co. Alle schreiben sie mit Hingabe und Leidenschaft über sich selbst. Und weiblicher Journalismus wird aktiv, aktivistisch, agitatorisch.

Eine Frau wie Sonia Mikich steht in der Mitte zwischen Stokowski und Schwarzer: selbstbewusst, linksgrün, karriere- und machtbewusst. Frauen wie Mikich wussten, was die Pionierinnen wussten: »Wir mussten fleißig sein, die Arbeit war unangenehm.« Und sie sagt auch: »Wir waren uns für nichts zu schade.«

Die heutigen Journalistinnen stehen nicht nur auf den Schultern von Alice Schwarzer, sondern auch auf jenen von Clara Menck, Maria Frisé, Helene Rahms und Julia Dingwort-Nusseck. Letzteres wissen sie nicht, Ersteres schon. Aber das vergelten sie nicht mit Dank, sondern mit anhaltender Absetzbewegung. Ihren besserwisserischen Feminismus werfen sie Schwarzer vor. Frauen gegen ihren Willen zu schützen – wie im Streit um das Kopftuch oder in der Beurteilung von Sexarbeit –, geht gar nicht, finden sie. Und altmodisch an der biologisch-naturalen Basis zweier Geschlechter festzuhalten, geht natürlich auch nicht.

Seither kämpft Schwarzer an einer neuen Front – gegen ihre Nachfolgerinnen in der Frauenbewegung, immer noch gegen die Herren des Patriarchats und vor allem gegen den eigenen Bedeutungsverlust. Für Schwarzer gilt längst: *Mission accomplished.* Nun ist auch sie eine Grande Dame – die »Grande Dame des Feminismus«, wie es in einem Artikel zum 80. Geburtstag auf der Webseite des ZDF heißt, feierlich und im getragenen Ton wird sie als Symbolfigur der Emanzipation und eine politisch-moralische Instanz präsentiert. Ein Denkmal eben, das man mit Respekt zu ignorieren pflegt.

Wir sind damit endgültig in einer anderen Zeit angekommen. Nicht mehr in jener der Pionierinnen, um die es diesem Buch zu tun ist: Nachkriegsjournalistinnen, die unseren Blick auf die Welt verändert haben.

Epilog

Liberalisierung als Lernprozess:
Die Stimme der Frauen

Die Nachkriegszeit war die »Stunde der Frauen«. Die dreizehn Porträts (west)deutscher Journalistinnen in diesem Buch sind dafür ein Beleg. Sie stehen beispielhaft für viele ihrer Kolleginnen aus dieser Zeit.

Es ist ein Mythos, Frauen hätten im Journalismus der Nachkriegszeit keine oder lediglich eine marginale Rolle gespielt. Es gab eben nicht nur Marion Dönhoff und Margret Boveri. Es gab viele Frauen in den Medien. Ihre Stimme fand Gehör. Ihre Reportagen, Features und Kommentare prägten die frühe Bundesrepublik.

Dass die Frauen in den Medien nach 1945 zu den Gewinnern der Geschichte zählten, ist historisches Faktum. Der Mangel an Männern – gefallen, vermisst, nazibelastet – und die teils der Not geschuldete, teils der freien Wahl entsprungene Entscheidung für den Beruf der Journalistin öffnete den Frauen die Türen. In den Redaktionen der vielen neu gegründeten Zeitschriften und Zeitungen waren sie hochwillkommen, ob mit oder ohne journalistische Ausbildung.

Die Nachkriegszeit, noch einmal sei es gesagt, war »The Hour of the Woman«, so die Historikerin Elizabeth Heineman. Das Schlagwort benennt viel mehr als die viel zitierten

»Trümmerfrauen«. Oder anders: Die sprichwörtliche »Trümmerfrau« wird selbst zur Metapher dafür, dass die Frauen den Schrott (»Trümmer der Seele«) aufzuräumen hatten, der vor allem von Männern hinterlassen worden war und den sie kommunikativ beschwiegen. Ihre Aufräum- und Aufbauarbeit haben die Frauen zugleich als Akt der Selbstermächtigung erlebt. Und zwar auf vielen Ebenen, journalistisch-professionell bis individuell-sexuell. Letzteres hat ihnen von den kriegsversehrten deutschen Männern den Vorwurf eingebracht, »Ami-Lieblinge« zu sein.

Mit der »Stunde der Frauen« korrespondiert eine »Krise der Männlichkeit«, wie die Historikerin Uta G. Poiger schreibt. Es dauerte eine Weile, bis die Männer wieder Oberwasser hatten. Dann nannte man sie die »Halbstarken«. Traurige Helden sind das, deren Stärke halbiert wurde.

Es scheint mir kein Zufall zu sein, dass viele der hier porträtierten Frauen prägende Erfahrungen bei Reisen in die USA machten – vor, während und unmittelbar nach dem Krieg. Das gilt zum Beispiel für Margret Boveri, Marion Dönhoff, Elisabeth Noelle-Neumann und Clara Menck. Dass sie dort zu Anhängern einer marktwirtschaftlich verfassten, liberalen Gesellschaft geworden wären, kann man nicht gerade behaupten, mit Ausnahme von Clara Menck. Die zweifellos entstandene Faszination für das Land der unbegrenzten Möglichkeiten wurde bei den meisten der Frauen überwölkt vom antiamerikanischen Soupçon, der schon vorher weiß, dass das Abendland und seine Werte dem wilden Westen überlegen sind. Das erklärt die Reserven gegen die westlichen Alliierten, von denen man sich keinesfalls umerziehen lassen wollte. Kaum jemand in den Nachkriegsjahren hätte eine Notwendigkeit der Reeducation zugegeben. Dies umso mehr, als auch die tonangebenden

Journalistinnen nach 1945 (Boveri, Dönhoff) sich als Opfer des Krieges und der Nationalsozialisten fühlten und nun das Gefühl hatten, wieder Opfer zu sein. Nein, man würde schon selbst imstande sein, wieder auf die moralischen Beine zu kommen, nicht zuletzt unter Rückbesinnung auf die ungebrochene Kontinuität des »besseren« Deutschland, das man etwa im Widerstand des 20. Juli zu erkennen glaubte.

Doch so eindeutig ist aufs Ganze gesehen der Antiamerikanismus der Nachkriegsdeutschen nun auch wieder nicht. Zu sehen ist eher eine Haltung der Ambivalenz. Elisabeth Noelle und Clara Menck vermochten ihren USA-Reisen auf sehr eigene und sehr unterschiedliche Weise positive Erfahrungen und Einsichten abzugewinnen. Noelle hat dort, bei aller Distanz zur amerikanischen Zivilisation, ihr Lebensthema gefunden, die Demoskopie, eine Fortsetzung des Journalismus mit anderen Mitteln. So wurde sie zur erfolgreichen Start-up-Unternehmerin eines demoskopischen Datenjournalismus in Allensbach.

Clara Menck war als Einzige unter den hier porträtierten Frauen zutiefst davon überzeugt, dass die Deutschen keinesfalls in der Lage sein würden, sich selbst aus dem braunen Sumpf zu ziehen. Nach Amerika fuhr sie als neugierige Journalistin und nicht als Ideologin. So gelang es ihr besser als vielen Zeitgenossen, die aus europäischer Sicht große Fremdheit der USA weder abzuwerten noch einzuschmelzen, sondern sie als notwendige kulturelle Leistung für Integration und Assimilation in einem Einwanderungsland zu interpretieren und zu würdigen. Auf diese Weise vermochte Menck sogar ihre in New York lebende USA-skeptische Freundin Hannah Arendt zu beeindrucken.

Es ist eben zu simpel, der vermeintlichen »kulturellen Restauration« der frühen Bundesrepublik in den vierziger und fünfziger Jahren eine »Liberalisierung und Politisierung von Gesellschaft und Journalismus« in den sechziger Jahren gegenüberzustellen. Dies blendet den allmählichen und konflikthaften Verlauf der Entwicklung aus und unterschlägt das widersprüchliche Nebeneinander alter und neuer Elemente, wie die Historikerin Christina von Hodenberg zu Recht klarstellt. Konflikt war immer schon, »Konsensjournalismus« gab es nur, wenn man wichtige Stimmen nicht hören wollte. Was die Pionierinnen des Journalismus gerade in den fünfziger Jahren anstellten, kann es an progressiv-gesellschaftsverändernder Kraft mit den Leistungen ihrer Nachfolgerinnen der siebziger Jahre und später aufnehmen. Zumal, so will es schon der Begriff, die Pionierin es in der Regel schwerer hat als die Nachfolgerinnen, denen der Weg bereitet wurde.

So zeigt sich als eines der Resultate dieses Buches, wie entscheidend die frühen Jahre der Republik nicht nur für die Liberalisierung der Gesellschaft waren, sondern im Speziellen auch, was damals von diesen Journalistinnen für die Frauenbewegung geleistet wurde: die nachhaltige Durchsetzung der vom Grundgesetz garantierten Gleichberechtigung von Mann und Frau. Fügen wir hinzu: Dank für die Durchsetzung der Gleichberechtigung gebührt auch dem unerschrockenen Einsatz kämpferischer und unbeugsamer Parlamentarierinnen im Deutschen Bundestag. Und, nicht zuletzt, einer Richterin, Erna Scheffler, am Bundesverfassungsgericht in Karlsruhe. Wie Eheleute leben wollten, sei eine private Entscheidungsfreiheit der Ehegatten und gehe den Staat nichts an, schrieb Erna Scheffler 1957 in ein bahnbrechendes Verfassungsurteil. Es richtete sich gegen die diskriminierende Wirkung des Ehegattensplittings. Wörtlich heißt es da: »Zu dem Gehalt solcher privaten Entscheidungsfreiheit gehört auch die Entscheidung darüber, ob eine Ehe-frau sich ausschließlich dem Haushalt widmet, ob sie dem Manne im Beruf hilft oder ob sie eigenes marktwirtschaft-liches Einkommen erwirbt.«

Hallo!, könnte man ausrufen: »ein eigenes marktwirt-schaftliches Einkommen« der Frau. Die Gestaltung der Balance zwischen »Arbeit und Leben« als von der Gleich-berechtigung gefordertes paritätisches Freiheitsrecht, fest-gestellt in einem höchstrichterlichen Urteil aus dem Jahr 1957. War das nicht jene Zeit, in welcher man nach heutiger Überzeugung die Ehefrauen in die Küche, zu den Kindern und in die Kirche verbannen wollte und sie beim Ehemann die Erlaubnis einholen mussten, wenn sie einem Beruf nachgehen wollten? Das Gericht dagegen vertrat die Mei-nung, es sei nicht Aufgabe des Staates und dessen Steuer-recht, Mann und Frau in klassische Rollenmodelle zu len-ken. Es ist eine Frage der Entscheidung – und zwar der Ent-scheidung der Frau, einerlei, wie der Ehemann die Dinge sieht. Moderner und liberaler geht es eigentlich nicht.

Dies ist der Grund, warum wir in diesem Buch auf den Kampf der Journalistinnen in den fünfziger Jahren für die Gleichberechtigung (Stichwort: »Stichentscheid«) im Fami-lienrecht so häufig zurückgekommen sind. Hier geht es nicht um Nebensächlichkeiten. Der ehemalige Verfassungs-richter Dieter Grimm hat den Zeithistorikern den Vorwurf gemacht, dass sie die Bedeutung der höchstrichterlichen Auslegung des Grundgesetzes in der frühen Bundesrepublik für die Liberalisierung der deutschen Gesellschaft nicht zur Kenntnis genommen hätten. Es sieht so aus, als habe er recht. Den meisten der damaligen Journalistinnen kann man diesen Vorwurf nicht machen. Im Gegenteil: Sie haben den Boden für die Grundsatzentscheidungen des obersten deutschen Gerichts bereitet. Denn das Verfassungsgericht ist selbst nicht Urheber der Liberalisierung. Seinen Entscheidungen geht ein Wertewandel voraus. Der entwickelt sich nicht naturwüchsig von alleine. Es braucht Treiberinnen des Fortschritts. Pionierinnen meint eben auch: Diese Journalistinnen waren die Avantgarde der Liberalisierung.

Diese Journalistinnen hatten verstanden, dass die Durchsetzung von Freiheit viel mit Recht und weniger mit Moral zu tun hat. Oder anders gesagt: Statt zu moralisieren, kämpften sie dafür, dass sich die liberale Moral in geltendem Recht niedergeschlagen hat. Alles andere wäre nichts wert, wäre nichts als Worte. Ging es in den fünfziger Jahren um Gleichberechtigung von Mann und Frau und um das Recht auf freie Meinung, so ging es in den sechziger Jahren um die Liberalisierung des Strafrechts. Das Prinzip von Schuld, Strafe und Abschreckung wurde abgelöst von der Betonung gesellschaftlicher und genetischer Bedingtheiten des Straffälligen und dem Ziel seiner Resozialisierung. Der Tübinger Philosoph Walter Schulz nannte das damals die »Entmetaphysizierung des Rechts«. Dem liegt ein anderes Menschenbild zugrunde. Strafrechtliche Schuld sollte fortan nicht mehr als Sühne sittlicher Schuld gefasst werden. Der Schuldbegriff selbst wurde sozialisiert, säkularisiert und am Ende relativiert. Salopp gesagt: Nicht der Straftäter ist schuld, sondern die Gesellschaft, die ihn zu einem solchen gemacht hat. Die Berichte, Reportagen und Kommentare der Journalistin Maria Frisé haben diesen Wertewandel im Strafrecht kommen sehen und begleitet.

In seinem 1965 erschienenen Buch *Gesellschaft und Demokratie in Deutschland* erinnert der Soziologe Ralf Dahrendorf daran, dass es die liberale Demokratie in Deutschland nie leicht hatte. Schon in der Bismarckzeit stand hierzulande der Staat über der Gesellschaft, die Industrialisierung verband sich mit feudalen Strukturen. Der Aufbruch in die Moderne wollte nie so richtig gelingen, anders als im angelsächsischen Raum. Der Untertan konnte sich nicht zum vollen Staatsbürger entwickeln. Dahrendorf verfolgt den »Ausgang des Deutschen aus seiner selbstverschuldeten Unmündigkeit« und insistiert darauf, dass eine Änderung dieser Rückständigkeit vor allem durch eine radikale Bildungsreform zu erreichen sei. Das Stichwort lautete: »Bildung als Bürgerrecht«.

Dahrendorf erreichte ein ungewöhnlich großes Publikum. Drei Jahre nach Erscheinen 1965 hatte das Buch mit einer Auflagenzahl von 12 500 verkauften Exemplaren längst den Status eines wissenschaftlichen Bestsellers erreicht. Es erscheinen Sonder- und Taschenbuchausgaben. Dahrendorf-Biografin Franziska Meifort nennt die Schrift die vermutlich gedanken- und einflussreichste politisch-soziologische Zeitdiagnose der Bundesrepublik, die damals sowohl von links wie auch von rechts große Beachtung fand. Dahrendorf analysiert die Entwicklung der »verspäteten Nation« und bescheinigt ihr, nun, zwanzig Jahre nach dem Ende des Weltkriegs, den Anschluss an das westliche Modell einer liberalen Demokratie gefunden zu haben. Rechtsstaatlichkeit, parlamentarische Demokratie und marktwirtschaftlicher Kapitalismus waren in ihrem Verhältnis nie spannungslos, doch das Austarieren der Balance wurde das Erfolgsgeheimnis Nachkriegsdeutschlands.

Helene Rahms, Clara Menck, Maria Frisé, Elisabeth Noelle-Neumann, sie alle waren der Überzeugung, dass Bildung der Schlüssel zur Durchsetzung sozialer Durchlässigkeit einer Gesellschaft ist. Was für ein Glück, könnte man mit kontrafaktischer Brille sagen, dass die männlichen Journalisten auch die Bildungspolitik für wenig relevant hielten und sie den schreibenden Frauen überließen.

Der Aufbruch der westdeutschen Gesellschaft hat eben nicht erst 1968 begonnen. Die Aufteilung der Zeitgeschichte, grob gesprochen, in die Phasen Mief und Unterdrückung vor 68, Freiheit und Emanzipation danach, stimmt aus doppeltem Grund nicht. Sie wird dem Fortschrittsgewinn nach 1945 nicht gerecht. Und unterschlägt die Ambivalenz der Achtundsechziger-Bewegung, die mindestens so illiberal wie liberal war. Das Meinungsklima an den linken Universitäten (Marburg, Tübingen, Göttingen) Ende der sechziger und Anfang der siebziger Jahre war jedenfalls mindestens so autoritär wie heute vielerorts wieder. Man durfte nicht alles sagen. Der Anpassungszwang war enorm und einschüchternd. In den fünfziger und frühen sechziger Jahren wehte ein frischerer Wind, glaubt man den Zeitzeuginnen.

Viele der hier porträtierten Journalistinnen hatten sich fraglos als (gesellschafts)politisch eher links eingeordnet (Rahms, Spiel, Schönfeldt, Deutschkron, Frisé). Gleichwohl hatten sie mit den Achtundsechzigern, die zumeist Männer waren, wenig am Hut. Systemwechsel, Revolution, Antikapitalismus – all das war ihnen zu martialisch. Inge Deutschkron hatte früh den linken Antisemitismus gerochen – und sich mit Grauen abgewandt.

Selbst Alice Schwarzer, die in gewisser Weise radikalste Journalistin in diesem Buch, hat mit den Achtundsechzigern allenfalls tangentiale Berührungspunkte. Ihr geht es um die Befreiung der Frauen von der männlichen Herrschaft, aber nicht um die Erlösung der Menschheit aus den Fesseln der kapitalistischen Gesellschaft durch Sozialismus und Kommunismus. Als Achtundsechzigerin hat sich Schwarzer, die erfolgreiche Verlegerin, soweit ich sehe, nie bezeichnet. Versuche einer kollektivistischen Betriebsverfassung (wie bei der Zeitschrift *Courage*) gab es bei *Emma* nie. Alice Schwarzer war, ist und bleibt eine kapitalistische Unternehmerin. Dass die gesellschaftliche Liberalisierung keine rein lineare Fortschrittsgeschichte ist, sondern es eine Schattenseite der neu gewonnenen Freiheit gibt, dafür steht in diesem Buch prominent die Publizistin Christa Meves. Sie hat früh, nämlich nach 1970 und seither immer kompromissloser, darauf hingewiesen, dass vor allem die damals propagierte ungebändigte sexuelle Befreiung und der Abschied von der klassischen Familie ihren Preis haben. Kriminell wird es dann, so Meves, wenn Kinder diesen Preis bezahlen müssen, weil für sie die frei gelebte Sexualität der Erwachsenen zu sexualisierter Gewalt wurde. Heute sieht man diese Dialektik der Emanzipation klarer als damals, als Warnerinnen wie Meves in die allerletzte religiös-rechts-verklemmte Ecke gestellt wurden, was nicht selten die tragische Folge hatte, dass die so ausgegrenzten Frauen sich anschließend selbst in die ihnen zugewiesene Ecke stellten.

Der Fall Christa Meves und ihr damals unglaublicher publizistischer Erfolg hat indes noch eine andere Bedeutung: Gesellschaftliche Spaltung ist nicht erst ein Phänomen unserer Zeit. Es war die Spaltung zwischen einer mehrheitlich öffentlichen Meinung, die Journalistinnen wie Christa Meves bedienten und der sie eine Stimme gaben, und einer veröffentlichten Meinung, in der Frauen wie Alice Schwarzer den Ton angaben. Journalisten und Historiker neigen dazu, den Tenor der veröffentlichten Meinung – die von ihnen gemacht wird und nicht selten ihre eigene Meinung ist – absolut zu setzen. Das hat zur Folge, dass Meves heute längst vergessen ist, während Schwarzer bis heute mit gezielten Provokationen dafür sorgt, dass man sie nicht vergisst.

Gehen wir noch einmal zehn Jahre weiter und werfen wir abschließend einen Blick auf die achtziger Jahre. Sie sind weltoffener und bunter als von den Linken nach Beginn der Kanzlerschaft Kohls behauptet, eben nicht »restriktiver« und »reaktionärer«. Auch hier habe ich Ulrich Herbert auf meiner Seite, meinen Zeithistoriker vom Dienst. Erst in den achtziger Jahren gab es Zeichen einer Akzeptanz pluraler individueller Orientierungen. Ambiguitätstoleranz würde man dies nennen und mit Blick auf die Gegenwart den Verlust dieser offenen Haltung beklagen. Vorbehaltloser als in dieser Zeit war hierzulande das Bekenntnis zum Westen nie. Dabei meint »Westen«, daran sei noch einmal erinnert, in seiner kürzesten Form das spannungsreiche und zugleich kreative Bündnis von repräsentativer Demokratie und marktwirtschaftlichem Kapitalismus.

Publizistisch lohnt ein Blick auf die Gründung der Zeitschrift *TransAtlantik* durch den Journalisten und Schriftsteller Hans Magnus Enzensberger und seinen Freund, den Chilenen Gaston Salvatore. Maßgeblich mitgetragen wurde das Projekt von einer Reihe ganz ungewöhnlicher junger Journalistinnen, namentlich Irene Dische, Angelika Overath, Katharina Kaever (die spätere Katharina Enzensberger) und – als Herausgeberin – Marianne Schmidt.

TransAtlantik, 1980 auf den Markt gekommen und explizit »für das westliche Deutschland« erdacht, will die dumpfen siebziger Jahre – gezeichnet durch revolutionär-pubertären Utopismus, gefolgt von Terror und den Todesfällen des deutschen Herbstes – hinter sich lassen. Vorbei sein sollte es mit allen utopistischen Revolutionsfantasien. Enzensberger selbst hatte zuvor in seinem Prosagedicht »Der Untergang der Titanic« seinen eigenen sozialistischen Fantasien abgeschworen, von denen er zuletzt durch einen Aufenthalt in Kuba endgültig geheilt worden war. Dies bedeutete zugleich die Abkehr vom Internationalismus der Linken.

Die *TransAtlantik*, der Name ist das Programm, bekennt sich zum Westen, affirmativ und zugleich mit ironischer Brechung. Man tritt für eine »sich in alle Himmelsrichtungen ausbreitende westliche, namentlich europäische und nordamerikanische Kultur« ein, so Gründer Hans Magnus Enzensberger. Ein derart klares Bekenntnis zum Westen sucht man im Nachkriegsjournalismus bis dahin vergeblich: ein aufgeklärtes Ja zur Moderne und zu deren liberaler Tradition. Publizistisches Vorbild, nie erreicht, war die Zeitschrift *New Yorker*. Ursula von Kardorff lobte in der *Süddeutschen Zeitung* »die Leichtigkeit, wie das sonst nur die Angelsachsen kennen«, womit sie den Nagel auf den Kopf traf.

Die *TransAtlantik* erschien zwischen Oktober 1980 und Dezember 1982, war verlegerisch-wirtschaftlich ein Flop, publizistisch-historisch dagegen eine Zäsur. Mit dem ideologischen Bekenntnis zum westlichen Liberalismus korrespondierte ein neuer literarischer Stil, den die *TransAtlantik* folgendermaßen beschrieb: »Überlegen, aber nicht arrogant; intelligent, aber nicht akademisch; böse, aber nicht hämisch; elegant, aber nicht selbstgefällig; kritisch, aber nicht besserwisserisch; ironisch, aber nicht patzig.« Philosophisches Vorbild war nicht der Antiliberale Theodor W. Adorno (»Es gibt kein richtiges Leben im falschen«), sondern der Antiutopist und Ironiker Odo Marquard (»Abschied vom Prinzipiellen«). Normalisierung stellt man sich nun als Zuwachs an Pluralisierung vor. Man kann das alles ausführlich nachlesen in einem schönen Buch des Münsteraner Literaturwissenschaftlers Kai Sina.

Und die Frauen der *TransAtlantik*? Es taucht die junge Literaturwissenschaftlerin Angelika Overath auf. Sie passt weder in das Schema »Schwarzer« noch »Meinhof«, erst recht nicht »Meves«. Enzensberger, die Spürnase, hatte die gerade Dreiundzwanzigjährige durch ihre Examensarbeit über die »Farbe Blau in der Lyrik« kennengelernt – was sowohl für das Selbstbewusstsein der jungen Frau wie auch für den Blick des etablierten Publizisten und Dichters spricht – und sie eingeladen, für die *TransAtlantik* zu schreiben. Overath debütiert mit langen literarischen Reportagen, wie man sie aus dem *New Yorker* kennt. Sprechen soll die Wirklichkeit selbst, nicht das eigene Ich.

Schon im vierten Heft (Januar 1980) ist Overath mit einer großen Reportage – dem »Herzstück jedes Heftes« – vertreten: »Nachsaison in Unterammergau. Ein Lokaltermin«. Gleich zu Anfang räumt die Reporterin die gängigen Klischees beiseite, die Passionsspiele hätten mit Religion nichts zu tun, seien purer Kommerz. Statt nach Ober- fährt sie nach Unterammergau. Dort trifft sie eine Außenseiterin, Monika L., die vergeblich dagegen geklagt hatte, dass nach den Regeln der Passionsspiele ein ausschließlich von Männern besetztes Gremium die Spieler der Passion wählt. Der Reportage fehlt jeder kommentierende, gar anklagende Ton, der Leser kann sich seinen Teil denken. Es geht um Feminismus ohne Moralismus, beglaubigt durch ein »Ich«, das nicht klagt oder anklagt. Dieses journalistische Ich bleibt, anders als bei Schwarzer, »als marginalisiertes Stilmittel«, das nur dazu dient, den Gang der Reportage zu verifizieren.

Es ist kein Zufall, dass diese journalistischen Frauentexte der *TransAtlantik* auch als Literatur durchgehen könnten. Das ist für Deutschland ungewöhnlich. Irene Dische, die ihre Laufbahn tatsächlich beim *New Yorker* begonnen hatte, eröffnete einen ihrer Essays mit der provokanten Feststel-

lung: »Oft wird dem Schriftsteller, der sich sowohl literarisch als auch journalistisch betätigt, die Frage gestellt: Sind
Sie eigentlich Journalist oder Schriftsteller?« Doch die
wenigsten, die das fragen, seien in der Lage, den Unterschied zu definieren. Also gibt Dische selbst die Antwort.
Der Journalist habe die Pflicht, sich an die Tatsachen zu
halten. Deshalb sei Journalismus »etwas für Schlaue und
Literatur etwas für träge Geister«, so Disches Conclusio.

Journalismus, so das Credo dieser jungen Journalistinnen um 1980, soll sich keine moralischen oder politischen
Ziele setzen, sondern strikt journalistische Wege gehen. Stil
schlägt Haltung. Sagen, was ist, schlägt sagen, was sein soll.
Impartialité, Unparteilichkeit im Sinne Flauberts, schlägt
littérature engagée. Marie-Luise Scherer, damals schon Star-
reporterin beim *Spiegel*, ist eine Schwester in Stil und Geiste
dieser *TransAtlantik*-Frauen.

Der etwas ausführlich geratene Hinweis auf die jungen
Frauen um Hans Magnus Enzensberger am Ende dieses
Buches hat die Absicht, den Abstand zwischen dem weiblichen Journalismus vor gut vierzig Jahren und heute zu
markieren. Der – korrekten – »Haltung« gehört heute die
journalistische Bühne des weiblichen Journalismus. Man
kämpft nicht mehr für Gleichberechtigung, sondern für
Gleichstellung, am besten durchgesetzt mit der Quote.
Journalismus ist jetzt per se engagierter Journalismus. Die
Journalistinnen sehen sich als Avantgarde. Damals waren
sie es, ohne sich selbst so zu sehen. Das Ich der Journalistinnen heute dient dem Zur-Sprache-Bringen ihrer Gefühle,
ihres Denkens. Sie wollen Beispiel geben. Die virale Ver-
breitung von Podcasts, Kolumnen, Interviews (früher etwa
in der FAZ untersagt) verstärkt den Trend zum subjektiven
Meinungsjournalismus. Dass er – aller Subjektivität zum

Trotz – am Ende im Konformismus landet, ist mein böser Verdacht, den zu falsifizieren ich anderen überlasse.

Blicken wir lieber noch einmal mit einem Schuss Pathos zurück auf die Pionierinnen des Nachkriegsjournalismus, deren (Ehren-)Rettung dieses Buch sich vorgenommen hat. Diese Journalistinnen waren nicht nur als Frauen Pionierinnen in Zeitungen, Zeitschriften, Hörfunk und Fernsehen. Sie waren zugleich Pionierinnen für die Sache der Frauen.

Kommentiertes Literaturverzeichnis

Zum Buch insgesamt und zum Prolog

Eine Geschichte deutscher Journalistinnen in der Nachkriegszeit gibt es nicht. Kurze kommentierte Biografien finden sich hier: **Elisabeth Klaus / Ulla Wischermann: Journalistinnen. Eine Geschichte in Biographien und Texten 1848–1990. LIT Wien, Berlin, Münster 2013.** In der Dissertation von Roxanne Narz über das FAZ-Feuilleton gibt es ein Kapitel über die Frauen in der FAZ. **Roxanne Narz: Kultur im Widerstreit. Das Feuilleton der Frankfurter Allgemeinen Zeitung 1949–73. Brill/Schöningh Paderborn 2023.** Peter Hoeres, der Doktorvater von Roxanne Narz, hat die Geschichte der FAZ geschrieben; auch hier findet sich ein Kapitel über die »Frauen in der Männerwelt«. **Peter Hoeres: Zeitung für Deutschland. Die Geschichte der FAZ. Benevento Salzburg 2019.** Inzwischen ist auch die Geschichte des Politikressorts der FAZ aufgearbeitet: **Frederic Schulz: Am Webstuhl der Zeit. Das Politikressort der Frankfurter Allgemeinen Zeitung von 1949 bis 1982. Brill/Schöningh Paderborn 2023.**

Unverzichtbar für die Publizistik der Nachkriegszeit – wiewohl er die Frauen übersehen hat – ist **Axel Schildt: Medien-Intellektuelle in der Bundesrepublik. Wallstein Göttingen 2020.** Dort steht alles, was man wissen will über die verschiedenen intellektuellen Milieus in Deutschland seit 1945. Seit langem forscht die Zeithistorikerin Christina von Hodenberg über die Publizistik der Nachkriegszeit. Aus ihren vielen Veröffentlichungen nenne ich nur: **Christina von Hodenberg: Konsens und Krise. Eine Geschichte der westdeutschen Medienöffentlichkeit 1945–1973. Wallstein Göttingen 2006.** Das Buch von **Christina von Hodenberg: Das andere Achtundsechzig. Gesellschaftsgeschichte einer Revolte. C. H. Beck München 2018** enthält ein Kapitel über die Frauen und 68. Dazu passt der Sammelband von **Alexander Gallus / Sebastian Liebold / Frank Schale (Hrsg.): Vermessungen einer Intellectual History der frühen Bundesrepublik. Wallstein Göttingen 2020.** Die Geschichte der Frauen – vor allem der Illustrierten *Constanze* und ihrer NS-Vorgängerin *Die junge Dame* hat Sylvia Lott erforscht. **Sylvia Lott: Die Frauenzeitschriften von Hans Huffzky und John Jahr. Zur Geschichte der Frauenzeitschriften zwischen 1933 und 1970. Wissenschaftsverlag Volker Spiess Berlin 1985.** Außerdem: **Ulla Grum: »Sie leben froher, sie leben besser mit Constanze‹. Eine Frauenzeitschrift im Wandel des Jahrzehnts«. In: Angela Delille: Perlonzeit. Wie Frauen ihr Wirtschaftswunder erlebten. ElefantenPress Berlin 1985, S. 138–142.**

Mehr zu Kontinuität und Diskontinuität des Journalismus vor und nach 1945 ist zu erwarten von dem großen Forschungsprojekt über den *Stern* und Henri Nannen, das federführend von Magnus Brechtken am Institut für Zeitgeschichte in München erarbeitet wird.

Die These einer »Liberalisierung als Lernprozess«, der ich mich insgesamt anschließe, stammt von Ulrich Herbert. Es gibt sie in **Ulrich Herbert (Hrsg.): Wandlungsprozesse in Westdeutschland. Belastung, Integration, Liberalisierung 1945–1980. Wallstein Göttingen 2002, S. 7–49.** Einschlägig als zeitgenössisches Dokument zur Liberalisierung und mehrfach wiederaufgelegt ist **Ralf Dahrendorf: Gesellschaft und Demokratie in Deutschland. Piper München 1965.**

Anders als die Journalistinnen und Journalisten der Nachkriegszeit hat die deutsche Zeitgeschichtsforschung sich kaum um die Verfassungsgeschichte der Bundesrepublik und das Verhältnis zwischen Grundgesetz und Verfassungswirklichkeit gekümmert. Wer die Liberalisierung der Gesellschaft verstehen will, muss dies zur Kenntnis nehmen. Das ist die These von **Dieter Grimm: Die Historiker und die Verfassung. Ein Beitrag zur Wirkungsgeschichte des Grundgesetzes. C. H. Beck München 2022.** Am Beispiel der Gleichberechtigung von Mann und Frau und ihrer Konsequenzen für den Wandel des Familienrechts hatten dieses Thema alle journalistischen Pionierinnen im Blick. Zur Abschaffung des »Stichentscheids« des Vaters, ein vergessener Paradigmenwechsel, sollte man lesen: **Till van Rahden: »Demokratie und väterliche Autorität. Das Karlsruher ›Stichentscheid‹-Urteil von 1959 in der politischen Kultur der frühen Bundesrepublik«. In: Zeithistorische Forschungen 2 (2005), S. 160–179.**

Vom flirrend-anarchischen Klima der frühen Nachkriegszeit erzählt **Harald Jähner: Wolfszeit. Deutschland und die Deutschen 1945–1955, Rowohlt Berlin 2019.** Jähner stützt sich dabei auch auf die biografischen Dokumente der Nachkriegsjournalistinnen. Eingeleuchtet hat mir zudem die These von **Keith Lowe: Furcht und Befreiung. Wie der Zweite Weltkrieg die Menschheit bis heute prägt. Übers. von Stephan Gebauer und Thorsten Schmidt. Klett-Cotta Stuttgart 2019.** Die Kriegstagebücher erfolgreicher Nachkriegsjournalistinnen untersucht **Matthias Sträßner: »Erzähl mir vom Krieg!« Ruth Andreas-Friedrich, Ursula von Kardorff, Margret Boveri und Anonyma: Wie vier Journalistinnen 1945 ihre Berliner Tagebücher schreiben. Königshausen & Neumann Würzburg 2014.**

Das Standardwerk über den Journalismus in der Nazizeit ist immer noch **Norbert Frei / Johannes Schmitz: Journalismus im Dritten Reich. C. H. Beck München 1989.** Gut erforscht ist mittlerweile auch die von Joseph Goebbels herausgegebene Wochenzeitung *Das Reich*: **Maik Kretschmar: Die NS-Presse zwischen Sieg und Niederlage. Eine vergleichende Inhaltsanalyse des Völkischen Beobachters und der Wochenzeitung Das Reich. Grin München 2015.** Außerdem **Victoria Plank: »Die Wochenzeitung *Das Reich*. Offenbarungseid oder Herrschaftsinstrument?«. In: Sönke Neitzel / Bernd Heidenreich (Hrsg.): Medien im Nationalsozialismus. Brill/Schöningh Paderborn 2010, S. 309–328. Und: Peter Reichel: Der schöne Schein des Dritten Reiches. Faszination und Gewalt des Faschismus. Carl Hanser München 1991.**

Die Literatur zur Geschichte des Feminismus ist uferlos. Zur Einführung empfehle ich: **Ute Gerhard: Frauenbewegung und Feminismus. Eine Geschichte seit 1789. C. H. Beck München, 4. Aufl. 2020.** Und: **Michaela Karl: Die Geschichte der Frauenbewegung. Reclam Ditzingen, 6. Aufl. 2020.** Beide Bücher enthalten viel weiterführende Literatur. Einen ersten Einblick in das Bild der »Neuen Frau« in den zwanziger und dreißiger Jahren bietet **Susanne Herzog** im Onlinekatalog des Historischen Museums Berlin: www.dhm.de/lemo/kapitel/weimarer-republik/alltagsleben/die-neue-frau.html

Journalistinnen, die im einleitenden Kapitel vorkommen, aber später nicht mehr:

Susanne von Paczensky: Bescheidene Luftschlösser. Journalistische Randnotizen aus einem halben Jahrhundert. Reihe: Die Frau in der Gesellschaft. Fischer Frankfurt am Main 1997.
Ulrike Marie Meinhof: Die Würde des Menschen ist antastbar. Aufsätze und Polemiken. Wagenbach Berlin 1980. Der Band enthält Kolumnen, Berichte, Reportagen und Polemiken, die in der Zeitschrift *konkret* zwischen 1959 bis 1969 erschienen sind. Von 1962 bis 1964 war Meinhof Chefredakteurin der *konkret*. Von 1961 bis 1968 war sie mit *konkret*-Herausgeber Klaus Rainer Röhl verheiratet.

Die Kriegstagebücher von **Ursula von Kardorff** durchlebten eine wechselvolle Geschichte. Als »authentisches Tagebuch« lassen sie sich nicht werten. 1947 aufgrund von Aufzeichnungen zwischen 1942 und 1945 verfasst, erschienen sie erstmals 1962. Erst 1992 hat der Historiker Peter Hartl die Texte neu ediert und kritisch kommentiert. Das Resultat: Aufgrund ihrer handschriftlichen Notizen schuf Kardorff ein »neues, auch literarisch ambitioniertes Werk« – eine Nachkriegskomposition, die sich der Form eines Tagebuches bedient. Hartl erkennt darin Kardorffs »Eiertanz« zwischen den strengen Vorgaben des Propagandaministeriums und dem Bemühen um Wirklichkeitsnähe im Allgemeinen. **Ursula von Kardorff: Berliner Aufzeichnungen 1942 bis 1945. Unter Verwendung der Original-Tagebücher neu herausgegeben und kommentiert von Peter Hartl. C. H. Beck München 1992.** Kardorff, eine wichtige und schillernde Pionierin, hätte nicht nur ein eigenes Kapitel in meinem Buch verdient, sondern gewiss auch eine größere Biografie.

Berühmt sind zudem die unter »Anonyma« veröffentlichten Aufzeichnungen von Marta Hillers: *Eine Frau in Berlin*. Auch diese sind erst nach Kriegsende in Form gebracht worden. Es erschien 1954 auf Englisch, 1959 auf Deutsch in einem Kleinverlag. Eine Neuauflage in der Anderen Bibliothek von Hans Magnus Enzensberger wurde 2003 ein Bestseller: **Anonyma: Eine Frau in Berlin. Tagebuch-Aufzeichnungen vom 20. April bis 22. Juni 1945. Eichborn Frankfurt am Main 2003.**
An der Schnittstelle zum Paradigmenwechsel eines engagierten Journalismus angesiedelt ist die Autobiografie von **Sonia Mikich: Aufs**

Ganze. Die Geschichte einer Tochter aus scheckigem Haus. Kiepenheuer & Witsch Köln 2022. Schon 1986 hat Mikich ein »Simone de Beauvoir-Lesebuch« herausgegeben: Sonia Mikich: Simone de Beauvoir: Der Wille zum Glück. Ein Lesebuch. Rowohlt Reinbek bei Hamburg 1986.

Kapitel 1
Helene Rahms

Die FAZ-Journalistin hat in hohem Alter ihre Lebensgeschichte spannend in einer dreibändigen Autobiografie aufgeschrieben. Auf welchen Quellen die Erzählung beruht – Tagebuchaufzeichnungen? –, verrät sie nicht. Der dritte Band bricht plötzlich ab, blieb Fragment und erschien postum.

Helene Rahms: Auf dünnem Eis. Meine Kindheit in den zwanziger Jahren. Scherz Bern, München u. a. 1992.

Helene Rahms: Zwischen den Zeilen. Mein Leben als Journalistin im Dritten Reich. Scherz Bern, München u. a. 1997.

Helene Rahms: Die Clique. Journalistenleben in der Nachkriegszeit. Scherz Bern, München u. a. 1999.

Ihre Zeitungsartikel gibt es elektronisch im FAZ-Archiv. Über Rahms findet sich weiteres Material bei Hoeres und Narz (siehe Literatur zum Buch insgesamt und zum Prolog).

Kapitel 2
Marion Dönhoff

Eine Autobiografie hat die Gräfin nie geschrieben.

Ihr Leben aufzuschreiben und zu deuten, haben andere für sie unternommen – vorzugsweise *Zeit*-Kollegen und Weggefährten. Wenn ich recht gezählt habe, gibt es mindestens fünf, teilweise voluminöse Biografien über Marion Dönhoff. Da kann sich jeder was raussuchen. Über keine andere der in diesem Buch vorgestellten Journalistinnen gibt es so viel Material wie über die Gräfin. Die Diskrepanz zu allen anderen hier porträtierten Frauen ist krass.

Bis ein Historiker das Leben erforscht, wird es wohl noch dauern. Meine Empfehlung geht auf **Gunter Hofmann: Marion Dönhoff. Die Gräfin, ihre Freunde und das andere Deutschland. Eine Biogra-**

phie. **C. H. Beck München 2019.** Es ist zugleich die neueste Biografie, der zeitliche Abstand kommt dem Buch zugute. Als langjähriger *Zeit*-Redakteur hat Hofmann die Gräfin lange aus nächster Nähe erlebt. Sie war immer seine Vorgesetzte. Gleichwohl ist das Buch nicht aus einer Herrin-Knecht-Perspektive erzählt. Dönhoff ist natürlich Protagonistin der Biografie, aber sie ist keine rein strahlende Heldin. Wenn es um Konflikte geht, hält Hofmann Distanz. Das Buch hat ein schönes Tempo.

Überraschend fromm ist die Biografie von **Klaus Harpprecht: Die Gräfin. Marion Dönhoff. Eine Biographie. Rowohlt Reinbek bei Hamburg 2008.** Das nimmt wunder, hat doch Harpprecht seine eigene Biografie viel frecher und unterhaltsamer erzählt. Warum gibt es bei der Gräfin eine Beißhemmung? Noch braver ist **Haug von Kuenheim: Marion Dönhoff. Eine Biographie. Rowohlt Reinbek bei Hamburg 1999** (nach dem Tod Dönhoffs noch einmal überarbeitet und erweitert). Dönhoffs Lieblingsgroßneffe Friedrich Dönhoff hat ein Erinnerungsbuch geschrieben: **Friedrich Dönhoff: »Die Welt ist so, wie man sie sieht«. Erinnerungen an Marion Dönhoff. Hoffmann und Campe Hamburg 2002.** Daneben gibt es eine ganze Reihe von Erinnerungssammlungen.

Speziell ist Alice Schwarzers erste, autorisierte und einzige zu Lebzeiten erschienene Biografie. **Alice Schwarzer: Marion Dönhoff. Ein widerständiges Leben. Kiepenheuer & Witsch Köln 1996.** Die beiden Frauen sind grundverschieden, die Distanz von *Emma*-Chefredakteurin zur *Zeit*-Herausgeberin ist groß. Am Anfang der Beziehung war Fremdeln. Schwarzer blieb hartnäckig, kann, wenn sie will, sehr charmant sein. Die Gräfin findet Gefallen, man nähert sich an. Immer wieder wohnt Schwarzer während der Arbeit am Buch bei ihr. Das Resultat der Arbeit ist ziemlich distanzlos. Schwarzer bewundert ihre Heldin, nimmt ihr alles ab. Auch stilistisch ist das Buch kein Meisterstück. Aber natürlich sind allein schon Biografin und Heldin als spannungsreiche Konstellation interessant.

Bis heute strittig ist die Rolle der Gräfin beim 20. Juli. Sie selbst hat, je älter sie wurde, ihren Beitrag immer bedeutender gefunden. Hilfreich und kritisch dazu und über das Nachwirken des George-Kreises ist **Ulrich Raulff: Kreis ohne Meister. Das Nachleben Stefan Georges. C. H. Beck München 2009.** Die Rolle der *Zeit* und insbesondere der Gräfin bei den alliierten Kriegsverbrecherprozessen (namentlich gegen

Ernst von Weizsäcker) beleuchtet **Frank Werner: »Nürnberg war falsch«. In: Die Zeit 19/2021 vom 5. Mai 2021.**

Natürlich gibt es von Dönhoff selbst vieles (und häufig in vielen Neuauflagen) zu lesen. Einen guten Überblick über ihr journalistisches Werk bietet die Aufsatzsammlung **Marion Gräfin Dönhoff: Macht und Moral. Was wird aus unserer Gesellschaft? Kiepenheuer & Witsch Köln 2000.** Als Ersatz einer Autobiografie kann man auch die Dokumente in **Marion Gräfin Dönhoff: Ein Leben in Briefen. Hoffmann und Campe Hamburg 2009** deuten. Den Briefwechsel mit *Zeit*-Gründer und Verleger **Gerd Bucerius** gibt es extra: **Marion Gräfin Dönhoff / Gerd Bucerius: Ein wenig betrübt, Ihre Marion. Ein Briefwechsel aus fünf Jahrzehnten. Siedler Berlin 2003.** Ihre zeitlebens beibehaltende Distanz – um das Mindeste zu sagen – gegenüber Markt und Kapitalismus hat sie spät noch einmal zugespitzt: **Marion Gräfin Dönhoff: Zivilisiert den Kapitalismus. Grenzen der Freiheit. Deutsche Verlagsanstalt Stuttgart 1997.** Sehr erfolgreich wurden ihre Porträts von Männern des 20. Juli: **Marion Gräfin Dönhoff: »Um der Ehre willen«. Erinnerungen an die Freunde vom 20. Juli. Siedler Berlin 1994** und ihre Erinnerungen an Kindheit, Jugend, Flucht und Vertreibung in **Marion Gräfin Dönhoff: Namen, die keiner mehr nennt. Ostpreußen – Menschen und Geschichte. Diederichs Köln u. a. 1962.**

Kapitel 3
Clara Menck

Größer könnte der Gegensatz nicht sein. Während es von und über Marion Dönhoff unendlich viel Material, Quellen und Zeugnisse gibt, findet sich zu Clara Menck praktisch nichts, was öffentlich zugänglich ist. Ich finde, Dönhoff und Menck sind sich, was intellektuelle Größe und Lebensleistung betrifft, ebenbürtig. Natürlich überragt die *Zeit*-Herausgeberin die Stuttgarter Journalistin um ein Vielfaches in puncto Prominenz.

Der Deutsche Journalisten-Verband hat Menck zum 120. Geburtstag eine kleine Broschüre gewidmet (verbunden mit einer öffentlichen Debatte): **Deutscher Journalisten-Verband Landesverband Baden-Württemberg / Fritz Erler Forum Landesbüro der Friedrich-Ebert-Stiftung Baden-Württemberg (Hrsg.): »Die Geheimnisse liegen da,** wo die Ewigkeit in die Zeit hineinragt«. Zum 120. Geburtstag der freien Kulturjournalistin Clara Menck. In ihrem sehr umfangreichen Nachlass befindet sich – leider noch nicht katalogisiert – auch eine biografische Skizze ihres Sohnes. Mehr dazu im Opac-Katalog von Marbach unter: www.dla-marbach.de/katalog-beta (Stichwort: Clara Menck).

Im August 2022 konnte ich den Nachlass im Deutschen Literaturarchiv Marbach einsehen.

Über Clara Menck müsste bald eine Biografie geschrieben werden, womöglich als Dissertation. Genügend Material dazu gibt es im Nachlass. Meine kurze Lebensskizze in diesem Buch soll dazu animieren. Wem das nicht reicht, der lese zur Motivation den schönen Aufsatz zu Clara Menck und Hannah Arendt von **Barbara Hahn: »Bedingungslos. Hannah Arendt im Netz ihrer Freundschaften«. In: Zeitschrift für Ideengeschichte (Themenheft: Feminismus zwischen den Kriegen) XIV/4 Winter 2020, S. 51–57.**

Kapitel 4
Margret Boveri

Vorzüglich ist die Biografie von **Heike B. Görtemaker: Ein deutsches Leben. Die Geschichte der Margret Boveri 1900–1975. C. H. Beck München 2005**. Görtemaker hat auch eine hilfreiche Einleitung geschrieben zu der für das Verständnis Boveris sehr wichtigen, 1946 erstmals veröffentlichten *Amerikafibel*, der ihre Erfahrungen in den USA zwischen 1940 und 1942 zugrunde liegen. **Margret Boveri: Amerikafibel für erwachsene Deutsche. Ein Versuch, Unverstandenes zu erklären. Eingeleitet von Heike B. Görtemaker. Mit Fotografien von Margret Boveri und einer Rezension von Theodor Heuss (Erstausgabe 1946). Landtverlag Berlin 2006.** Der Landtverlag hat 2008 auch Boveris Briefwechsel mit Ernst Jünger ediert.

Sehr berühmt ist Margret Boveris Autobiografie *Verzweigungen*, die nicht wirklich eine Autobiografie ist, sondern auf langen sogenannten Dialog-Gesprächen mit dem Schriftsteller Uwe Johnson beruht, den Boveri seit 1968 kannte. Die Gespräche verliefen stellenweise sehr kontrovers, vor allem wenn es um Boveris Zeit in Nazideutschland ging und die Frage, warum sie nicht emigrierte. Der Beginn ihrer schweren Krebserkrankung 1972 verhinderte, dass die Erinnerungen zu einem Abschluss fanden. Sie enden mit ihrer Fahrt mit der transsibirischen Eisenbahn 1940 auf dem Weg an die Pazifikküste und weiter nach Amerika. Die halb fertige Arbeit erschien zwei Jahre nach Boveris Tod. **Margret Boveri: Verzweigungen. Hrsg. von Uwe Johnson. Piper München 1977** (häufig wiederaufgelegt, auch als Taschenbuch). Zur Deutung ihrer Zeit ihrer Arbeit unmittelbar vor und nach dem Krieg einschlägig ist auch **Mathias Sträßner: »Erzähl mir vom Krieg«** (siehe Literatur zum Buch insgesamt und zum Prolog).

Fridolin Schleys historischer Roman *Die Verteidigung* dokumentiert die Rolle, die Margret Boveri beim sogenannten Wilhelmstraßenprozess Anfang 1948 einnahm. Da ging es um die Anklage gegen NS-Staatssekretär Ernst von Weizsäcker, den Vater des späteren Bundespräsidenten. Boveri als Prozessbeobachterin und Journalistin ließ sich von der Verteidigung in Dienst nehmen und prägte zusammen mit Gräfin Dönhoff ganz maßgeblich das Bild eines aufrechten Diplomaten in Opposition zu Hitler, der stets Schlimmeres verhüten wollte und dem von der »Siegerjustiz« Unrecht angetan werden sollte, **Fridolin Schley: Die Verteidigung. Hanser Berlin 2021.** Boveris Artikel über den Wilhelmstraßenprozess gibt es als **Margret Boveri: Der Diplomat vor Gericht. Minerva Berlin 1948.**

Ein ungewöhnliches Doppelporträt kommt von Boveris jüngerer Kollegin **Christa Rotzoll: »Politische Frauen: die Boveri, die Meinhof«. In: Dies.: Frauen und Zeiten. Engelhorn Stuttgart 1987, S. 90–111** (1991 bei dtv). Im selben Band findet sich auch ein sehr gutes Porträt über Rotzolls eigene Kohorte: **»Jahrgang 21«, ebd. S. 112–153.**

Bei den Überlegungen über die von den Nazis übernommene und verstärkte Tradition der deutschen Amerikakritik – gegen globalen Kapitalismus und Plutokratie – halte ich mich an **Brendan Simms: Hitler. Eine globale Biographie. Übers. von Klaus-Dieter Schmidt. Deutsche Verlags-Anstalt München 2019.**

Kapitel 5
Hilde Spiel

Eine Biografie über Hilde Spiel fehlt.
Maßgeblich zu ihrem Leben ist die zweibändige Autobiografie, die sie in den letzten Lebensjahren verfasst hat: **Hilde Spiel: Die hellen und die finsteren Zeiten. Erinnerungen 1911–1946. Paul List München**

1989. Und: **Hilde Spiel: Welche Welt ist meine Welt? Erinnerungen 1946–1989. Paul List München 1990.**

Spiels wichtigstes und vor allem schönstes Buch – aus meiner Sicht – sind die Erinnerungen an ihre Rückkehr nach Wien im Winter 1946 bei einem Aufenthalt als Presseoffizier im Dienst der britischen Besatzer: **Hilde Spiel: Rückkehr nach Wien. Ein Tagebuch. Mit einem Vorwort von Daniela Strigl. Milena München 2009 (zuerst 1968).** Und nicht zu vergessen ihr »Hauptwerk«, die Biografie über Fanny von Arnstein: **Hilde Spiel: Fanny von Arnstein oder Die Emanzipation. Ein Frauenleben in der Zeitenwende 1758–1818. S. Fischer Frankfurt am Main 1962.**

An weiteren Sammlungen der Zeitungsartikel und Essays von Hilde Spiel, vieles davon erst postum erschienen, ist kein Mangel; alles ist antiquarisch leicht greifbar. Eine Sammlung ihrer journalistischen Arbeiten gibt es unter **Hilde Spiel: Die Dämonie der Gemütlichkeit. Glossen zur Zeit und andere Prosa. Paul List München 1991.** Literarische Essays sind gesammelt in **Hilde Spiel: Das Haus des Dichters. Literarische Essays, Interpretationen, Rezensionen. Paul List München 1992.** Eine frühere Sammlung von Texten ist **Hilde Spiel: kleine schritte. Berichte und Geschichten. Spangenberg München 1976.** Hans A. Neunzig hat eine Auswahl von Briefen aus dem Nachlass ediert von 1941 bis 1990 (frühere Briefe sind nicht erhalten): **Hilde Spiel: Briefwechsel. Paul List München u. a. 1995.**

Von FAZ-Literaturchef Marcel Reich-Ranicki, der Spiel zeitlebens verehrt hat, sind seine Laudationes anlässlich vieler Preise gesammelt, die Spiel erhalten hat: **Marcel Reich-Ranicki: Über Hilde Spiel. Deutscher Taschenbuch-Verlag München 1998.** In Marko Martins schönem Buch über die Ketzer findet sich ein Porträt Hilde Spiels. **Marko Martin: »Brauchen wir Ketzer?« Stimmen gegen die Macht. Portraits. Arco Wuppertal 2022, S. 333–376.** Komplementär gibt es darin auch ein Porträt über den Emigranten Hans Habe, Spiels Jugendfreund und Gegenspieler, und über Spiels »Freundfeind« Friedrich Torberg.

Hilfreich zum Schicksal der Remigranten ist **Marita Krauss: »Die Rückkehr einer vertriebenen Elite. Remigranten in Deutschland nach 1945«. In: Günther Schulz (Hrsg.): Vertriebene Eliten. Vertreibung und Verfolgung von Führungsschichten im 20. Jahrhundert. R. Oldenbourg München 2001, S. 103–123.** Eine gute Deutung zu Spiel und den frühen Nachkriegsjahren findet sich in einem auch sonst hilfreichen Sammelband: **Ingrid Schramm: »Rückkehr nach Wien. Hilde Spiel als Nachkriegs-Korrespondentin«. In: Hans A. Neunzig / Ingrid Schramm (Hrsg.): Hilde Spiel. Weltbürgerin der Literatur. Paul Zsolnay Wien 1999, S. 69–80.**

Und schließlich sei noch eine Hommage auf ihre Heimatstadt empfohlen. **Hilde Spiel: Glanz und Untergang. Wien 1866 bis 1938. Photographien von Franz Hubmann. Übers. von Hanna Neves. Kremayr & Scheriau Wien 1987** (ursprünglich für ein englisches Publikum im selben Jahr bei Weidenfeld & Nicolson in London erschienen). Wer dann immer noch nicht genug hat, soll zu Spiels Prosa greifen. Als Einstieg empfehle ich **Hilde Spiel: mirko und franca. Nymphenburger München 1980**, zugleich eine Würdigung Triests und des Grenzgebiets zwischen Italien und Slowenien (»Jugoslawien«).

Kapitel 6
Elisabeth Noelle-Neumann

Wie fast alle dieser Frauen hat auch Elisabeth Noelle-Neumann dafür gesorgt, der Nachwelt ihr Leben aus ihrer Sicht zu erzählen: **Elisabeth Noelle-Neumann: Die Erinnerungen. Herbig München 2006.** Die Erinnerungen wurden äußerst kontrovers aufgenommen. Dabei ging es vor allem um ihre Nähe zum Naziregime. Konkurrent und Forsa-Gründer **Manfred Güllner** hält das ganze Buch für einen einzigen missglückten Rechtfertigungsversuch einer unbewältigten Vergangenheit. Der Münchner Schriftsteller **Uwe Timm** hat in seinem Roman **Vogelweide. Kiepenheuer & Witsch Köln 2013** das Verhältnis zwischen Adorno und Noelle-Neumann thematisiert. »Nach dem Vorbild Noelle-Neumanns« – so Wikipedia – »beschrieb Uwe Timm in seinem Roman *Vogelweide* eine bloß ›die Norne‹ genannte Meinungsforscherin, die das Begehren berechenbar machen will.«

Geschrieben mit negativem Bias, wie schon der Titel verrät, ist die Biografie von **Jörg Becker: Elisabeth Noelle-Neumann. Demoskopin zwischen NS-Ideologie und Konservatismus. Schöningh Paderborn 2013.** Der Preis dieser These ist, dass sie die Ambivalenz ihres Lebens und das unerhört »amerikanisch« Moderne der von Noelle-Neumann begründeten Demoskopie nicht in den Blick bekommen kann. Das Buch wurde nach einer vernichtenden Kritik des Historikers **Michael Wolffsohn: »In die rechte Ecke geschrieben«. In: FAZ vom 24. Juni**

2013 vom Verlag aus dem Verkehr gezogen. Es ist aber weiterhin in Bibliotheken (etwa der Deutschen Nationalbibliothek) greifbar. Eine Noelle-Neumann-Biografie »sine ira et studio«, wie Wolffsohn sie fordert, steht noch aus.

Ergiebig, weil fantastisch ediert und kommentiert, ist der Briefwechsel Noelles mit dem deutlich älteren Jugendfreund Fred von Hoerschelmann, der sich über den Zeitraum von 1932 bis 1976 erstreckt: **Fred von Hoerschelmann / Elisabeth Noelle-Neumann. Briefwechsel. Hrsg. von Hagen Schäfer und Ralph Erich Schmidt. Wallstein Göttingen 2021.**

Einschlägig ist Noelle-Neumanns mehrfach aufgelegtes, inzwischen selbst zum Forschungsgegenstand gewordenes Buch **Elisabeth Noelle-Neumann: Die Schweigespirale. Öffentliche Meinung – unsere soziale Haut. Piper Zürich, München 1980.** Eine Reihe ihrer einschlägigen Zeitungsartikel gibt es in **Elisabeth Noelle-Neumann / Renate Köcher: Die verletzte Nation. Über den Versuch der Deutschen, ihren Charakter zu ändern. Deutsche Verlags-Anstalt Stuttgart 1987.**

Kapitel 7
Inge Deutschkron

Bekannt wurde Inge Deutschkron durch ihr Erinnerungsbuch: **Inge Deutschkron: Ich trug den gelben Stern. Verlag Wissenschaft und Politik Köln 1978.** Darin beschreibt sie ihr Leben als Jüdin mit fremder Identität in der Illegalität in Berlin während Nazizeit und Krieg. Das Buch wurde vielfach neu aufgelegt (bei dtv). Daraus wurde später das erfolgreiche Theaterstück (GRIPS Theater) »**Ab heute heißt Du Sara**«.

Weniger bekannt ist das Leben der Nachkriegsjournalistin Inge Deutschkron als Korrespondentin der israelischen Zeitung *Ma'ariv* in Bonn. Darüber berichtet sie in **Inge Deutschkron: Mein Leben nach dem Überleben. Verlag Wissenschaft und Politik. Köln 1992** (1995 bei dtv). Eine Kurzfassung ihrer Biografie bietet die Frauen-Biographieforschung: www.fembio.org. Es gibt auch ein Lesebuch mit Texten Inge Deutschkrons: **Inge Deutschkron: Wolfgang Kolneder (Hrsg.): Daffke ...! Die vier Leben der Inge Deutschkron. 70 Jahre erlebte Politik. Edition Hentrich Berlin 1994.**

Sehr aufschlussreich ist die Edition der Berichte vom Frankfurter

Auschwitzprozess: **Inge Deutschkron: Auschwitz war nur ein Wort. Berichte über den Frankfurter Auschwitz-Prozess 1963–1965. Hrsg. und aus dem Englischen übertragen von Beate Kosmala. Metropol Berlin 2018.** Deutschkron nahm sich in ihren Artikeln der »Opferzeugen« an, um die sich die bundesrepublikanische Öffentlichkeit damals wenig kümmerte. Es dauerte dann sechzig Jahre, bis dies auch wissenschaftlich aufgearbeitet wurde: **Katharina Stengel: Die Überlebenden vor Gericht. Auschwitz-Häftlinge als Zeugen in NS-Prozessen (1950–1976). Vandenhoeck & Ruprecht Göttingen 2022.**

Kapitel 8
Julia Dingwort-Nusseck und Fides Krause-Brewer

Auch die beiden Pionierinnen des TV-Wirtschaftsjournalismus haben ihre Lebensgeschichte gerne selbst erzählt.

Fides Krause-Brewer: Journalistin ist man immer. Meine Erinnerungen an das 20. Jahrhundert. Mit einem Vorwort von Marietta Slomka. Nicolaische Verlagsbuchhandlung Berlin 2011. Außerdem gibt es unter vielem anderem eine hübsche Sammlung von Porträts. **Fides Krause-Brewer: Vom Brahmsee bis Shanghai. Begegnungen mit Leuten von Format. Albrecht Knaus München u. a. 1987.**

Von Julia Dingwort-Nusseck gib es ein ausführliches biografisches Radio-Interview auf BR-alpha vom 21. Oktober 1991, nachzulesen unter **www.br.de/fernsehen/ard-alpha/sendungen/alpha-forum/julia-dingwort-nusseck-gespraech100.html.** Außerdem ein langes Fernsehinterview zum Leben in der Reihe WDR-Geschichte(n), greifbar in der ARD-Mediathek: www.ardmediathek.de/video/wdr-geschichte-n/dr-julia-dingwort-nusseck/wdr/Y3JpZDovL3dkci5kZS9CZWl0cmFnLThiY2YzZjYxLWI2YzgtNGViMS1iMWNhLLTQ1Yjg0MThiOTk1Mw.

Kapitel 9
Maria Frisé

Auch Maria Frisé hat ihre Autobiografie geschrieben (sie endet mit dem Abschied von der FAZ 1991): **Maria Frisé: Meine schlesische Familie und ich. Erinnerungen. Aufbau Berlin 2004.** In einem letzten Band mit Erzählungen findet sich ein anrührender Text, der ihr Leben mit Adolf Frisé schildert und zugleich ihren Weg zum Journalismus als Audodidaktin: **Maria Frisé: Stationen einer Ehe. In: Dies.: Einer liebt immer mehr. Erzählungen. Literareon/Utzverlag München 2021**. Es lohnt sich, parallel dazu die Autobiografie von Adolf Frisé zu lesen: **Adolf Frisé: Wir leben immer mehrere Leben. Erinnerungen. Rowohlt Reinbek bei Hamburg 2004**.

Über ihre Erfahrungen als Frau in einem Männerfeuilleton hat Maria Frisé anlässlich des siebzigjährigen Bestehens der FAZ geschrieben: **Maria Frisé:»Zehn von 152. Als Frau bei der F.A.Z.«. In: FAZ vom 4. November 2019**. Mehr dazu bei Hoeres und Narz (Literatur zum Buch insgesamt und zum Prolog). In einem aus 19 Stunden Interviews kondensierten, fünfzigminütigen filmischen Porträt von **Sylvia Strasser: Maria Frisé – Meine drei Leben** hat sie im Jahr 2020 noch einmal ihr Leben erzählt. Den Film gib es in der Frankfurter Bibliothek der Generationen des dortigen Historischen Museums (leider nicht online).

Es gibt neben ihrer Prosa eine Reihe von Sammelbänden ihrer FAZ-Artikel: **Maria Frisé: Erbarmen mit den Männern. Gedanken zum Thema Männer, Frauen und Familien. Rowohlt Reinbek bei Hamburg 1983**. Von ihren Erzählungen empfehle ich **Maria Frisé: Montagsmänner und andere Frauengeschichten. S. Fischer Frankfurt am Main. 1986** oder die frühen **Hühnertag und andere Geschichten. Rowohlt Reinbek bei Hamburg 1966**, ihr allererster Erzählband.

Kapitel 10
Sybil Gräfin Schönfeldt

Wen wundert's? Auch Gräfin Schönfeldt hat dafür gesorgt, dass es ihr Leben authentisch von ihr selbst erzählt für nachfolgende Generationen zum Nachlesen gibt: **Sybil Gräfin Schönfeldt: Hoffen auf das Bessere. Vom langen Weg in eine neue Zeit. Eine Familiengeschichte. sagas Stuttgart 2013**. Und: **Sybil Gräfin Schönfeldt: Sie sind ein Elefant, Madame! Meine bundesrepublikanischen Geschichten. sagas.edition Stuttgart 2014**. Diesem zweiten Band sind, wie der Untertitel andeutet, Zeitungsartikel aus fünf Jahrzehnten als Journalistin beigefügt. Im Frühjahr 2023, nach ihrem Tod, erschien ihre Doppelbiografie: **Sybil Gräfin Schönfeldt: Er und ich. Erinnerungen. Wallstein Göttingen 2023**, die die gemeinsame Zeit mit ihrem Mann Heinrich Schlepegrell erzählt.

Auch die unzähligen Rezepte der Gräfin (aus dem ZEIT-Magazin und anderen Druckorten) hat sie immer wieder gesammelt veröffentlicht. Zum Beispiel hier: **Sybil Gräfin Schönfeldt: Kochbuch für die kleine alte Frau. edition momente Zürich, Hamburg 2018.** Bis zu ihrem Tod hat sie Jahr für Jahr bei der edition momente den **Literarischen Küchenkalender** mit wöchentlichen Rezepten bekannter Schriftsteller und einer großen Gemeinde herausgegeben, ihr letzter erschien postum 2023.

Die Gräfin versuchte, den Deutschen der nivellierten Mittelschicht, so gut es ging, Manieren beizubringen. Viele Auflagen erlebte **Sybil Gräfin Schönfeldt: 1x1 des guten Tons. Das neue Benimmbuch. Mosaik München 1987** (1991 als Taschenbuch bei Rowohlt). Zur Einstimmung empfehle ich die Kapitel »Küsse, Korrektheit und Contenance« oder »Offizielle Kleidung von Cut bis Stresemann«. Um Takt und Rücksichtslosigkeit, Mobbing und schlechtes Benehmen geht es in **Sybil Gräfin Schönfeldt: Anstand. Piper München 2008.**

Nicht unerwähnt bleiben darf, dass die Gräfin auch eine fleißige Übersetzerin war (u. a. Roald Dahl: *Hexen hexen* und Lewis Caroll: *Alice in Wonderland*). Außerdem hat sie eine Biografie über Astrid Lindgren verfasst: **Sybil Gräfin Schönfeldt: Astrid Lindgren. Rowohlt Reinbek bei Hamburg 1987.**

Kapitel 11
Christa Meves

Beginnen wir mit der obligatorischen Autobiografie: **Christa Meves: Mein Leben. Herausgefordert vom Zeitgeist. Resch Gräfelfing 1999 (2., überarbeitete Auflage 2000).** Hilfreich ist auch ein biografisches Interview von Peter Althammer auf BR-alpha vom 28. Juli 1998 (www.br.de/fernsehen/ard-alpha/sendungen/alpha-forum/christa-meves-gespraech100.html).

Den Durchbruch als Autorin hatte Meves mit einer Aufsatzsammlung und einem genialen Titel: **Christa Meves: Manipulierte Maßlosigkeit. Herder Freiburg 1971.** Der Band erschien im Jahr 2000 in der 42. Auflage. Bis heute erreicht das Buch gute Werte im Amazon-Ranking: In der Rubrik »Therapie psychischer Krankheiten« steht es Mitte 2023, über 50 Jahre nach Erscheinen, auf Platz 84.

Nach der *Manipulierten Maßlosigkeit* ging es Schlag auf Schlag. Ihre

Homepage (www.christa-meves.de) listet allein 121 Bücher auf, hinzu kommen unzählige Vorträge, Aufsätze, Radiosendungen – und bis heute Monat für Monat ein Blogbeitrag. Eine Reihe ihrer journalistischen Arbeiten für den *Rheinischen Merkur* und andere Medien sind gesammelt in: **Christa Meves: Verführt. Manipuliert. Pervertiert. Die Gesellschaft in der Falle modischer Irrlehren. Ursachen – Folgen – Auswege. Resch Gräfelfing 2003.**

Zum historischen Kontext: **Peter Hoeres: Von der »Tendenzwende« zur »geistig-moralischen Wende«. Konstruktion und Kritik konservativer Signaturen in den 1970er und 1980er Jahren. In: Vierteljahreshefte für Zeitgeschichte 61/1 (2013), S. 93–119.** Und zum *Rheinischen Merkur*: **Regina M. Frey: Politisch, professionell und katholisch. Das »Proprium catholicum« in der Berichterstattung des Rheinischen Merkur. Friedrich Pustet Regensburg 2020.**

Kapitel 12
Alice Schwarzer

Beginnen wir mit der obligatorischen, in diesem Fall zweiteiligen, Autobiografie: **Alice Schwarzer: Lebenslauf. Kiepenheuer & Witsch Köln 2011.** Und: **Alice Schwarzer: Lebenswerk. Kiepenheuer & Witsch Köln 2020.** Beide Bände enthalten auch »Schlüsseltexte« von und über Schwarzer. Der erste Band hat deutlich mehr Tempo und die bessere Prosa. Der zweite Band ist thematisch gegliedert, also etwa »Begegnungen mit Angela Merkel« oder »Vilar, Feldbusch, Romy«.

Zu Schwarzers 80. Geburtstag 2022 wurde ihr Leben von Nicole Weegmann öffentlich-rechtlich verfilmt, ergänzt durch eine sehr gute Dokumentation: **Tita von Hardenberg: Die Streitbare – Wer hat Angst vor Alice Schwarzer?**, alles greifbar in der ARD-Mediathek.

Unbedingt lesenswert ist das aktuelle Vorwort zu ihrem Schlüsselwerk. **Alice Schwarzer: Der kleine Unterschied und seine großen Folgen. Frauen über sich. Beginn einer Befreiung. Fischer Frankfurt am Main 2002 (Erstauflage 1975).** Pflichtlektüre sollten auch die zwischen 1972 und 1982 entstandenen Interviews mit Simone de Beauvoir sein: **Alice Schwarzer: Simone de Beauvoir. Weggefährtinnen im Gespräch. Kiepenheuer & Witsch Köln 2007.**

Alice Schwarzer hat selbst dafür gesorgt, dass die Geschichte ihres erfolgreichen Medienunternehmens, die *Emma*, angemessen gewürdigt und dokumentiert wird. **Alice Schwarzer: Emma – Die ersten 30 Jahre. Collection Rolf Heyne München 2007.**

Ansehen sollte man die beiden konfrontativen Foueninterviews mit Esther Vilar im WDR-Nachmittagsfernsehen und Verona Feldbusch bei Johannes B. Kerner im ZDF, die sich auf YouTube aufrufen lassen. Verona Pooth (ehem. Feldbusch) ließ zu Schwarzers 80. Geburtstag verbreiten, sie würde sich gerne mit ihr versöhnen. Soweit ich sehe, zog Schwarzer es vor, die ausgestreckte Hand nicht zu ergreifen. Die Streitschrift **Esther Vilar: Der dressierte Mann. Bertelsmann Sachbuchverlag Gütersloh, Wien 1971** war sofort mehrere Wochen auf Platz 1 der SPIEGEL-Bestsellerliste. Der Leser erhält, was der Titel verspricht: Herr im Haus ist die Frau. Sie dressiert den Mann mit heimtückischen Tricks zum unterwürfigen Sklaven und schickt ihn dann zum Geldverdienen hinaus ins feindliche Leben. »Als Gegenleistung« stellt sie ihm »ihre Vagina in bestimmten Intervallen zur Verfügung«.

Die Schwarze Botin, Konkurrenzblatt zur *Emma*, gibt es neuerdings vorzüglich ediert im Wallstein Verlag: **Die Schwarze Botin. Ästhetik, Kritik, Polemik, Satire 1976–1980. Hrsg. und mit einer historischen Einleitung von Vojin Saša Vukadinović. Mit einem literaturwissenschaftlichen Nachwort von Magnus Klaue und Christiane Ketteler. Wallstein Göttingen 2020.** Ein Folgeband, der die Jahre 1983 bis 1987 dokumentiert, ist vom Wallstein Verlag für 2023 angekündigt.

Eine kritische Historisierung der *Courage. Berliner Frauenzeitschrift* steht noch aus. Eine Art Nachruf aus Anlass des 30-jährigen Jubiläums schrieb **Gisela Notz: Die Frauenzeitschrift Courage. Friedrich-Ebert-Stiftung Berlin 2008.** Die Friedrich-Ebert-Stiftung hat die Hefte der *Courage* archiviert und stellt sie online zur Verfügung: http://library. fes.de/courage/

Epilog

Die wichtigste Literatur zu diesem Kapitel (Ulrich Herbert, Christina von Hodenberg, Dieter Grimm, Ralf Dahrendorf, Till van Rahden) wurde bereits zum Buch insgesamt und zum Prolog aufgelistet.

Das Schlagwort von der »Stunde der Frauen« stammt von **Elizabeth Heineman: »The Hour of the Woman. Memories of Germany's ›Crisis Years‹ and West German National Identity«. In: The American Historical Review 101/2 (1996), S. 354–395.** Die »Krise der Männlichkeit« kommt von **Uta G. Poiger: »Krise der Männlichkeit. Remasculinization in beiden deutschen Nachkriegsgesellschaften«. In: Klaus Naumann (Hrsg.): Nachkrieg in Deutschland. Hamburger Edition Hamburg 2001, S. 227–263**.

Das von mir zitierte Lob von Petra Gehring für den Realismus der 68er-Frauen stammt aus einer Rezension des Buches von **Christina von Hodenberg: Das andere Achtundsechzig. Gesellschaftsgeschichte einer Revolte. C. H. Beck München 2018.** Dazu **Petra Gehring: »Das andere Achtundsechzig«. In: Emma vom 27. Juni 2018.**

Das Jahr 1980 als Fluchtpunkt der neu erlernten Liberalisierung und dem Bekenntnis zum Westen deutet der Literaturwissenschaftler Kai Sina auf Grundlage der Arbeiten von Ulrich Herbert schlüssig am Beispiel von Hans Magnus Enzensbergers Zeitschrift *TransAtlantik*: **Kai Sina: TransAtlantik. Hans Magnus Enzensberger, Gaston Salvatore und ihre Zeitschrift für das westliche Deutschland. Wallstein Göttingen 2022.**

Dank

Die Idee, über die Journalistinnen der Nachkriegszeit zu schreiben, hatte eine Freundin, die Autorin Karin Wieland. Mit stets motivierenden Zurufen hat sie die Arbeit an diesem Buch befeuert. Mit großer Sympathie hat sie das gesamte Manuskript gelesen. Karin ist sozusagen die Pionierin dieser Buchidee.

Gespräche konnte ich führen mit Maria Frisé, Sybil Gräfin Schönfeldt und Christa Meves. Zu Dank verpflichtet bin ich Hildegard Becker-Toussaint (Tochter von Helene Rahms), Arianna Menck (Enkelin von Clara Menck), Cay Dingwort (Sohn von Julia Dingwort-Nusseck) und André Schmitz (Vormund von Inge Deutschkron). Biografische Interviews führte ich zudem mit Gabriele Venzky und Sonia Mikich.

Im Deutschen Literaturarchiv Marbach konnte ich den Nachlass von Clara Menck durchstöbern.

Persönliche Erinnerungen an einzelne Journalistinnen erzählten mir Michael Naumann, Anna von Münchhausen, Evi Simeoni, Florian Illies, Jürgen Jeske.

Fachlichen Rat erhielt ich von Peter Hoeres, Magnus Brechtken und Bertram Schefold (zu Edgar Salin).

Freundschaftlich-professionelle Unterstützung kam von Melanie Amann, Nikolaus Piper, Lisa Nienhaus, Heike Schmoll, Martin Lüdke, Matthias Landwehr, Britta Egetemeier, Jens Dehning, Tonia Kempe.

Irmgard danke ich für interessiert-mitfühlende Geduld.

Register

Bildnachweis

S. 34   Helene Rahms, ca. 1964 © F.A.Z.-Foto

S. 66   Marion Dönhoff als *Zeit*-Macherin 1955 im Hamburger
        Pressehaus © Archiv Marion Dönhoff Stiftung

S. 90   Clara Menck, 1949 © Atelier Hostrup, Stuttgart

S. 124 Margret Boveri in Paris, undatiert © Eugen Laubacher/Staats-
        bibliothek zu Berlin, Abteilung Handschriften und Histori-
        sche Drucke

S. 146 Hilde Spiel, undatiertes Foto, vermutlich 1930er-Jahre ©
        Privatarchiv Hilde Spiel

S. 170 Elisabeth Noelle in Berlin, 1936 © Privatarchiv Elisabeth
        Noelle, Piazzogna/Schweiz

S. 192 Inge Deutschkron, undatiertes Foto © Gedenkstätte Deutscher
        Widerstand

S. 210 oben: Julia Dingwort-Nusseck, 1976 © Sammlung Richter/
        picture alliance

S. 210 unten: Fides Kause-Brewer, um 1970 © J.H. Darchinger/
        Friedrich-Ebert-Stiftung, 6/FJHD02117 Bild S. JHD021173

S. 232 Maria Frisé, ca. 1969 © Barbara Klemm/F.A.Z.-Foto

S. 250 Sybil Gräfin Schönfeldt, undatiertes Foto © Privatarchiv Sybil
        Gräfin Schönfeldt

S. 270 Christa Meves, 1970er-Jahre © Privat

S. 294 Alice Schwarzer, 1971 © du Vinage/ullstein bild